Václav Klumpar

Bulgarien

Die schönsten Wanderrouten im Pirin- und im Rila-Gebirge

50 ausgewählte Touren

ROTHER BERGVERLAG

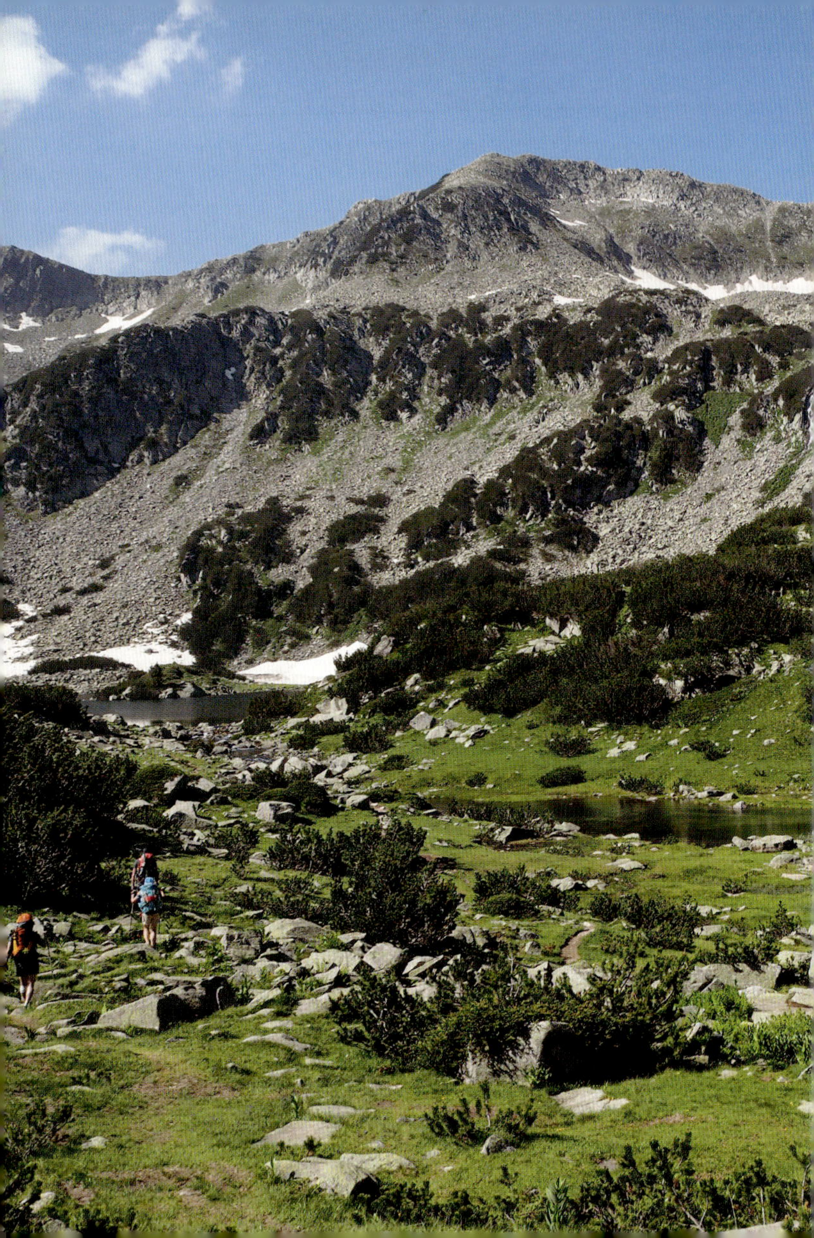

Vorwort

Wenn Sie zu Fuß einige wirklich mächtige und ausgedehnte Berge von etwas asiatischem »Zuschnitt« genießen möchten, ohne deshalb Europa verlassen zu wollen, dann ist Bulgarien Ihr ideales Reiseziel. Die zwei höchsten Gebirge des Landes – Pirin und Rila – sind bis heute relativ ruhige Oasen intakter Natur geblieben. Sie bilden die beiden bedeutendsten Nationalparks Bulgariens, und ihre Naturschönheiten garantieren außergewöhnliche Erlebnisse.
Während das Pirin überwiegend felsigen und vielerorts ausgesprochen alpinen Charakter hat, wirkt das Rila-Gebirge eher abgerundet, nur mit einigen optisch wilderen Partien. Beide Gebirge verbindet die raue Romantik imposanter hoher Gipfel mit weiten Aussichten, tiefer Gletscherkessel mit zahlreichen Seen, rauschender Bäche und Wasserfälle, aber auch breit verzweigter langer Täler mit idyllischen Wiesen, Knieholzbeständen und frischen Wäldern an den Berghängen.
Diese beiden Gebirge zu erkunden ist allerdings nicht immer ganz einfach. Wanderungen in Pirin und Rila sind physisch und psychisch anspruchsvollere Unternehmungen, die nicht selten mit etwas Unbequemlichkeit und kleinen Hindernissen verbunden sind. Deshalb sollten sich in die bulgarischen Berge nur Bergwanderer mit etwas Erfahrung, gehöriger Kondition und Widerstandsfähigkeit aufmachen. Komfort wie in den Alpen finden man hier vielerorts (noch) nicht, dafür aber eine Prise Abenteuer. Und die Wanderer entdecken eine Region, deren Schönheit und Ursprünglichkeit bezaubern.
Angesichts der Ausdehnung und des Charakters von Pirin und Rila sind klassische Rundwanderungen, die am selben Ort beginnen und enden, selten. Die beschriebenen Touren haben wir daher so konzipiert, dass es möglich ist, sie miteinander zu kombinieren und zusammenhängende Etappenwanderungen zu gestalten. Die Ausgangspunkte der Touren befinden sich entweder direkt in Talzentren am Fuß des Gebirges, wo es öffentliche Verkehrsmittel gibt, oder auf Berghütten, die aus dem Tal relativ leicht zugänglich sind. So können Sie aus den angebotenen Routen je nach Geschmack, Erfahrung und verfügbarer Zeit problemlos Ihr eigenes Programm zusammenstellen.
Wir wünschen Ihnen in den bulgarischen Bergen nur schöne Tage und möglichst viele unvergessliche (Natur-)Erlebnisse!

Brno, im Frühjahr 2023 Václav Klumpar

Unterwegs im Hochtal Banderiški Cirkus im Pirin-Gebirge (Tour 20).

Inhaltsverzeichnis

Symbole

	mit Bahn/Bus erreichbar		Gipfel / Pass, Sattel
	Einkehrmöglichkeit unterwegs		Abzweigung
	für Kinder geeignet		Kirche, Kapelle, Kloster
	Ort mit Einkehrmöglichkeit		Picknickplatz
	bewirtschaftete Hütte, Gasthaus		Aussichtsplatz
	Schutzhaus, Unterstand		Brücke
	Campingplatz		Wasserfall / Quelle

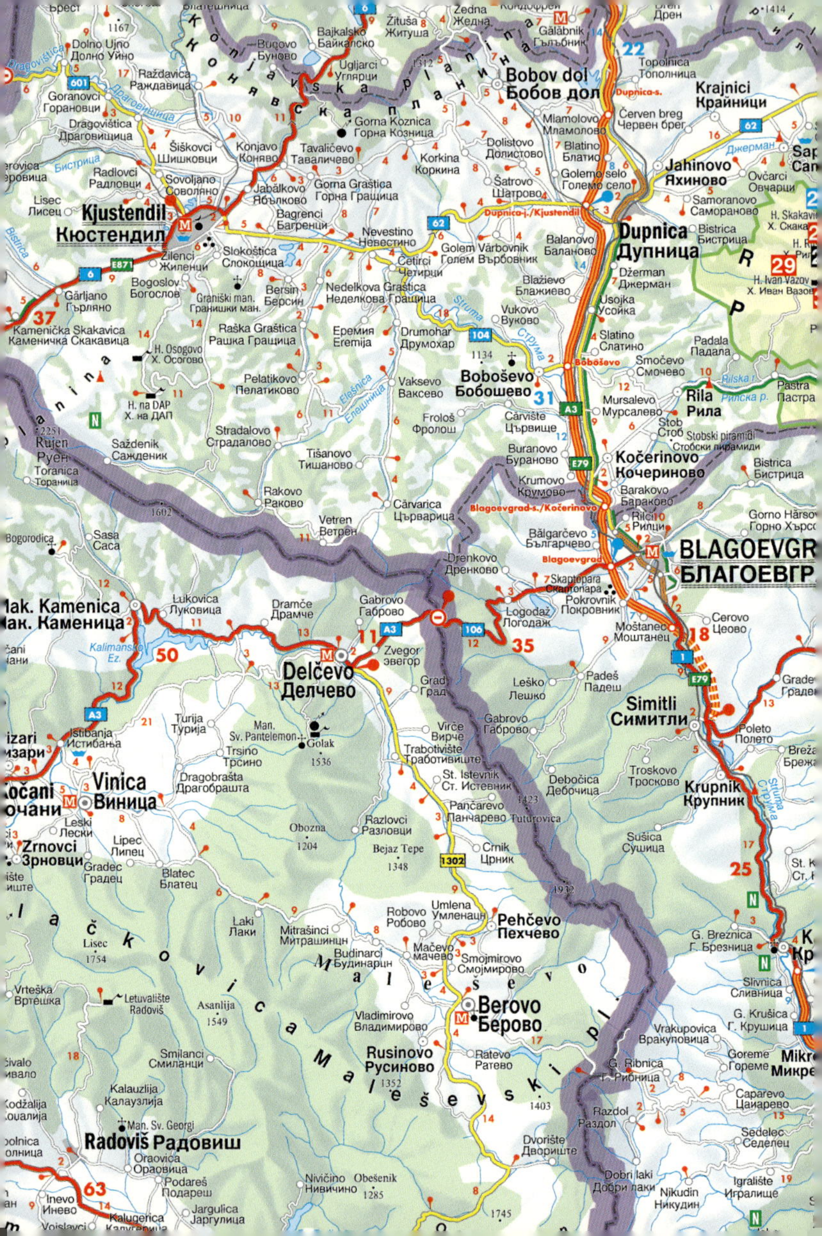

Bobov dol
Бобов дол
Kjustendil
Кюстендил
Dupnica
Дупница
Dupnica-s.
Dupnica-j./Kjustendil
Jahinovo
Яхиново
Krajnici
Крайници
Topolnica
Тополница
Červen breg
Червен бряг
Mlamolovo
Мламолово
Blatino
Блатино
Golemo selo
Голямо село
Samoranovo
Самораново
Ovčarci
Овчарци
Bistrica
Бистрица
H. Skakavica
H. Ivan Vazov
Х. Иван Вазов
Džerman
Джерман
Usojka
Усойка
Slatino
Слатино
Padala
Падала
Smočevo
Смочево
Rila
Рила
Pastra
Пастра
Mursalevo
Мурсалево
Stob
Стоб
Stobski piramidi
Стобски пирамиди
Kočerinovo
Кочериново
Barakovo
Бараково
Rilci
Рилци
Bobošovo
Бобошево
Blagoevgrad-s./Kočerinovo
Blagoevgrad
BLAGOEVGR
БЛАГОЕВГР
Bălgarčevo
Българчево
Skaptopara
Скаптопара
Pokrovnik
Покровник
Moštanec
Мощанец
Cerovo
Церово
Simitli
Симитли
Poleto
Полето
Krupnik
Крупник
Bobošovo
Vukovo
Вуково
Blažievo
Блажиево
Balanovo
Баланово
Golem Vărbovnik
Голем Върбовник
Nevestino
Невестино
Četirci
Четирци
Nedelkova Grăštica
Неделкова Гращица
Drumohar
Друмохар
Vaksevo
Ваксево
Frološ
Фролош
Cărvište
Цървище
Buranovo
Бураново
Krumovo
Крумово
Drenkovo
Дренково
Cărvarica
Църварица
Vetren
Ветрен
Tišanovo
Тишаново
Rakovo
Раково
Stradalovo
Страдалово
Pelatikovo
Пелатиково
Raška Grăštica
Рашка Гращица
Eremija
Еремия
Bersin
Берсин
Graniški man.
Гранишки ман.
Bogoslov
Богослов
Gărljano
Гърляно
Kamenička Skakavica
Каменичка Скакавица
H. Osogovo
Х. Осогово
H. na DAP
Х. на ДАП
Rujen
Руен
Toranica
Тораница
Saždenik
Сажденик
Sasa
Саса
Bogorodica
Lukovica
Луковица
Dramče
Драмче
Gabrovo
Габрово
Zvegor
Звегор
Delčevo
Делчево
Logodaž
Логодаж
Leško
Лешко
Padeš
Падеш
Grad
Град
Virče
Вирче
Trabotivište
Трработивиште
St. Istevnik
Ст. Истевник
Pančarevo
Панчарево
Crnik
Црник
Debočica
Дебочица
Troskovo
Тросково
Sušica
Сушица
Mak. Kamenica
Мак. Каменица
Kalimansko Ez.
Istibanja
Истибања
Vinica
Виница
Kočani
Leski
Лески
Zrnovci
Зрновци
Lipec
Липец
Gradec
Градец
Blatec
Блатец
Turija
Турија
Trsino
Трсино
Man. Sv. Pantelemon
Golak
Dragobrašta
Драгобрашта
Obozna
Razlovci
Разловци
Bejaz Tepe
Pehčevo
Пехчево
Umlena
Умленаци
Robovo
Робово
Mitrašinci
Митрашинци
Budinarci
Будинарци
Mačevo
Мачево
Smojmirovo
Смојмирово
Berovo
Берово
Vladimirovo
Владимирово
Rusinovo
Русиново
Ratevo
Ратево
Laki
Лаки
Lisec
Vrteška
Вртешка
Letuvalište Radoviš
Asanlija
Smilanci
Смиланци
Kalauzlija
Калаузлија
Man. Sv. Georgi
Radoviš
Радовиш
Oraovica
Ораовица
Podareš
Подареш
Jargulica
Јаргулица
Inevo
Инево
Kalugerica
Nivičino
Нивичино
Obešenik
Dvorište
Дворишете
G. Ribnica
Г. Рибница
Razdol
Раздол
Dobri laki
Добри лаки
Nikudin
Никудин
Igralište
Игралище
Sedelec
Седелец
Caparevo
Цапарево
Goreme
Гореме
Mikre
Микре
Vrakupovica
Вракуповица
G. Krušica
Г. Крушица
Slivnica
Сливница
G. Breznica
Г. Брезница
Maleševo
Maleševski pl.
Plačkovica
Osogovska planina
Konjavska planina
Dolno Ujno
Долно Уйно
Goranovci
Горановци
Dragovištica
Драговищица
Šiškovci
Шишковци
Radlovci
Радловци
Lisec
Лисец
Sovoljano
Соволяно
Konjavo
Коняво
Jabălkovo
Ябълково
Bagrenci
Багренци
Slokoštica
Слокощица
Zilenci
Жиленци
Raždavica
Раждавица
Bunovo
Буново
Bajkalsko
Байкалско
Ugljarci
Угларци
Žituša
Житуша
Zedna
Жедна
Gălăbnik
Гълъбник
Gorna Koznica
Горна Козница
Tavaličevo
Таваличево
Gorna Grăštica
Горна Гращица
Korkina
Коркина
Dolistovo
Долистово
Šatrovo
Шатрово
Struma
Струма
Rilska r.
Рилска р.
Elešnica
Bistrica
Dragovištica
Džerman
Джерман

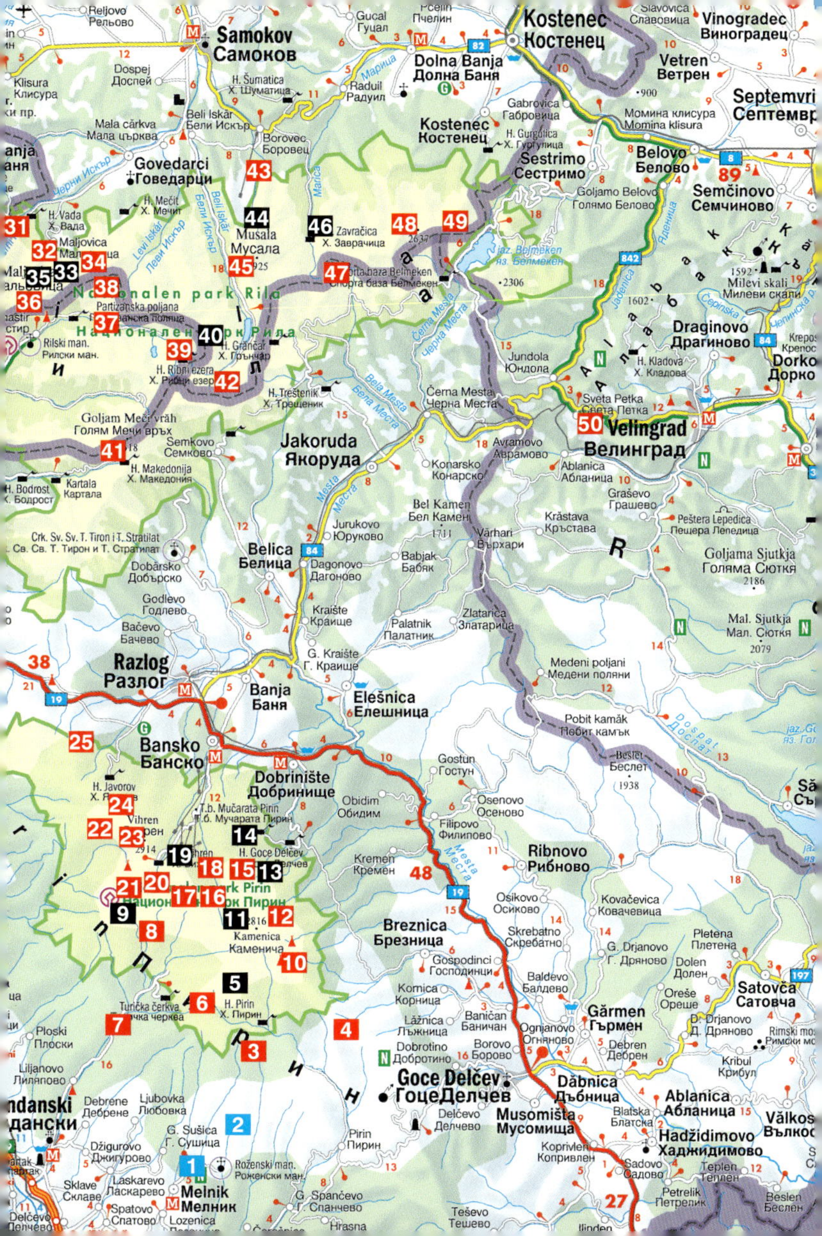

Samokov
Самоков
Kostenec
Костенец
Vinogradec
Виноградец
Slavovica
Славовица
Reljovo
Рельово
Gucal
Гуцал
Pčelin
Пчелин
Dolna Banja
Долна Баня
Vetren
Ветрен
Septemvri
Dospej
Доспей
Klisura
Клисура
Raduil
Радуил
H. Šumatica
Х. Шуматица
Marica
Марица
Gabrovica
Габровица
Momina klisura
Момина клисура
Mala cărkva
Мала църква
Beli Iskăr
Бели Искър
Borovec
Боровец
Kostenec
Костенец
H. Gurgulica
Х. Гургулица
Sestrimo
Сестримо
Belovo
Белово
Govedarci
Говедарци
Černi Iskăr
Черни Искър
Semčinovo
Семчиново
Goljamo Belovo
Голямо Белово
H. Mečit
Х. Мечит
H. Vada
Х. Вада
Musala
Мусала
Zavračica
Х. Завра́чица
Maljovica
Levi Iskăr
Леви Искър
Beli Iskăr
Бели Искър
jaz. Belmeken
яз. Белмекен
Sporta baza Belmeken
Спорта база Белмекен
Milevi skali
Милеви скали
Nacionalen park Rila
Национален парк Рила
Partizanska poljana
Партизанска поляна
Rilski man.
Рилски ман.
H. Grančar
Х. Грънчар
H. Ribni ezera
Х. Рибни езера
Černa Mesta
Черна Места
Jundola
Юндола
Draginovo
Драгиново
H. Kladova
Х. Кладова
Dorkovo
Дорково
Krepost
Sveta Petka
Света Петка
Velingrad
Велинград
H. Treštenik
Х. Трещеник
Bela Mesta
Бела Места
Černa Mesta
Черна Места
Goljam Meči vrăh
Голям Мечи връх
Semkovo
Семково
Jakoruda
Якоруда
Avramovo
Аврамово
Konarsko
Конарско
Ablanica
Абланица
H. Makedonija
Х. Македония
H. Bodrost
Х. Бодрост
Kartala
Картала
Graševo
Грашево
Mesta
Места
Jurukovo
Юруково
Bel Kamen
Бел Камен
Vărhari
Върхари
Krăstava
Кръстава
Peštera Lepedica
Пещера Лепедица
Crk. Sv. Sv. T. Tiron i T. Stratilat
Св. Св. Т. Тирон и Т. Стратилат
Belica
Белица
Dagonovo
Дагоново
Babjak
Бабяк
Goljama Sjutkja
Голяма Сюткя
Dobărsko
Добърско
Godlevo
Годлево
Kraište
Краище
Palatnik
Палатник
Zlatarica
Златарица
Mal. Sjutkja
Мал. Сютка
Bačevo
Бачево
G. Kraište
Г. Краище
Medeni poljani
Медени поляни
Razlog
Разлог
Banja
Баня
Elešnica
Елешница
Pobit kamăk
Побит камък
Dospat
Доспат
Bansko
Банско
Dobrinište
Добринище
Gostun
Гостун
Beslet
Беслет
H. Javorov
Obidim
Обидим
Osenovo
Осеново
T.b. Mučarata Pirin
Т.б. Мучарата Пирин
Vihren
Filipovo
Филипово
H. Goce Delčev
Kremen
Кремен
Ribnovo
Рибново
Nacionalen park Pirin
Национален парк Пирин
Osikovo
Осиково
Kovačevica
Ковачевица
Breznica
Брезница
Skrebatno
Скребатно
Kamenica
Каменица
G. Drjanovo
Г. Дряново
Pletena
Плетена
Gospodinci
Господинци
Dolen
Долен
Baldevo
Балдево
Satovča
Сатовча
Orešе
Ореше
Korniča
Корница
Gărmen
Гърмен
Turička čerkva
Туричка черква
H. Pirin
Х. Пирин
Baničan
Баничан
D. Drjanovo
Д. Дряново
Ploski
Плоски
Lăžnica
Лъжница
Ognjanovo
Огняново
Rimski most
Dobrotino
Добротино
Borovo
Борово
Debren
Дебрен
Kribul
Крибул
Liljanovo
Лиляново
Goce Delčev
ГоцеДелчев
Dăbnica
Дъбница
Ablanica
Абланица
Vălkosel
Sandanski
Debrene
Дебрене
Ljubovka
Любовка
Delčevo
Делчево
Musomišta
Мусомища
Blatska
Блатска
Hadžidimovo
Хаджидимово
G. Sušica
Г. Сушица
Džigurovo
Джигурово
Pirin
Пирин
Koprivlen
Копривлен
Sadovo
Садово
Teplen
Теплен
Roženski man.
Роженски ман.
Sklave
Склаве
Laskarevo
Ласкарево
Melnik
Мелник
G. Spančevo
Г. Спанчево
Petrelik
Петрелик
Beslen
Беслен
Spatovo
Спатово
Lozenica
Delčevo
Делчево
Teševo
Тешево
Hrasna
Ilinden

Allgemeine Hinweise

Ausgangspunkte

Unter diesen Stichworten finden Sie in den einleitenden Kurzinfos die Orte, zu denen man mit dem Bus, Zug oder Auto anreisen bzw. ohne größere technische Schwierigkeiten zu Fuß anmarschieren kann und von denen man die eigentliche Wandertour beginnt. Außer den Talzentren sind dies oft Berghütten. Ein wesentlicher Faktor der bulgarischen Gebirge ist ihre Ausdehnung und fehlende Infrastruktur. Etwas komplizierter bzw. langwierig ist häufiger die Erreichbarkeit der Ausgangspunkte, wenn man keine mehrtägige Streckenwanderung unternimmt. Nahezu typisch sind ganztägige Anmarschwege aus dem Vorland mit großen Höhendifferenzen. Touristisch attraktive und leicht erreichbare Ortschaften sind meist erheblich entfernt. Deshalb sind Pirin und Rila eher für erfahrene »Bergfüchse« mit ausreichender physischer Kondition, Ausdauer und Widerstandskraft bestimmt. Einige kürzere Wanderungen können auch durchschnittlich geübte Anfänger problemlos bewältigen.

Übernachtung und Einkehr

In Städten und Dörfern im Tal kann man ziemlich leicht Übernachtung und Verpflegung bekommen. Berghütten gibt es zwar im Pirin und Rila an sich genug, jedoch finden Sie nicht in jeder Übernachtung und Verpflegung nach mitteleuropäischem Standard. Einige Hütten sind verlassen oder sogar zerstört, einige haben nur Saisonbetrieb (Übersicht Pirin-Hütten s. S. 24/25, Rila-Hütten S. 94/95). Die Anmarschwege zu den Hütten sind lang und anstrengend, die durch den Wald führenden schmalen Straßen oft in schlechtem

Der malerische See Ribno Ezero im Pirin (Tour 18).

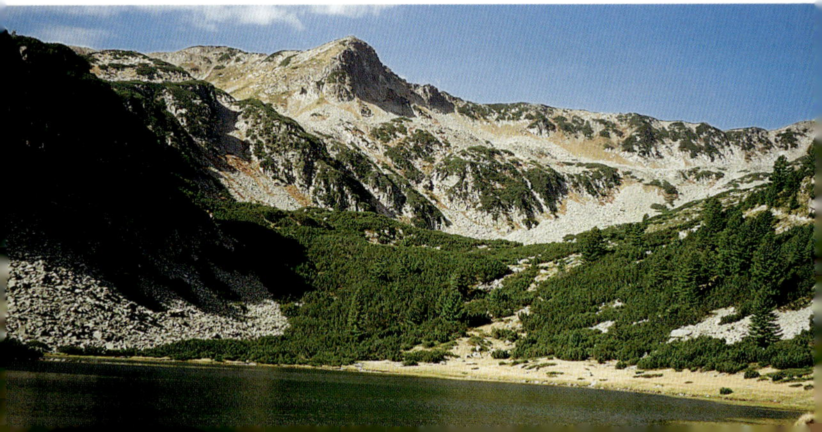

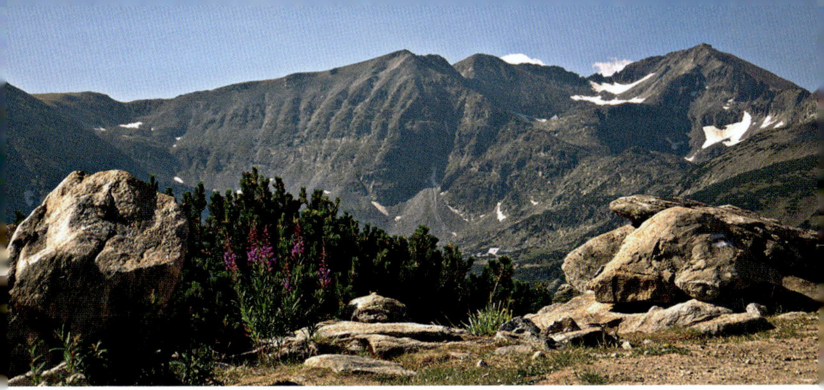

Die Musala-Gruppe im Rila-Gebirge vom Jastrebec aus gesehen (Tour 43).

Zustand und eher mit Geländewagen befahrbar. Die Übernachtung und das Essen auf den Hütten sind meistens einfach. Man rechnet mit vorbereiteten Gästen (eigener Schlafsack, Lebensmittel). Zur Notübernachtung in den Bergen dienen kleine Biwak- und Schutzhütten (zaslony).

Anforderungen

Den Schwierigkeitsgrad der Routen charakterisieren die Farben, mit denen die Nummern der Touren unterlegt sind:

Leicht Diese Routen sind nicht allzu lang und auch nicht ausdrücklich anstrengend oder orientierungsmäßig anspruchsvoll. Sie bleiben auch bei sich verschlechterndem Wetter relativ sicher, sodass sie im Großen und Ganzen auch Kinder oder ältere Leute ohne Befürchtungen absolvieren können.

Mittel Bei diesen Routen handelt es sich um überwiegend gut markierte Bergpfade und Steige, die jedoch schon zum Teil durch schwierigeres Gelände führen, und in den höheren Lagen wächst das Maß der objektiven Gefahr. Angesichts der Länge und Höhendifferenz erfordern diese Routen darüber hinaus eine nicht geringe Ausdauer und sind daher nur erfahrenen Bergwanderern zu empfehlen.

Schwierig Auf die so gekennzeichneten Gipfelaufstiege und Kammtouren sollten sich nur sehr geübte und erfahrene Hochgebirgswanderer begeben und dies nur bei perfektem Wetter. Zu den selbstverständlichen Voraussetzungen für die erfolgreiche Bewältigung gehören ein guter Orientierungssinn und Erfahrung im Hochgebirge, ebenso wie Schwindelfreiheit. Einige Abschnitte können nur provisorisch mit Steinmännern markiert sein, oder eine Markierung fehlt völlig.

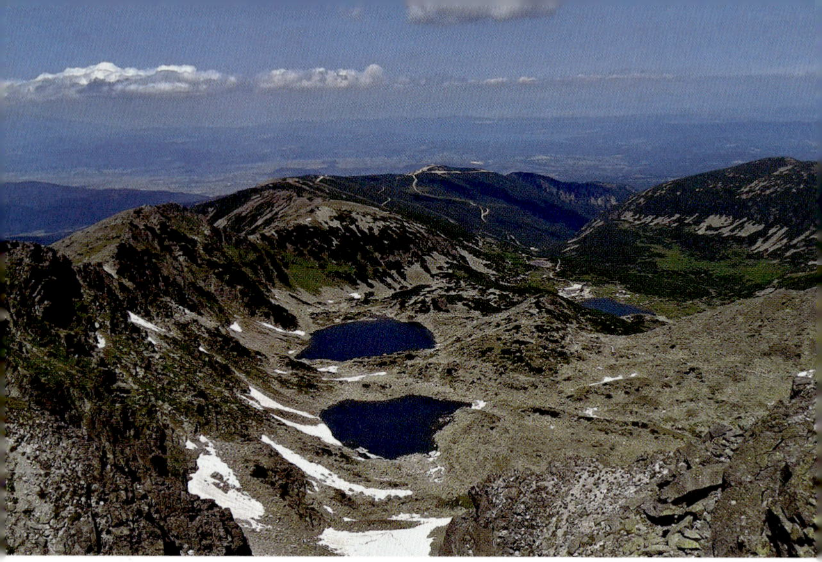

Ausblick vom Musala nach Norden ins Hochtal Musalenski Cirkus mit den Seen Musalenski Ezera, zur Hütte Musala (rechts) und zum Jastrebec in der Mitte hinten (Tour 45).

Wegemarkierung

Die Wegemarkierungszeichen im Pirin und Rila haben die Form waagerechter Streifen in roter, blauer, grüner und gelber Farbe mit weißen Reflexionsstreifen. Auf dem Territorium der Nationalparks sind sie sehr gut unterhalten, ihre Dichte ist bisweilen unnötig hoch. Außerhalb der Nationalparks, d. h. in den Randgebieten der Gebirge, nimmt die Qualität der Wegemarkierung rapide ab, wobei manchmal Zeichen vollständig fehlen. Der Zustand der Richtungsanzeiger und Wegweiser ist allgemein schlechter als in Mittel-/Westeuropa üblich.

Oft werden im Gelände Markierungsstangen mit Azimutangaben benutzt, die die Orientierung insbesondere bei verringerter Sicht erleichtern. Die Markierungsstangen mit Azimutangaben stehen im Abstand von 30–60 m. An jeder der 2,5–3 m hohen Metallstangen sind in der Regel jeweils zwei Richtungsanzeiger, welche die Zahlenwerte der Azimute und die Entfernung zu den nächsten benachbarten Stangen anzeigen.

Auf alte oder nicht standardgemäße Markierungen gehen wir in diesem Wanderführer nicht ein. Es kann also sein, dass Sie an einem Weg, der hier als »unmarkiert« betrachtet wird, im Gelände zum Beispiel verschiedenfarbige Streifen ohne Reflexstreifen, runde Schilder, farbige Pfeile u. ä. vorfinden. Dies ist insbesondere im Rila-Gebirge häufig.

Top-Touren im Pirin- und im Rila-Gebirge

Melniker Pyramiden

Bizarre Welt der spitzenförmigen Erd- und Sandsteingebilde. Tolle Tour vom Weinbauort Melnik zum idyllischen Kloster Rožen (Tour 1, 3.15 Std.).

Sini Vrăh

Das Marmorjuwel des Pirin, die weiß glänzende Spitze mit senkrechter, 200 m hoher Nordost-Wand für anspruchsvolle Kletterer, aber auch mit wesentlich leichterem Nordgrat (Tour 9, 3.30 Std.).

Valjaviški Ezera

Granitherz des Pirin, zahlreiche Bergseen, packende Szenerien – klassische Tour zu einem der schönsten Seenkessel im Pirin (Tour 15, 5.30 Std.).

Vichren

Der höchste Berg im Pirin, ein gewaltiger Marmorgigant, von dessem Gipfel sich bei guter Sicht ein herrlicher Rundblick bietet (Tour 23, 6.30 Std.).

Marmorgrat Končeto

Kammübergang-Spitzenerlebnis im Pirin! Die scharfe, luftige, gesicherte Felskante über einer scheinbar bodenlosen Tiefe mit großartigen weiten Ausblicken (Tour 24, 8.30 Std.).

Sedemte Rilski Ezera

Leichte Rundtour durch den berühmtesten Rila-Seenkessel; sieben malerische Bergseen und dazu viele Spuren ehemaliger Gletschertätigkeit, grandiose Panoramen (Tour 27, 3.00 Std.).

Strašnoto Ezero

Wunderschönes Juwel unter den Rila-Seen versteckt am Fuß der drei dolomitenförmigen Gipfel von Kupenite liegend (Tour 32, 6.00 Std.).

Maljovica und Rilski Manastir

Klassische Rila-Tour von einer Hochgebirgshütte über den recht leichten Gipfel Maljovica zum tief darunter liegenden orthodoxen Rila-Kloster (Tour 36, 7.15 Std.).

Ribni Ezera – Grănčar

Rila-Bergtourklassiker, ein großartiger Übergang an der Grenze von Mittel- und Ost-Rila, hoch über dem hufeisenförmigen Schluss vom Beli-Iskăr-Tal. Viele Gipfelausblicke (Tour 42, 5.30 Std.).

Musala

Der höchste Berg des Balkans, mit grandiosen Gipfel-Ausblicken und herrlichen Gletscherseen am Nordfuß (Tour 45, 7.45 Std.).

Mögliche Gefahren, Bergwacht

Die meisten vorgeschlagenen Touren verlaufen auf gut markierten Wegen und Pfaden. Wir machen im Text ausdrücklich darauf aufmerksam, wenn ausgesetzte Passagen zu bewältigen sind oder besondere Orientierungssinn gefragt ist. Das erheblichste objektive Risiko stellt eine plötzliche Wetterverschlechterung dar, besonders, wenn Wanderer direkt auf den Kämmen davon überrascht werden. Die größte Gefahr dabei bedeuten Gewitter und Vereisungen. Es lohnt sich deshalb, bevor man sich auf eine Tour begibt und auch während dieser, die Entwicklung der Wetterlage ständig zu verfolgen und rechtzeitig von den gefährdetsten Stellen abzusteigen.

Ein Spezifikum des Rila-Gebirges sind die ausgedehnten offenen Hochplateaus, wo Nebel, Regen und starker Wind die Ursache für sehr unangenehme Situationen sein können. Die Orientierung ist dann oft nur nach den Markierungsstangen mit Azimutangaben möglich, eventuell mithilfe eines GPS-Geräts. Bei schlechtem oder unsicherem Wetter beginnen Sie die Tour lieber erst gar nicht! Offiziell gibt es im Pirin und Rila eine Bergwacht (Planinska spasitelna služba – »ПСС«, Notruf 9555665, ggf. auch 112 oder 150) und auf den meisten Hütten sind Rettungsstationen eingerichtet, aber auf Hilfe der Bergwacht kann man sich nicht voll verlassen! Dieser Dienst ist in Bulgarien nicht mit den Standards im Westen vergleichbar, wie man sie z. B. aus den Alpen kennt. Auch der Zugriff auf ein Telefon ist manchmal problematisch. Niemals sollte man sich allein auf das Handy verlassen, an vielen Orten in den Bergen gibt es kein Signal! Es ist also am besten, wenn die Wanderer immer völlig unabhängig sind. Und dass man eine Tour mindestens zu zweit unternimmt, sollte hier eine Selbstverständlichkeit sein.

Wanderzeit

Die besten Bedingungen zum Bergwandern im Pirin und Rila bestehen von Anfang Juli bis Ende September. Im Mai und Juni kann in den höheren Lagen noch Schnee liegen. Der Oktober ist manchmal noch sehr angenehm, es kann aber auch schon ziemlich kalt werden mit ersten Anzeichen des Winters. Von November bis April sind sämtliche Unternehmungen im Hochgebirgsterrain sportlich-leistungsfähigen, erfahrenen Bergsteigern vorbehalten. In niedrigeren Lagen kann man allerdings ganzjährig wandern. Vorsicht vor Lawinen – an der Mündung einiger Täler warnen Hinweisschilder. Insgesamt ist dieser Wanderführer für Touren im Sommer beziehungsweise Herbst konzipiert.

Auf dem Kamm südlich des Musala (Tour 45).

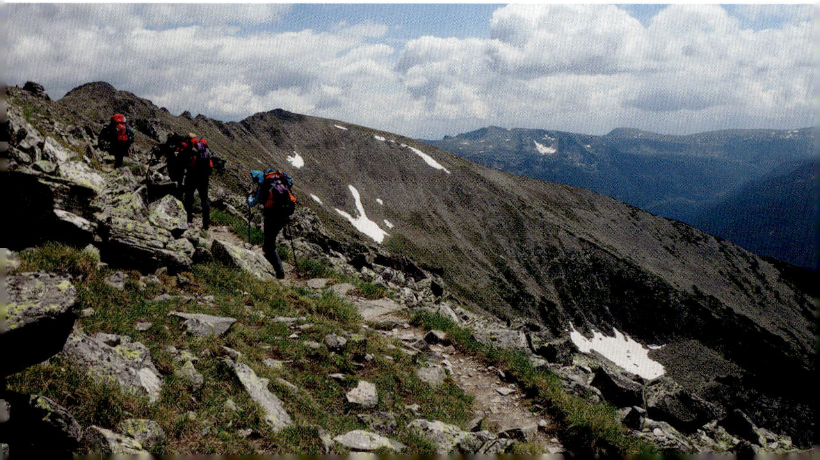

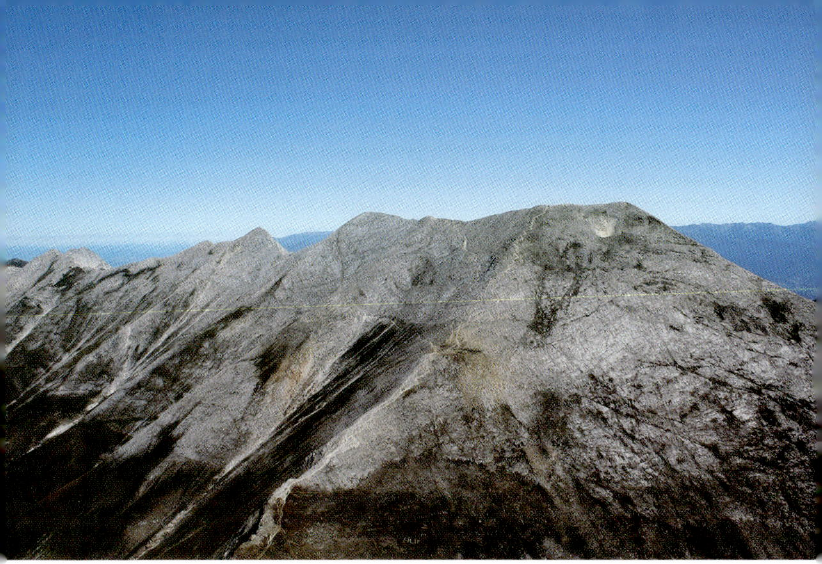

Der Marmorgrat Končeto in Pirin vom Vichren-Gipfel aus gesehen (Touren 23 und 24).

Ausrüstung

Besucher des Pirin und Rila müssen sich vor allem auf sich selbst und ihre Mitwanderer im Gebirge verlassen. Außer ausreichenden eigenen Vorräten an Essen und Trinken und der Standardausrüstung für das Bergwandern ist ein Schlafsack unerlässlich, da in den Hütten gewöhnlich nicht geheizt wird. Empfehlenswert sind auf jeden Fall noch eine Isomatte, eine Essschüssel und ein Kocher, gegebenenfalls auch ein Zelt oder wenigstens ein Biwaksack (wasserdichter Überzug über den Schlafsack). Obwohl das Klima der bulgarischen Gebirge spürbar wärmer und angenehmer als in den Alpen oder der Tatra ist, seien Sie im Gelände immer auf heftige Niederschläge, eine erhebliche Abkühlung oder erschwerte Orientierung im Nebel vorbereitet. Für schlechtes Wetter sind ein wasserundurchlässiger Regenschutz, ausreichend warme Bekleidung einschließlich Handschuhen und Mütze, gegebenenfalls auch eine Bussole oder ein GPS-Gerät notwendig. Sehr wichtige Bestandteile der Ausstattung sind auch eine Stirnlampe und eine Notfallapotheke mit dem medizinischen Minimum (zwei Binden, Dreiecktuch, elastische Binde, Desinfektionsmittel, Medikamente gegen Fieber, Schmerzen und Durchfall). Zum Trinken von nicht aufbereitetem Wasser zweifelhafter Herkunft (Brunnen auf Weiden, Regenwasserseen auf den Hochplateaus) sollte auch noch ein geeignetes Mittel zur Wasserdesinfektion eingepackt werden, sei es nun in flüssiger Form oder als Tabletten.

Karten

Die bisher besten (nach wie vor nicht idealen) Karten sind »Pirin« und »Rila« aus dem Verlag CARTOGRAPHIA LTD SOFIA im Maßstab 1:55.000. In Sofia gibt es eine große Auswahl von Karten, Wanderführern und anderer Literatur am Slavejkov-Platz (Markt unter freiem Himmel südwestlich vom Ivan-Vazov-Nationaltheater und dem Hauptpostamt).

Verkehrsmittel in Bulgarien

Die relativ zuverlässigsten öffentlichen Verkehrsmittel in Bulgarien sind Busse. Angegebene Abfahrtszeiten sind zwar mit Vorsicht zu genießen, aber man gelangt mit dem Bus praktisch zu allen wichtigen Ausgangspunkten.
Dagegen ist das Eisenbahnnetz nicht so dicht. Züge spielen für folgende Wanderregionen in diesem Buch eine Rolle: das Tal des Flusses Struma an der Westseite von Rila und Pirin sowie die in südöstlicher Richtung von Sofia nach Plovdiv und Burgas führende Schnellzugstrecke, von der in der Station Septemvri eine attraktive Schmalspurbergbahn über Velingrad, Avramovi Kolibi, 1240 m (höchstgelegene Bahnstation in ganz Bulgarien), Jakoruda, Belica, Razlog und Bansko nach Dobrinište auf der Nordostseite des Pirin-Massivs abzweigt.
Der Hauptbahnhof (Centralna gara) in Sofia befindet sich am Nordrand des Stadtzentrums am Predgarov-Platz. Der Hauptbusbahnhof (Centralna Avtogara) liegt ca. 100 m südostlich davon, er wurde 2004 errichtet und ist modern ausgestattet. Einige Linien aus dem Süden und Westen, zum Beispiel von Blagoevgrad, enden in Sofia auf dem Busbahnhof Avtogara Zapad westlich vom Zentrum. Die Busse in Richtung Samokov und Borovec (zum Nordostfuß des Rila-Gebirges) verkehren am häufigsten vom Busbahnhof Avtogara Jug im südöstlichen Teil von Sofia (hilfreiche Websites: central-

GPS-Tracks und Koordinaten der Ausgangspunkte

Auf **gps.rother.de** stehen zu diesem Wanderführer GPS-Tracks und die Koordinaten der Ausgangspunkte zum kostenlosen Download bereit. Dieser QR-Code führt direkt zum Download.
3. Auflage, Passwort: **441403rch**
Die GPS-Tracks können in die **Rother App** importiert werden. In der App kann man unterwegs stets sehen, wo man gerade ist und wo es langgeht. **Anleitungen dazu: rother.de/gps**
Trotz sorgfältiger Prüfung können wir Fehler und zwischenzeitliche Veränderungen nicht ausschließen. Verlassen Sie sich für die Orientierung niemals einzig und allein auf die GPS-Daten, sondern beurteilen Sie die Verhältnisse vor Ort.

naavtogara.bg und razpisanie.bdz.bg). Der öffentliche Personennahverkehr in Sofia wird außer mit Bussen, die auch zum Flughafen fahren, mit Oberleitungsbussen und Straßenbahnen abgewickelt. Fahrscheine kauft man im Voraus (Kioske, Trafiken, Automaten) oder direkt beim Fahrer. Für die Beförderung größerer Gepäckstücke, zum Beispiel Rucksäcke, ist eine gesonderte Fahrkarte erforderlich. Fahren Sie nicht ohne Fahrschein. Kontrolleure tauchen gern vor allem in den vom Flughafen in die Stadt fahrenden Bussen auf. Ein Taxi ist allgemein teuer. Im Gebirge lohnt es sich manchmal aus Zeitgründen oder um Wege zu verkürzen, ein sogenanntes maršrutno taksi für Touristen zu benutzen, das Sie von der Bus- oder Bahnstation auf abgelegenen Straßen in die höheren Lagen befördert. Manchmal ist das ein kleinerer Lieferwagen, ein andermal vielleicht ein Lkw. Über den Preis sollten Sie mit dem Fahrer feilschen, und wenn Sie nicht allzu großes Interesse zeigen, gelingt es gewöhnlich, den Fahrpreis etwa um die Hälfte herunterzuhandeln. Seilbahnen existieren zwar hier und da, aber die Betriebszeiten sind häufig unklar, besonders außerhalb der Sommersaison (Juli, August). Sie sollten sich bevorzugt auf Ihre physische Ausdauer verlassen!

Währung und Preise

1 Lev hat 100 Stotinki und entspricht umgerechnet rund 0,5 Euro (Stand April 2023). Es empfiehlt sich, Geld (am besten Euro oder Dollar) nur in offiziellen Wechselstuben umzutauschen. Die Preise von Waren und Dienstleistungen sind in Bulgarien in den letzten Jahren ziemlich angestiegen, sodass man insbesondere in frequentierten Touristenzentren und auch in den Berghütten inzwischen mehr zahlen muss. Relativ günstig sind Grundnahrungsmittel in kleineren Städten und auf dem Land. Aber das Preisniveau liegt insgesamt nach wie vor ziemlich deutlich unter dem von Westeuropa.

Russisch-orthodoxe Kirche St. Nikolai in Sofia.

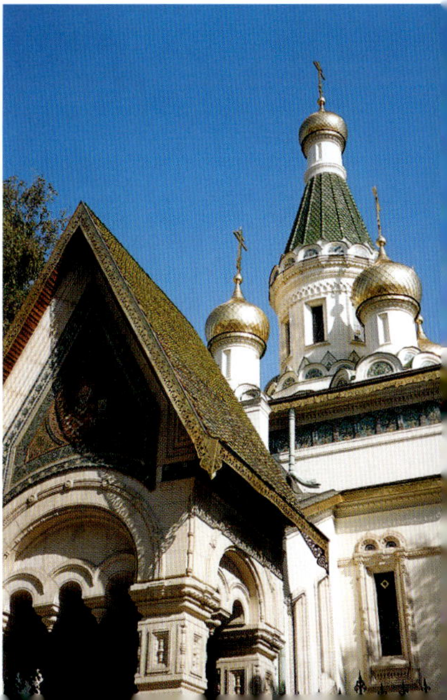

Sprache

Die Amtssprache ist Bulgarisch und die Schrift Kyrillisch. In lateinische Schrift wird sie manchmal an touristisch frequentierten Orten übertragen. Englisch oder Deutsch wird

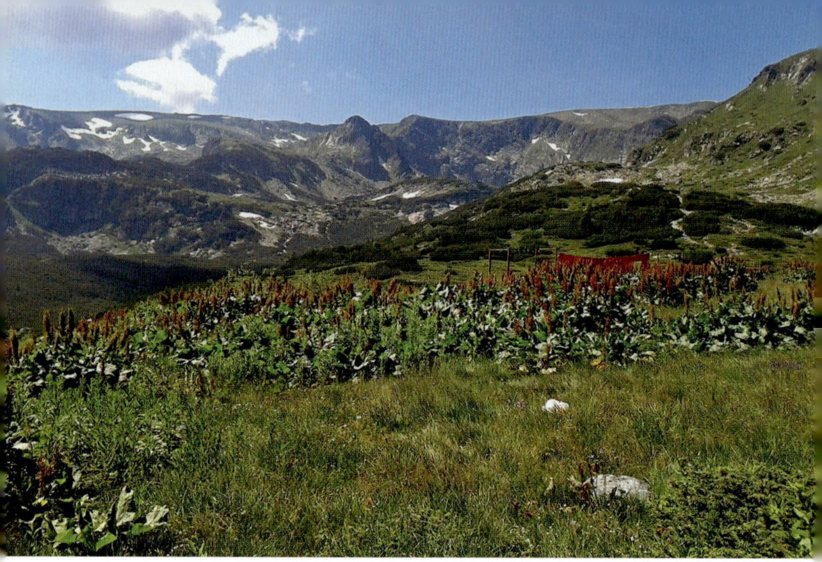

Unterwegs im Hochtal Sedemte Rilski Ezera (Tour 27).

kaum gesprochen oder verstanden, wenn überhaupt, dann eher in Sofia. Wer etwas Russisch kann, hat in Bulgarien einen deutlichen Vorteil, wenn auch nicht einen solch großen, wie es auf den ersten Blick scheint. Das Bulgarische unterscheidet sich ziemlich vom Russischen. Insofern ist es vorteilhaft, wenigstens ein paar grundlegende Worte und Wendungen zu beherrschen. Bei der praktischen Anwendung werden Sie feststellen, wie Ihnen dies Türen und Herzen öffnen kann! Und noch ein Hinweis: In Bulgarien beutet Kopfschütteln »ja« und Kopfnicken »nein«! Auch wenn das allgemein bekannt ist, ist es nicht gerade einfach, sich an diese Besonderheit zu gewöhnen. Einige Bulgaren bemühen sich, Ausländern entgegenzukommen und nicken und schütteln mit dem Kopf im Sinne wie die Mitteleuropäer, wodurch dann die Verwirrung komplett ist. In der Praxis ist diese Angelegenheit jedenfalls Quelle vieler mehr oder weniger spaßiger Situationen.

Gesellschaft

Wie im übrigen Bulgarien bilden auch in den Gebirgsregionen von Pirin und Rila die einheimischen Bulgaren die große Mehrheit der Bevölkerung. Die in den Grenzgebieten lebenden Minderheiten der Griechen und Mazedonier sind nicht sehr zahlreich. Die verbreitetste Religion ist die christlich-orthodoxe, weniger bekennt man sich zum Islam und zum römisch-katholischen Glauben.

Bulgarisch

In Bulgarien wird die kyrillische Schrift verwendet. In diesem Wanderführer sind in den Orientierungskarten und im laufenden Text bei den örtlichen Bezeichnungen die kyrillischen Buchstaben gemäß ISO 9 in lateinische Buchstaben (zum Teil mit diakritischen Zeichen) umgesetzt. Für die mündliche Verständigung ist es wichtig zu wissen, wie die vom deutschen Sprachgebrauch abweichenden Zischlaute, das sog. weiche n und weiche t sowie der Halbvokal ă ausgesprochen werden:

ă = ein sehr stark zusammengedrücktes gedämpftes »a«
c = z, z.B. Marica, sprich Mariza
č = tsch, z.B. Čučura, sprich Tschutschura
ň = nj, z.B. Baňa sprich Banja
š = sch, z.B. Solišteto, sprich Solischteto
ž = sh, wie das g in aus dem Französischen stammenden Fremdwörtern wie Blamage, Reportage, z.B. Rožen, sprich Roshen
z = ein stimmhaftes »s« wie im deutschen Wort Vase

Was Demokratisierungsprozesse in der Gesellschaft und die Entwicklung der Marktwirtschaft nach 1990 betrifft, bleibt Bulgarien gegenüber osteuropäischen Staaten, wie z. B. Tschechien, Slowakei und Polen, nach wie vor relativ weit zurück, auch nach dem Beitritt zur Europäischen Union (1. Januar 2007).

Straßenszene in Sofia.

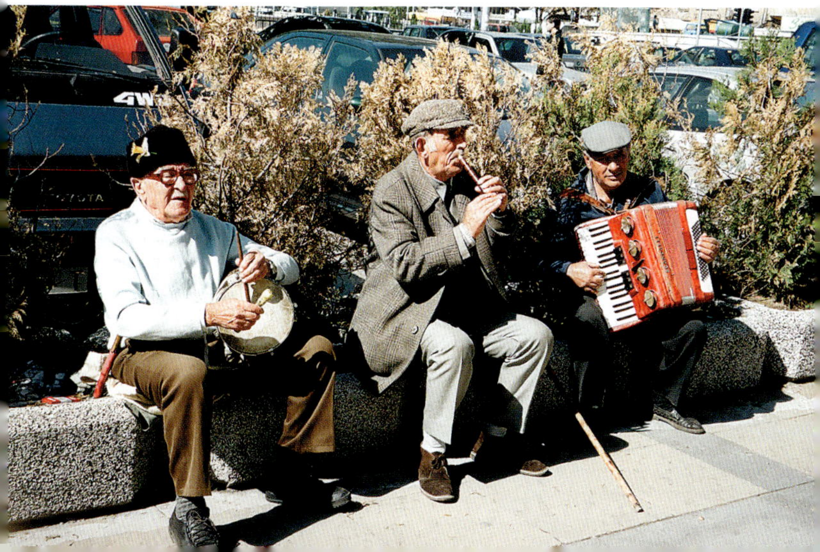

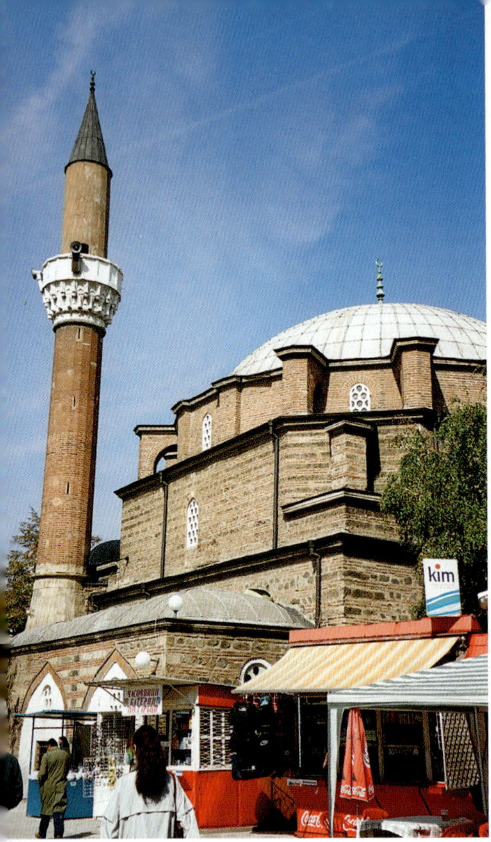

Bäder-Moschee in Sofia.

Der Kontrast zwischen dem großstädtischen Milieu von Sofia und den abgelegeneren ländlichen Gegenden ist erheblich. Die Bergbewohner profitieren bisher meistens nicht von den Reformen. Eine große Ausnahme stellt jedoch der Fremdenverkehr dar. Insbesondere in einigen touristisch attraktiven Gegenden ist ein Fortschritt sichtbar, etwa in Melnik, bei der Hütte Vichren, in Bansko, am Rila-Kloster, in Borovec oder um den Musala.

Reisedokumente und Krankenversicherung

Für Reisen nach Bulgarien als Mitgliedsland der EU genügt ein gültiger Personalausweis. Dies gilt auch für den Transit durch Serbien. Informieren Sie sich in jedem Fall vorab auf den Seiten des Auswärtigen Amts.
Es ist ratsam, eine zusätzliche Auslandskrankenversicherung abzuschließen.

Botschaften und Konsulate

- Botschaft der Bundesrepublik Deutschland, ul. Frédéric Joliot-Curie 25, 1113 Sofia, Tel. +359 2 918 380, sofia.diplo.de
- Botschaft von Österreich, Boulevard Zar Oswoboditel 13/Ulica Schipka 4, 1000 Sofia, Tel. +359 2 932 90 32, bmeia.gv.at/oeb-sofia
- Ambassade de Suisse, ul. Chipka 33, 1504 Sofia, Tel. +359 2 942 01 00. Visa- und Passangelegenheiten nur über: Regionales Konsularcenter Südosteuropa, Schweizerische Botschaft Bukarest, Str. Grigore Alexandrescu 16–20, 4. Stock, 010626 Bukarest, Rumänien, E-Mail: sudosteuropa@eda.admin.ch

Sofia – Ausgangspunkt ins Gebirge

Die Hauptstadt Bulgariens hat rund 1,25 Mio. Einwohner. Sie liegt im Westteil des Landes am nordöstlichen Fuß des Bergmassivs Vitoša in einer Meereshöhe von ca. 550–600 m, sodass sie auch im Sommer ein verhältnismäßig angenehmes Klima hat. Für die Touristen, die das Pirin- und Rila-Gebirge zum Ziel haben, stellt Sofia den logischen und geeignetsten Ausgangspunkt dar. Die Geschichte der Stadt reicht mehr als 2000 Jahre zurück, als hier die Thraker siedelten. In den ersten Jahrhunderten christlicher Zeitrechnung hatten die Römer entscheidenden Einfluss. An der späteren Entwicklung beteiligten sich außer den Bulgaren vor allem die Türken, die das Gebiet fast 500 Jahre lang (1386–1878) beherrschten. Sofia wurde zur Hauptstadt des neuzeitlichen Bulgariens am 3. April 1879 ausgerufen; seit dieser Zeit ist es das bedeutendste politische, kulturelle und wirtschaftliche Zentrum des Staates.

Das dominante historische Baudenkmal Sofias ist die 1904–1912 zu Ehren der Befreiung Bulgariens von den Türken durch die russische Armee erbaute **Alexander-Nevski-Kathedrale**. Diese schöne orthodoxe Kathedrale stellt ein typisches Beispiel des byzantinischen Stils dar. Die Hauptkuppel ist 45 m hoch, der Glockenturm mit 12 Glocken misst 52 m. Die Kupferdächer sind vergoldet. Die zahlreichen großen Fresken im Innern sind das Werk des tschechischen Professors Ivan Mrkvička und seiner Schüler. Unweit der Kathedrale befindet sich die dreischiffige **Sophienbasilika** (Sveta Sofija) mit Kreuzgewölbe. Die heilige Sophia hat ja der Stadt ihren Namen gegeben und ist in ihrem Wappen abgebildet. Ursprünglich hatte an diesem Ort eine kleine Kirche aus dem 4. Jahrhundert gestanden, von der bis heute der Mosaikfußboden erhalten ist. In dem gegenwärtigen Bau aus dem 6. Jahrhundert, der in den Jahren 1926–1932 komplett erneuert worden ist, vereinen sich in beachtenswerter Weise der östliche byzantinische Stil mit dem westlichen romanischen. Im klassischen russischen Stil wurde die orthodoxe **St.-Nikolai-Kirche** (1913–1914) mit

Alexander-Nevski-Kathedrale.

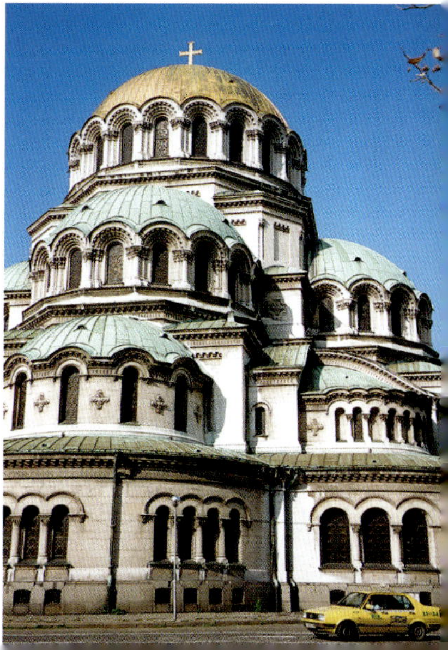

Ikonen erbaut, welche Kopien von Bildern aus der Wladimirkathedrale in Kiew sind. Auf dem Hof im Komplex des Präsidentenpalastes befindet sich der überhaupt älteste erhaltene Bau in Sofia – die **St.-Georgs-Kirche** (Sveti Georgi) aus dem 5. Jahrhundert, die anstelle der ursprünglichen römischen Bäder errichtet wurde. In der Umgebung befinden sich jetzt freigelegte Reste römischer Mauern, Befestigungen und einer Wasserleitung. Ein weiterer typisch byzantinischer Bau ist die am Ende des 19. Jahrhunderts erbaute orthodoxe **Kirche der heiligen Nedelja** (Cirkva Sveta Nedelja). Eine wirkliche architektonische Besonderheit stellt die teilweise unterirdische christliche **Kirche der hl. Petka Samardžijska**, der Patronin der Sattler dar, die am Ende des 14. Jh. entstanden ist. Während der Türkenherrschaft durften nämlich christliche Bauten keine dominanten Bestandteile des städtischen Panoramas sein, und so befindet sich diese kleine Kirche ganz »untergetaucht« unter dem umliegenden Gelände. Das bedeutendste türkische Baudenkmal ist die **Bäder-Moschee** (auch »Džamija«) aus dem Jahre 1576 mit einer Kuppel und einem schlanken Minarett. Sie stellt bis heute ein bedeutendes geistliches Zentrum der bulgarischen Muslime dar. Hinter der Moschee stehen die historischen Bäder, und gegenüber die städtische Markthalle, die durch Umbau einer früheren jüdischen Synagoge entstanden ist und sich heute im pompösen Euroglobalisierungsstil präsentiert. Eins der interessantesten Denkmäler in Sofia ist das **Befreierdenkmal** mit einem Reiterstandbild des russischen Zaren Alexander II., ein Werk von Arnoldo Zocchi aus den Jahren 1901–1907. Die Reliefs am Sockel stellen die entscheidenden Momente dar, die zur Entstehung des neuzeitlichen selbstständigen Bulgariens führten – die Schlacht bei Stara Zagora, die Unterzeichnung des Friedensvertrags und die Sitzung der Konstituierenden Volksversammlung in Veliko Tarnovo. Aufmerksamkeit verdient auch die **Vasil-Levski-Gedenkstätte** aus dem Jahre 1895, die an der Stelle errichtet wurde, an der dieser antiosmanische Revolutionär im Jahre 1873 hingerichtet worden ist. Der wichtigste Kulturbau Sofias ist das Akademische **Ivan-Vazov Nationaltheater**, ein Gebäude im Stil des Wiener Klassizismus. Sehr interessant sind die Sammlungen des **Archäologischen und Ethnografischen Museums**. Im ehemaligen Gebäude des Zentralkomitees

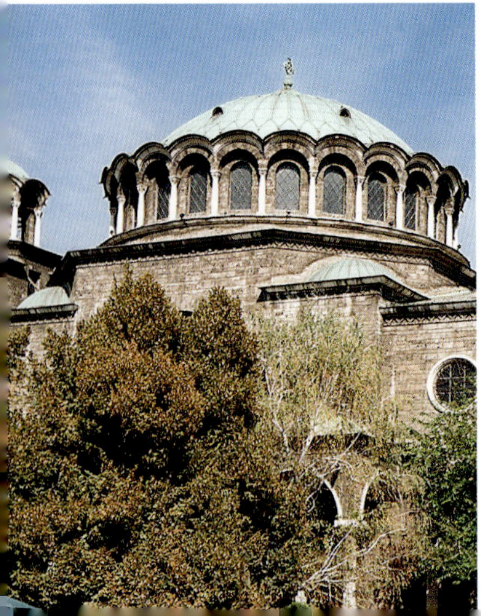

Kirche der Heiligen Nedelja.

der Kommunistischen Partei Bulgariens, das im Stil der Moskauer Lomonosov-Universität über das engere Stadtzentrum dominiert, hat heute das bulgarische Parlament, die Nationalversammlung, seinen Sitz. Schräg gegenüber, neben dem Gebäude der Bulgarischen Nationalbank, an der Front des Parks an der Südwestseite der belebten Straße Car Osvoboditel, stand früher das **Georgi-Dimitrov-Mausoleum**. Nach 1990 wurde es zwar abgerissen. Die von Hand angebrachten Aufschriften an den losen Betonresten zeugen jedoch davon, dass kommunistische Ideen weiter leben.

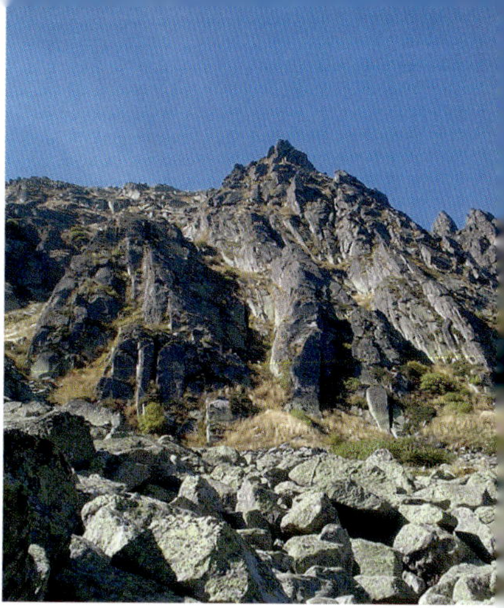

Vitoša – Sofias Hausgebirge.

In der Umgebung von Sofia ist der größte Touristenmagnet das bereits erwähnte **Vitoša-Gebirge**, das bis in die hohen Lagen durch mehrere Straßen und Seilbahnen zugänglich gemacht ist. Ein sehr schöner Blick auf die bulgarische Metropole bietet sich vom Fernsehturm über dem Stadtviertel Kňaževo (Anfahrt per Straßenbahn und weiter mit der Seilbahn). Der eigentliche Gipfelbereich des Vitoša-Gebirges hat den Charakter eines Hochplateaus mit einigen nicht besonders markanten Kämmen und dem höchsten Punkt Černi Vrăh, 2290 m. Mit Benutzung der öffentlichen Stadtverkehrsmittel zu den Vierteln Kňaževo, Bojana oder Dragalevci, gegebenenfalls bis nach Zlatni Mostove oder den Komplex Štastliveca (Bus), und der anschließenden Seilbahnen lässt sich dieses auch zum Nationalpark erklärte »Sofioter Gebirge« in 2 Tagen bequem erlaufen. Eine etwas ausführlichere Erkundung nimmt 3–5 Tage in Anspruch. Eine gute Karte zu diesem Zweck können Sie im Zentrum von Sofia z.B. auf dem Markt am Slavejkov-Platz kaufen. Außer einer Reihe unstrittiger Naturschönheiten sind zwei bedeutende historische Gedenkstätten am Fuß des Gebirges, in den Randvierteln von Sofia, sehr zu empfehlen: die Kirche in der Gemeinde Bojana und das Dragalevski-Kloster. Die kleine **St.-Pantelejmon-Kirche** wurde schrittweise vom 11. bis ins 19. Jh. erbaut. Außerordentlich wertvoll sind Fresken aus dem 13. Jh., die durch ihren realistischen Ausdruck mit räumlicher Perspektive und Farbenreichtum die bevorstehende italienische Renaissance ankündigen. Die Kirche ist wegen Feuchtigkeit/Kondens nur bei trockenem Wetter und jeweils nur für eine begrenzte Anzahl von Besuchern zugänglich.

In dem im 14. Jh. durch Zar Ivan Alexander gegründeten **Dragalevski-Kloster** sind beachtenswerte Wandmalereien aus dem 15.–17. Jh. erhalten.

Pirin

Das Pirin-Gebirge liegt in Südwestbulgarien zwischen den Tälern der Flüsse Struma im Westen und Mesta im Osten. Der Hauptkamm erstreckt sich über einer Länge von rund 80 km von Nordwest nach Südost, zahlreiche Seitenkämme gehen ab. Im Norden wird das Pirin durch den breiten Pass Predel, 1142 m, vom Rila-Gebirge abgegrenzt. Der Name Pirin ist slawischen Ursprungs. Das Pirin wurde von jeher als der Sitz des Donnergotts Perun betrachtet.

Zwar ist das Pirin »nur« das zweithöchste Gebirge Bulgariens – der höchste Gipfel Vichren ist 2914 m hoch. Durch sein Relief ähnelt er jedoch den typischen Alpen- oder Tatragipfeln viel mehr als das etwas höhere Rila-Gebirge. Orografisch teilt sich das Pirin in drei ungleich große Teile: den nördlichen, den mittleren und den südlichen. Das **nördliche Pirin**, das drei Viertel des ganzen Gebirges einnimmt und wo sich alle höchsten und attraktiv geformten Gipfel befinden, ist unter touristischen Gesichtspunkten betrachtet am reizvollsten und wird nicht zuletzt wegen seiner Schönheit ausgiebiger in diesem Wanderführer behandelt. Ausgedehnte Felsenkessel mit vielen Seen zeugen von der einstigen Vergletscherung. Die nördliche Grenze dieses Gebiets bildet der schon erwähnte Pass Predel, die südliche der Sattel Todoro-

Der marmorne Gipfel des Vichren.

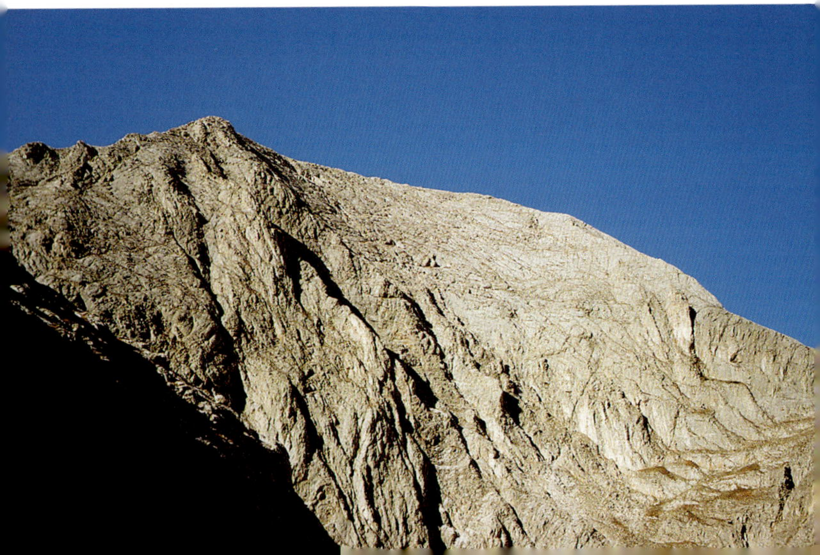

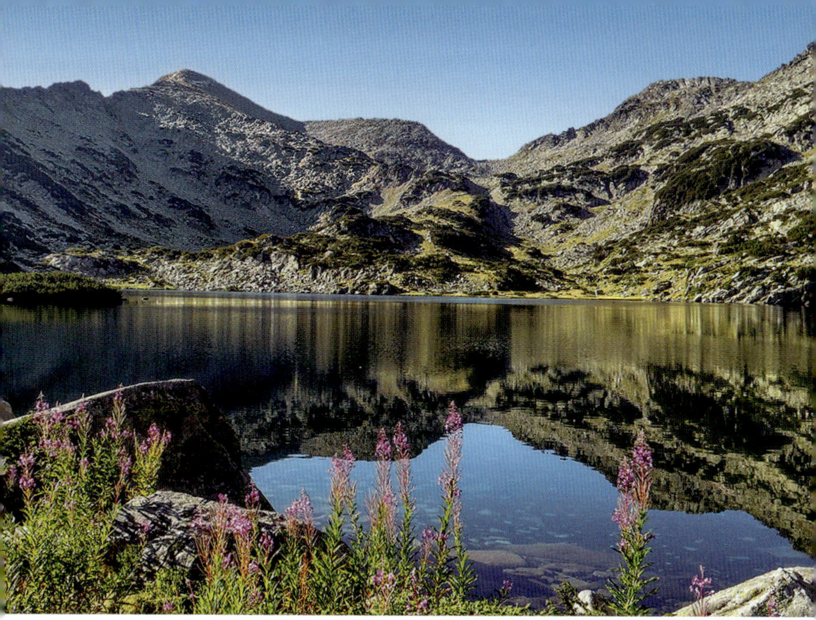

Der Bergsee Popovo Ezero, im Hintergrund der Sattel Železni Vrata, links Orlovec.

va Poljana (östlich von der Hütte Pirin). Aus geologischer Sicht wird das nördliche Pirin durch den Sattel Kabata (südlich vom Vichren) nochmals unterteilt. Das überwiegende Gestein des Kamms südlich von diesem Sattel ist Granit, in Richtung Norden sodann herrlicher weißer Marmor.

Das **mittlere Pirin** ist begrenzt durch die Sättel Todorova Poljana und Popovi Livadi. Das Gebirge verliert hier ganz augenfällig seinen alpinen Charakter. Der höchste Gipfel ist der Orelek, 2099 m. Auf dem Kamm des mittleren Pirin entlang führt der im Rahmen der Tour 4 beschriebene rot markierte Weg. Die übrigen Teile werden nur sehr wenig besucht.

Das **südliche Pirin** schließt an das mittlere an und zieht sich weiter nach Süden bis zum Sattel Parilska Sedlovina oder auch Parilski Prechod, 1190 m, unweit der bulgarisch-griechischen Grenze. Der Kamm ist schon ziemlich niedrig, hat abgerundete Formen und ist zum großen Teil abgeholzt. Er erreicht seinen höchsten Punkt mit dem Gipfel Sveštnik, 1975 m. Hierher kommen wirklich nur wenige Besucher. Die von der Hütte Popovi Livadi ausgehende rot markierte Magistrale folgt zuerst den Osthängen des Kamms, um später auf dessen Westseite überzugehen und durch die Täler der Flüsse Belovska Reka und Kalimanska Reka ins Dorf Petrovo zu führen, von wo aus es bis zum Kurort Sandanski mit dem Bus noch etwa 30 km sind. Auf dieser

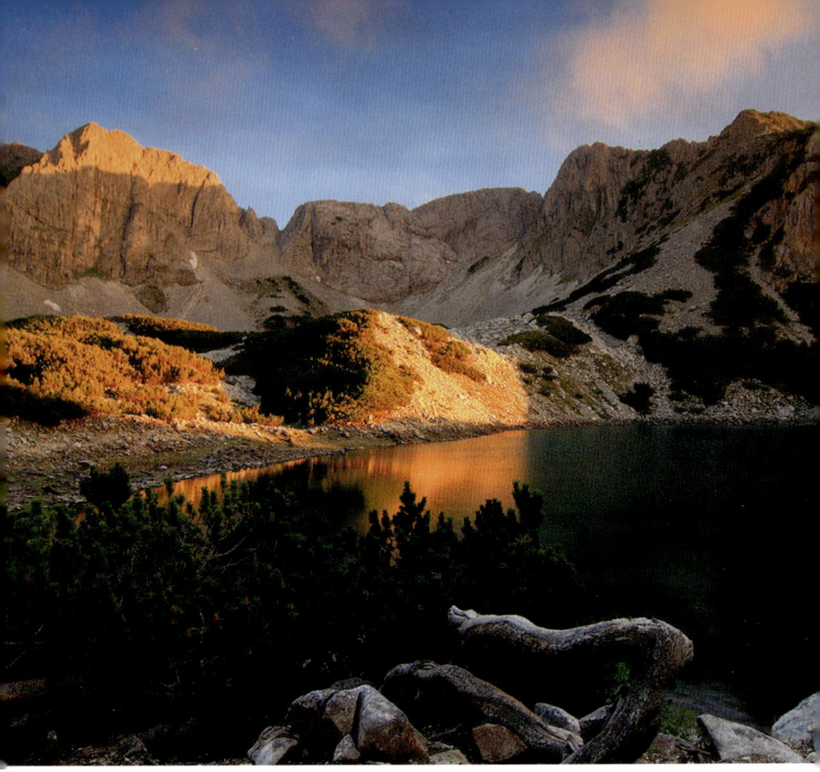

Vorabendliche Stimmung am Hochgebirgssee Sinivraško Ezero.

Route, die 2–3 Tage Zeit in Anspruch nimmt, gibt es keine Berghütten und auch keine anderen offiziellen Übernachtungsmöglichkeiten, sodass man nur improvisiert in Almhütten, bei Privatleuten, gegebenenfalls im eigenen Zelt oder unter freiem Himmel übernachten kann. Vom Sattel Strutena

Wichtigste Pirin-Unterstands-/Schutzhütten

Kazana, 2445 m: 5 Betten, ohne stabile Pritschen, nur in Notfällen benutzbar
Končeto, 2760 m: 12 Betten, mit stabilen Pritschen, jedoch nur für wirklich nötige Fälle
Spano Pole, 2050 m: 40 Betten, momentan zehn kleinere Schutzhütten mit jeweils vier Lagerplätzen, plus Speiseraum
Tevno Ezero, 2515 m: 40 Betten, fest gebaute Mansardenhütte, außerhalb der Hauptsaison nur Selbstbedienung

Hütten im Pirin

Name	Betten	Einkehr*	Anfahrt	Telefon (Vorwahl +359)
Banderica, 1810 m	198	x	x	898 868 999, 894 340 343
Bezbog, 2240 m	130	x	x	885 502 801, 888 286 102
Demjanica, 1895 m	217	x	x	878 688 135, 886 495 970
Goce Delčev, 1475 m	106	x	x	885 899 228
Jane Sandanski, 1230 m	78	x	x	882 966 464, 896 766 174
Javorov, 1740 m	92	x	x	886 116 609, 896 688 413
Kamenica, 1800 m	97	x	x	889 811 000, 888 635 570
Lagera (Varbite), 1050 m	50	x	x	889 222 112
Malina, 1590 m	70	x	x	886 820 777, 896 715 310
Pirin, 1640 m	78	x	x	896 766 155, 896 766 154
Popovi Livadi, 1410 m	70	x	x	882 966 484, 896 722 557
Predel, 1050 m	30	in der Nähe	x	887 549 704
Sini Vrăh, 2200 m	48	x	-	887 494 915, 896 798 040
Spano Pole, 2050 m	50	nur im Sommer	x	882 700 077, 882 966 464
Tevno Ezero, 2515 m	40	nur im Sommer	-	884 663 635, 886 397 268
Vichren, 1950 m	196	x	x	889 834 277, 882 000 036

* Gewöhnlich gibt es eine einfachere warme Mahlzeit (z. B. Rührei, Suppe), außerdem sind Tee, Cola und Bier meist erhältlich, z. T. werden auch Lebensmittel verkauft. Die Betriebszeiten sind flexibel – je nach Wetterlage sind die Hütten allgemein zwischen Juni und Oktober geöffnet, manchmal sogar schon im Mai. Für die Anfahrt ist häufig ein Geländewagen notwendig, der vor Ort normalerweise problemlos bei Einheimischen organisiert werden kann.
Eine gute Informationsquelle zu Hütten in Bulgarien bzw. speziell im Pirin- und im Rila-Gebirge sind planinite.info und – neuerdings – auch btsbg.org/hizhi.

Džamija, der von der Hütte Popovi Livadi etwa einen Marschtag entfernt ist (Almhütten, Quelle), ist es interessant, am nächsten Tag auf dem unmarkierten Kammweg weiter nach Süden bis zum Sattel Parilska Sedlovina zu gehen, über den die Bergstraße Paril – Golešovo – Petrovo führt. Südlich von dort, in nächster Nähe der griechischen Grenze, erstreckt sich bereits außerhalb des Pirin-Massivs das fast jungfräuliche Minigebirge Slavjanka (Naturreservat), dessen höchste Gipfel wieder die 2000-Meter-Grenze überschreiten.

Der attraktivste Teil des nördlichen Pirin wurde 1976 zum Nationalpark erklärt. Dieser hat eine Fläche von 275 km^2. In ihm sind zwei besonders geschützte Reservate, nämlich im Nordwesten im Bereich des Marmorkamms das Reservat Bajuvi Dupki – Džindžirica und in der Mitte das Reservat Julen, eingerichtet. Im mittleren Pirin wurde das Reservat Orelek ausgewiesen. Außer der wertvollen alpinen Flora und Fauna, den Gewässern und geologischen Erscheinungen hat im Nationalpark Pirin insbesondere der Nadelwaldgürtel mit Tannen und den seltenen Schlangenhautkiefern (černa mura) einen erheblichen biologischen Wert.

Talzentren im Pirin

Simitli – eine Stadt mit 12.000 Einwohnern – liegt 106 km südlich von Sofia im Tal des Flusses Struma, an der Schnittstelle von Pirin und Rila. Busverbindung von Sofia entweder direkt (zum Beispiel mit der Linie nach Sandanski) oder mit Umsteigen in Blagoevgrad. Auch Eisenbahnverbindung (über Pernik und Blagoevgrad), allerdings nur relativ begrenzt. Straßenknotenpunkt auf den Sattel Predel und nach Razlog. Im Tal der Struma südlich von Simitli interessante natürliche Landschaften mit Vorkommen verschiedener Wärme liebender Tiere, u.a. Landschildkröten.

Sandanski – eine Stadt (25.000 Einwohner) 155 km südlich von Sofia auf der Ostseite des Tals des Flusses Struma, durchzogen von dessen Zufluss Sandanska Bistrica. Direkte Busverbindung mit Sofia. Der Bahnhof liegt etwa 4 km südwestlich vom Zentrum. Sandanski gehört zu den wärmsten und trockensten Orten in ganz Bulgarien (Jahresdurchschnittstemperatur 14 °C). Das einstige kleine Dörfchen Sveti Vrač hat sich dank seinen Mineralquellen mit Temperaturen von 40–83 °C zu einem modernen Geschäftszentrum und Kurort entwickelt, der zu Ehren des antitürkischen Revolutionärs Jane Sandanski benannt ist. Archäologisches Museum. Ausgangspunkt für Touren zu den Hütten Jane Sandanski und Kamenica.

Melnik – das südlichste Talzentrum in diesem Wanderführer. Per Straße ist es 20 km von Sandanski entfernt (Busverbindung). Es gehört mit seinen 500 Einwohnern zu den kleinsten bulgarischen Städten. Gegründet bereits zur Römerzeit, verzeichnete es hauptsächlich im Mittelalter eine große Blüte. Lange Weinbautradition; im 18. Jahrhundert wurde der Melniker Rote bis nach Spanien exportiert. Eine Reihe wertvoller Baudenkmäler, u.a. altertümliche Bürgerhäuser, die einen beachtlichen Komplex bilden, und zwei Kirchen mit erhaltenen Wandmalereien aus dem 13.–14. Jh. Stadtmuseum. Attraktive natürliche Umgebung – die Erdgebilde Melniker Pyramiden. Ausgangspunkt für Touren zum Rožen-Kloster (Roženski Manastir) und zur Hütte Pirin.

Ein typisches Weinbauernhaus in Melnik.

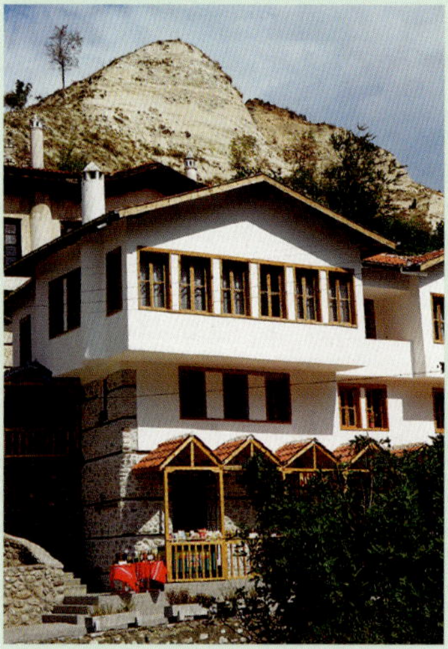

Rožen – das malerische Dorf unterhalb des Gebirges (ca. 60 Einwohner) liegt im Tal des Baches Roženski Potok etwa 5 km östlich von Melnik (Entfernung per Straße 7 km, Busverbindung). Oberhalb des Dorfes das historische Kloster Roženski Manastir mit wertvollen Wandmalereien, ein Symbol des Widerstands gegen die osmanische Unterdrückung. In der Nähe des Klosters befindet sich die orthodoxe Kirche St. Kyrill und Methodius und auch das Grab des Revolutionärs Jane Sandanski. Schöne natürliche Umgebung – die Erdgebilde der Pyramiden von Melnik und Kärlanovo. Touristischer Ausgangspunkt zur Hütte Pirin.

Goce Delčev – eine Stadt (15.000 Einwohner) unterhalb der östlichen Hänge des Pirin, 54 km südöstlich von Razlog. Busverbindung. Der frühere Name war Nevrokop, jetzt ist sie benannt nach dem bedeutenden Repräsentanten des antitürkischen Widerstands. Einst berühmte Glockenherstellung, heute Tabakanbau und Holzverarbeitung. Touristischer Ausgangspunkt zur Hütte Popovi Livadi.

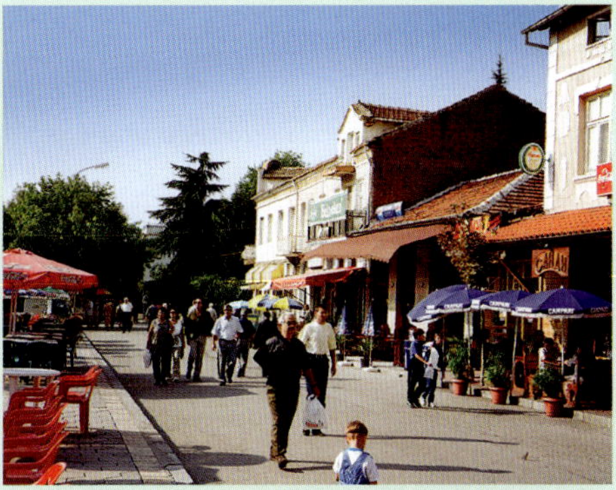

Die Fußgängerzone in der Kurortstadt Sandanski.

Dobrinište – die große Gemeinde liegt auf der Nordostseite des Pirin, 12 km südöstlich von Razlog. Bus- und Bahnverbindung; Endstation der Schmalspurbahn von Septemvri. Kleiner Kurbereich mit Thermalwasserbad. Touristischer Ausgangspunkt zu den Hütten Goce Delčev (nicht zu verwechseln mit der gleichnamigen Stadt!) und Bezbog.

Bansko – die altertümliche Stadt (11.000 Einwohner) liegt am nordöstlichen Fuß des Pirin, 6 km südlich von Razlog. Bus- und Bahnverbindung (Schmalspurbahn Septemvri – Dobrinište). Malerische Bürgerhäuser mit Balkons und schmückenden Holzschnitzereien. Interessante Dreifaltigkeitskirche, erbaut aus Marmor, Granit und Ziegeln, mit hohem Glockenturm (Aussicht). Geburtsort der nationalen Erwecker Paisij Chilendarski und Neofit Rilski sowie auch des revolutionären Dichters Nikola Vapcarov; in den Geburtshäusern dieser Persönlichkeiten kleine Museen. Touristischer Ausgangspunkt zu den Hütten Demjanica, Bänderica und Vichren.

Razlog – die Stadt (14.000 Einwohner) liegt an der Nahtstelle von Pirin, Rila und Rhodopen im gleichnamigen Kessel östlich vom Pass Predel, über den Busse aus Blagoevgrad (53 km) und Sofia (142 km) verkehren. Die Bahnverbindung gewährleistet die Schmalspurbahn Septemvri – Dobrinište. Besiedlung schon zu Zeiten der alten Thraker und Römer; die Stadt war lange von den Türken besetzt (früherer Name Mechomija). Heute bedeutendes Landwirtschafts- und Industriezentrum. Am nördlichen Stadtrand liegt der altertümliche Vorort Varoša; interessante St.-Georgs-Kirche und Ruinen der Festung Kaleto (am Fluss Bela). Touristischer Ausgangspunkt zum Sattel Predel und zur Hütte Javorov. Von der Zufahrtsstraße zur genannten Hütte ist nach ca. 2 km ein Abstecher zur sehenswerten Karstquelle Iztoka möglich, in deren Nähe sich die Höhlen Meča Dupka und Spropadnaloto befinden.

Predel – Gebirgspass auf einer Höhe von 1140 m, der das Pirin-Gebirge vom Rila-Gebirge trennt. Im Sattel mehrere Unterkunftseinrichtungen, Restaurants und Kioske und auch die Bushaltestelle an der Straße Simitli – Razlog. Direkte Busverbindung nach Blagoevgrad und in geringerem Maße auch nach Sofia. Touristisch sehr wichtiger Punkt, an dem die durchgehenden Touren über das gesamte Pirin und Rila beginnen oder enden.

TOP **1**

Melniker Pyramiden

3.15 Std.

Bizarre Erd- und Sandsteingebilde und ein altertümliches Kloster

Diese attraktive Tour können problemlos auch Wanderfreunde absolvieren, die in Melnik vielleicht auf dem Wege nach Griechenland oder bei einer Rundreise durch Bulgarien nur kurz Halt machen. Von dem historischen Weinbauort begeben wir uns in die fantastische Landschaft der Melniker Pyramiden, bizarren pyramidenförmigen Formationen mit unglaublich scharfen Spitzen und Graten. Sie sind durch allmähliche Erosion angeschwemmter und sedimentierter Gesteine – weicherer lehmig-sandiger Materialien und grauweißen Kernsandsteins des jüngeren Tertiärs – entstanden.

Ausgangspunkt: Melnik, 370 m, Weggabelung am Zusammenfluss der Flüsse Melniška Reka und Roženska Reka. Bushaltestelle, touristischer Wegweiser. Busverbindung von Sandanski und von der Bahnstation Damjanica im Tal des Flusses Struma; der Weg per Straße über die Dörfer Novo Delčevo, Spatovo, Chotovo und Lozenica misst knapp 30 km und dauert mit dem Linienbus rund eine Stunde. In Melnik gibt es im gesamten Stadtgebiet Parkmöglichkeiten.

Anforderungen: Für die Verhältnisse im Pirin relativ kurze und leichte Route ohne größere Orientierungsprobleme. Am besten vormittags zu absolvieren, bei Hitze anstrengend.

Höchster Punkt: Kleiner Sattel im Kamm der Melniker Pyramiden oberhalb des Rožen-Klosters (Roženski Manastir), ca. 700 m.

Höhenunterschied: 440 m.

Übernachtung/Einkehr: Melnik, Rožen, Kărlanovo, Rožen-Kloster.

Varianten: 1. Rückkehr von Rožen nach Melnik mit dem Bus; 1.30–2.00 Std. Gehzeit. 2. Verbindung mit Tour 2; insgesamt etwa 6.00 Std.

Auf dem idyllischen Gartenhof des Rožen-Klosters.

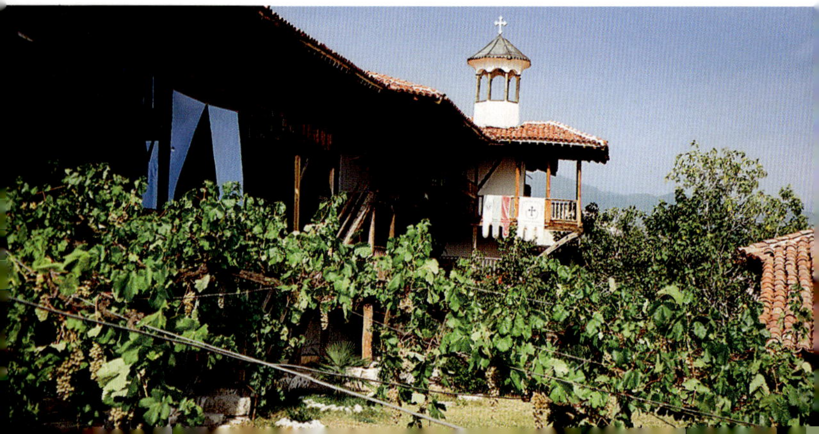

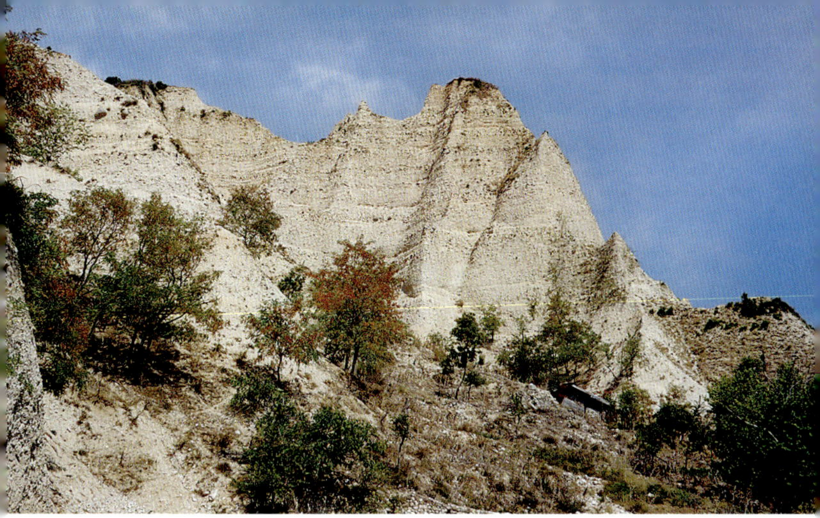

Breit ausladende Erdpyramide im Tal des Flusses Roženska Reka.

Von der Weggabelung inmitten des Städtchens **Melnik (1)** steigen wir mit der grünen Markierung in östlicher Richtung in das seitliche Tal des Flusses **Roženska Reka (2)** auf. Hinter den letzten Häusern umgeben uns schon die wunderschönen Melniker Pyramiden (Melniški piramidi), die aus der sandigen Talsohle aufsteigen. Im lockeren Sand schlüpft unter unseren Füßen immer mal wieder eine aufgescheuchte Eidechse hervor. Vielfach kommen hier auch Europäische Hornottern *(Vipera ammodytes)* vor, die jedoch eher nachts aktiv sind. Die Vegetation ist spärlich, überwiegend trockenliebend.

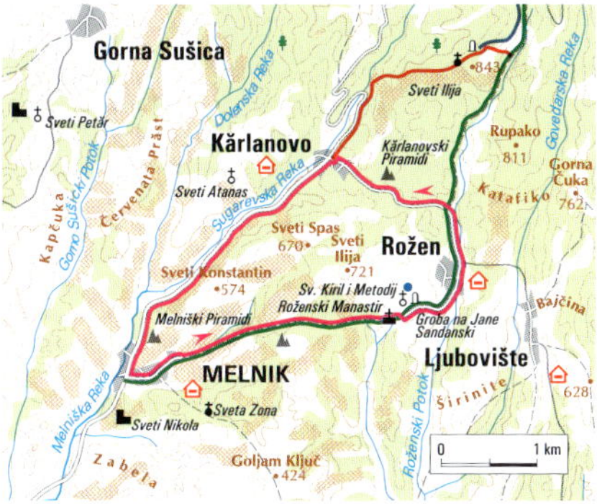

Die Markierungen sind nicht sehr dicht, der Pfad verliert sich bisweilen, aber die Richtung ist ganz offensichtlich. Hier und da übersteigen wir künstliche Schwellen aus Beton, die ihren Zweck hauptsächlich im Winter und Frühling erfüllen, wenn mehr Wasser fließt; ansonsten ist das Tal meist trocken.

Nach etwa einer halben Stunde Gehzeit wenden wir uns an der Gabelung der Schluchten nach rechts und steigen später auf einem steilen Zickzackpfad am

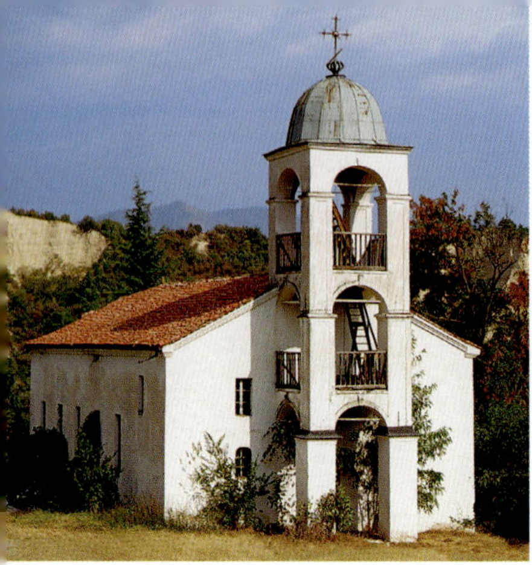

St.-Kyrill-und-Methodius-Kirche.

linken Hang des Tals in Höhe von rund 700 m auf einen faszinierenden **Aussichtskamm (3)** auf. Das gesamte Panorama der Melniker Pyramiden hält von hier aus gut einem Vergleich mit dem türkischen Kappadokia oder manchen nordamerikanischen Canyons stand. Im Norden sehen wir schon das eigentliche Pirin-Gebirge. Nach einer Pause steigen wir zum nicht weit entfernten Rožen-Kloster, **Roženski Manastir (4)**, ab, dessen einzigartige geistliche Atmosphäre vollendet mit der umgebenden Bergnatur harmoniert.
Die Fundamente des Bauwerks wurden zu Beginn des 13. Jahrhunderts gelegt. In der Klosterkirche befindet sich eine sehr interessante Ikonostase und auch eine Altarbildwand mit wertvollen Ikonen und reicher Holzschnitzerei. Künstlerisch wertvoll sind auch die farbigen Fensterfüllungen. Gerade hier, ähnlich wie in dem viel bekannteren Rila-Kloster (Rilski Manastir), hat sich über die ganzen Jahrhunderte der osmanischen Übermacht zäh die orthodoxe christliche Kultur erhalten, und im 18. und 19. Jahrhundert gärte hier die nationale Befreiungsbewegung der Bulgaren. In der Nähe verdienen noch ein Beinhaus, die **St.-Kyrill-und-Methodius-Kirche (5)** sowie das Grab des Revolutionärs Jane Sandanski Aufmerksamkeit. In einer Viertelstunde steigen wir dann ins nahe Dörfchen **Rožen (6)** mit Imbissmöglichkeit ab. Etwa 1 km weiter verlässt uns die grüne Markierung auf dem Weg ins Tal des Baches **Roženski Potok (7)** nach rechts, wir gehen jedoch auf der wenig befahrenen Straße nach links durch das Gebiet der **Pyramiden von Kărlanovo** (Näheres siehe Tour 2) in das Dorf **Kărlanovo (8)** im Tal des Flusses Sugarevska Reka. Hier biegen wir wiederum nach links ab und gehen auf der Talstraße in rund einer Stunde wieder hinunter nach **Melnik (1)**, wobei wir ständig von schönen Pyramidengebilden begleitet werden – zuerst oberhalb des Tals des Flusses Sugarevska Reka und später im Tal des Melniška Reka, der durch den Zusammenfluss der Flüsse Sugarevska Reka und Dolenska Reka entsteht.

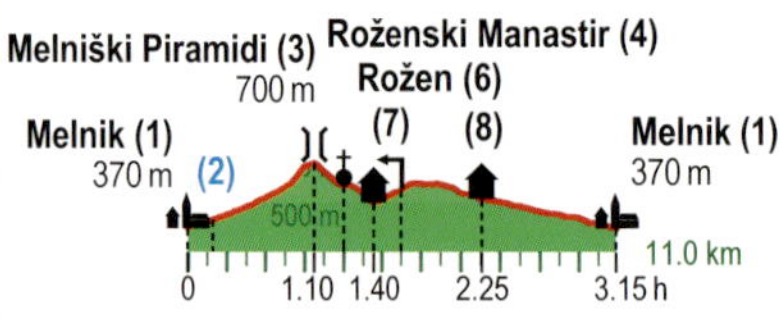

Melniker Pyramiden: der »Zuckerhut«.

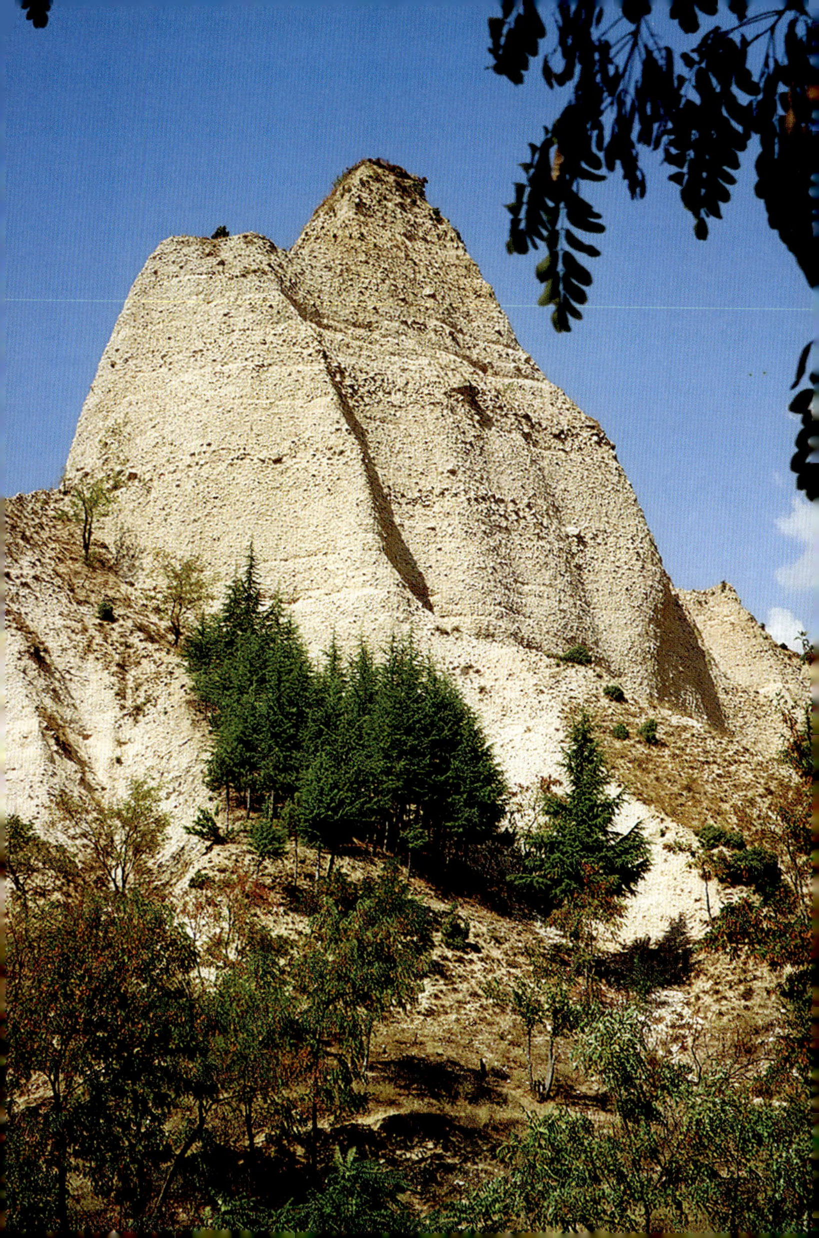

2 Umgebung von Rožen

3.00 Std.

Ins Reich der Erdpyramiden von Kărlanovo

Diese Rundwanderroute führt uns von Rožen etwa 4 km in nördlicher Richtung in das landschaftlich interessante Gebiet der Pyramiden von Kărlanovo. Ebenso wie die Melniker Pyramiden (siehe Tour 1) sind auch diese Erdformationen durch schrittweise Wasser- und Winderosion der Grundmasse aus Sedimenten und Kernsandstein entstanden. Sie sind zwar nicht so bekannt und populär, stehen jedoch in ihrer Schönheit in keiner Weise hinter den Melniker Pyramiden zurück. Auf einem scharfen gegliederten Kamm zwischen den Tälern des Baches Roženski Potok und des Flusses Sugarevska Reka erhebt sich die romantische Kapelle Sveti Ilija. Natürlich kann auch ein Besuch des Rožen-Klosters (Roženski Manastir) die Wanderung abrunden (siehe Tour 1).

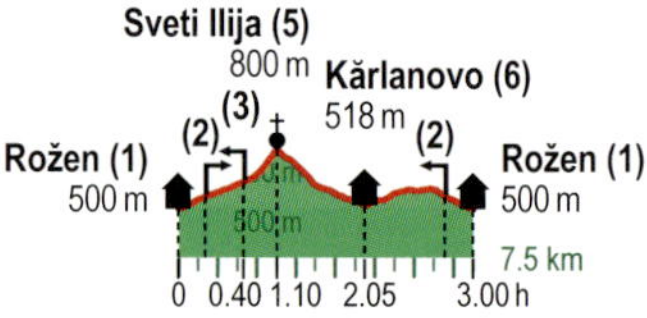

Ausgangspunkt: Rožen, 500 m, Bushaltestelle/Gasthaus. Busverbindung von Sandanski (38 km) und Melnik (9 km) über Kărlanovo. Mit dem Auto kann man auch am Rožen-Kloster (Roženski Manastir) parken (siehe Variante).

Anforderungen: Relativ kurze und leichte Wanderung ohne größere Orientierungsprobleme. Man sollte sie am besten vormittags absolvieren, bei Hitze anstrengend.
Höchster Punkt: 800 m.
Höhenunterschied: 400 m.
Übernachtung/Einkehr: Rožen, Kărlanovo, ggf. auch Rožen-Kloster.
Variante: Alternativ kann die Tour auch am Rožen-Kloster begonnen werden (Näheres siehe Tour 1); die Wanderroute verlängert sich dann um etwa 2,5 km; in Verbindung mit Tour 1 etwa 6.00 Std.

Vom Dörfchen **Rožen (1)**, das nur rund 60 ständige Einwohner hat und sich im Tal des Baches Roženski Potok erstreckt, der den Sommer über oft austrocknet, begeben wir uns mit der grünen Markierung auf einer wenig befahrenen Straße nach Norden. Nach etwa einer Viertelstunde krümmt sich die nicht allzu gute Asphaltstraße nach links, während unsere Wanderwegmarkierung auf einem Weg nach rechts abbiegt **(2)**.
Wir gehen weiter aufwärts durch das Tal entlang des Baches Roženski Potok und erblicken auf der linken Seite schon die ersten aus dem Wald hervortretenden Erd-Sandstein-Pyramiden. Rechts erheben sich die Abhänge des Berges Rupako, 811 m. Der schönste Blick ist jedoch nach vorn auf den quer liegenden Kamm mit mehreren markanten Felsgipfeln, der für heute unser Hauptziel darstellt. Nach einer knappen Stunde Gehzeit gelangen wir hinter die Linie dieses Kamms. Hier ist erhöhte Aufmerksamkeit angebracht, damit wir nicht die **Abzweigung (3)** der roten Markierung ver-

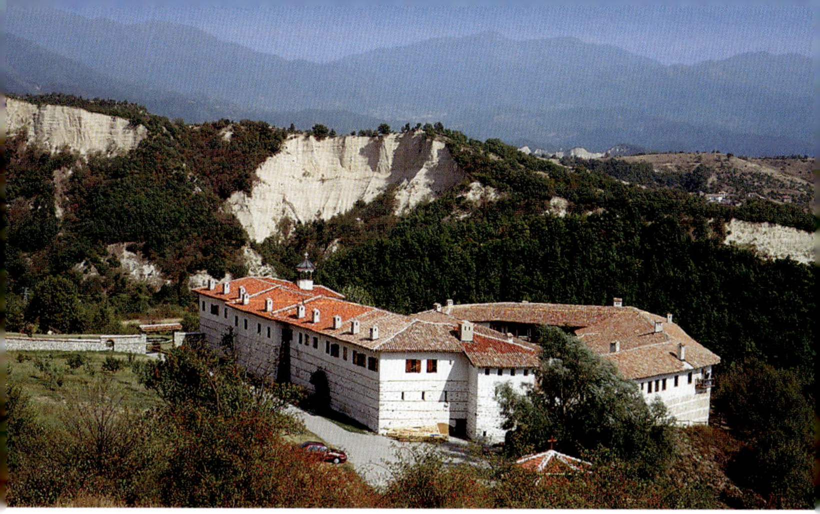

Rožen-Kloster mit den Melniker Pyramiden und Pirin-Hochgebirge im Hintergrund.

passen. Entlang dieser steigen wir weiter nach links bergauf bis hinter den markanten Höhenpunkt 843 m zu einer **Weggabelung (4)** auf, wo die blaue Markierung zur Hütte Pirin beginnt. Wir folgen jedoch nach wie vor der roten Markierung, die an der Kapelle **Sveti Ilija (5)** vorbei weiter nach Westen führt. Das Gelände ist interessant gegliedert und besonders links vom Weg sehr felsig. Stellenweise eröffnen sich zwischen den Bäumen wirklich beeindruckende Durchblicke. Von den Stellen, wo sich das Hauptmassiv der Pyramiden von Kărlanovo nach Süden krümmt, beginnt der markierte Pfad steil ins Tal des Flusses Sugarevska Reka abzufallen. Dort folgen wir schließlich der von Sugarevo und auch von der Hütte Pirin kommenden Straße, die uns schon bald in das niedriger gelegene Dorf **Kărlanovo (6)** führt.

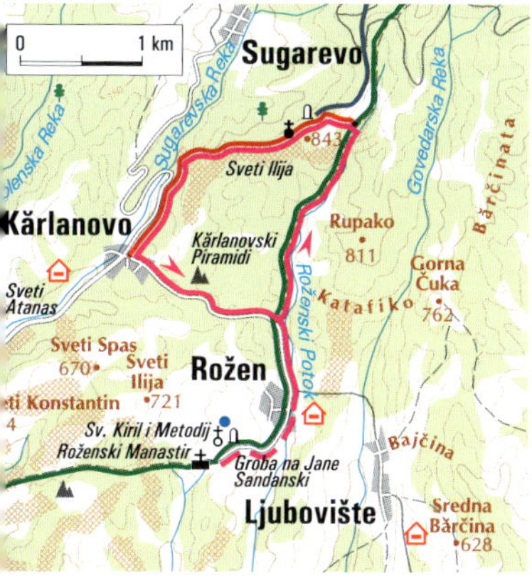

An der Kreuzung im Ort biegen wir nach links ab und gelangen nach rund einer weiteren Stunde auf der Straße durch das Gebiet der Pyramiden von Kărlanovo zurück nach **Rožen (1)**.

3 Aufstieg von Melnik zur Hütte Pirin

7.00 Std.

Ausdauerprüfung gekrönt von einem herrlichen Ausblick

Dieser lang gezogene Aufstieg durch das südliche Vorgebirge des nördlichen Pirin zu der strategisch wichtigen Hütte erfordert schon eine gewisse Kondition, besonders mit größerem Gepäck. Wenn man genügend Zeit hat, sollte man die Tour in zwei Etappen aufteilen: am ersten Tag die Melniker Pyramiden und das Rožen-Kloster (Roženski Manastir) auskosten und am zweiten Tag dann der Aufstieg selbst vom Dorf Rožen aus, wo man im Gasthaus, in einer Pension oder in Privatquartieren übernachten kann; Übernachtung bietet auch das Rožen-Kloster.

Ausgangspunkt: Melnik, 370 m, Weggabelung im Zentrum von Melnik, am Zusammenfluss der Flüsse Melniška Reka und Roženska Reka; Bushaltestelle, touristischer Wegweiser. Busverbindung von Sandanski und von der Bahnstation Damjanica im Tal der Struma. Gegebenenfalls Rožen, 500 m; auch Busverbindung (siehe Touren 1 und 2).

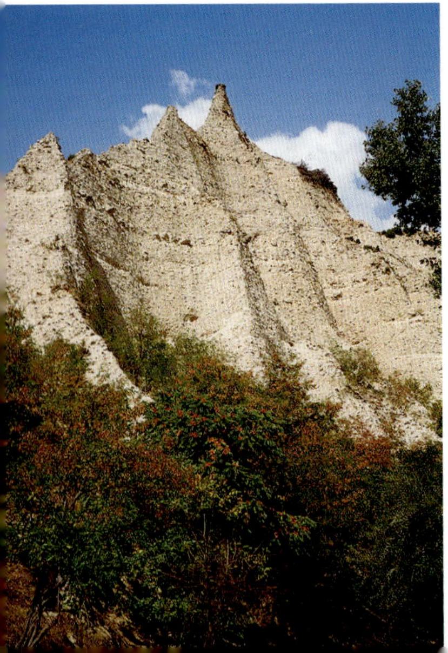

Endpunkt: Hütte Pirin, 1600 m. Evtl. Rückweg auf derselben Route (nach Übernachtung). Anschlusstouren: 5, 6, 10.

Anforderungen: Langer und anstrengender Aufstieg; spärliche Markierung, stellenweise ist erschwerte Orientierung nicht auszuschließen. Bei heißem Wetter kann die Tour ziemlich entkräftend sein, weshalb wir empfehlen, sie möglichst früh am Morgen anzutreten. In umgekehrter Richtung Zeitbedarf ca. 6.00 Std.

Höchster Punkt: Der Kamm Vlaškija Păt über dem Kessel Džedenica, ca. 1730 m.

Höhenunterschied: 1400 m im Aufstieg, 410 m im Abstieg.

Übernachtung/Einkehr: Melnik, Rožen, Hütte Pirin, ggf. Rožen-Kloster.

Variante: Wenn man von Rožen aus startet, verkürzt sich die Tour um 1.30–2.00 Std.

Hinweis: Vom Aufstieg zu Fuß von Melnik über Kărlanovo nach Sugarevo, danach auf der kurvenreichen Straße durch den Wald nach Lopovo und weiter auf dem Fahrweg bis zur Hütte Pirin ist abzuraten, denn er ist sehr lang (35 km) und eintönig. Ansonsten kann man die 28 km von Melnik zu den Almhütten Lopovo mit dem Auto fahren, auf den letzten 7 km zur Hütte ist ein Geländewagen notwendig. Zu Fuß lässt sich die schöne Landschaft hier aber besser genießen.

Pyramiden von Melnik: die »Zinne«.

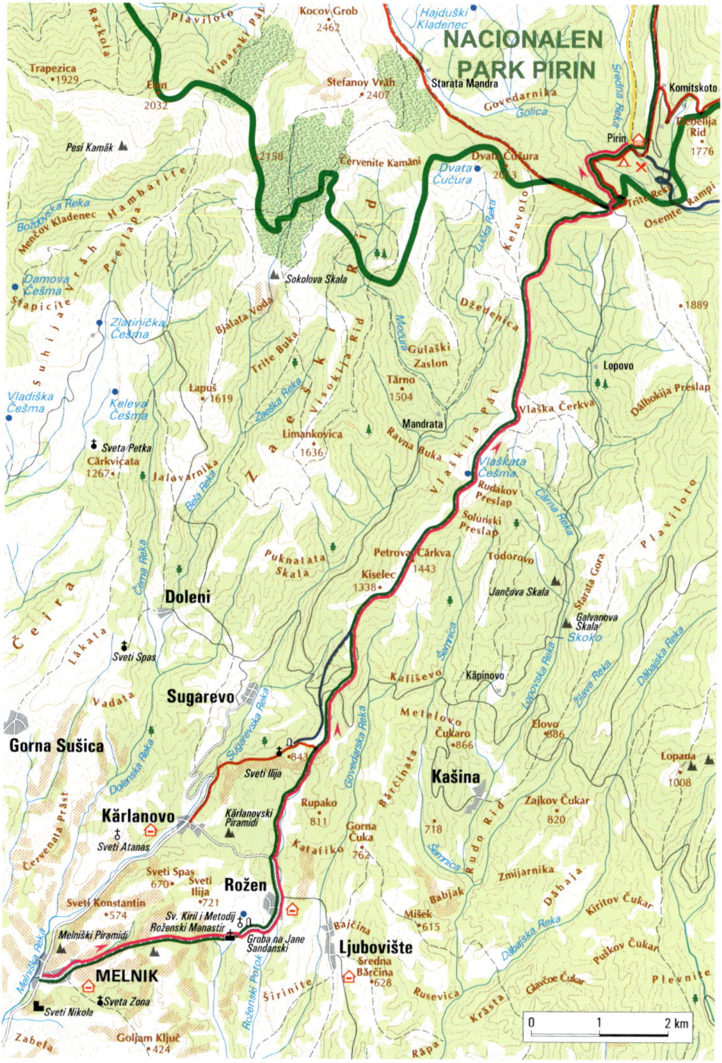
NACIONALEN PARK PIRIN
Kocov Grob 2462
Hajduški Kladenec
Plaviloto
Razkola
Vinarski Păt
Trapezica 1929
Elen 2032
Štefanov Vrăh 2407
Starata Mandra
Komitskoto
Govedarnika
Golica
Sredna Reka
Debelija Rid 1776
Pirin
Pesi Kamăk
2158
Červenite Kamăni
Dvata Čučura
Dvata Čučura 2043
Trite Reki
Osemte Rampi
Hambarite
Boždovska Reka
Menčov Kladenec
Preslapa
Lučka Reka
Kelavoto
Zaeški Rid
Damova Česma
Štapicite
Sokolova Skala
Suhija Vrăh
Bjalata Voda
Džedenica
1889
Zlatinička Česma
Mocura
Gulaški Zaslon
Trite Buka
Visokija Rid
Lopovo
Vladiška Česma
Lapuš 1619
Zaeška Reka
Tărno 1504
Keleva Česma
Dălbokija Preslap
Vlaška Čerkva
Mandrata
Limankovica 1636
Sveta Petka
Cărkvicata 1267
Jalovarnika
Ravna Buka
Vlaškija Păt
Vlaškata Česma
Bela Reka
Rudakov Preslap
Čarna Reka
Plaviloto
Soluński Preslap
Černa Reka
Puknatata Skala
Petrova Cărkva 1443
Todorovo
Kiselec 1338
Jančova Skala
Doleni
Starata Gora
Galvanova Skala
Čeira
Šarmica
Skoko
Lăkata
Sveti Spas
Logovska Reka
Kališevo
Kăpinovo
Žilava Reka
Dăbajska Reka
Sugarevo
Vadata
Sugarevska Reka
Metelovo Čukaro 866
Elovo 886
Govedarska Reka
Gorna Sušica
843
Sveti Ilija
Bărčinata
Kašina
Lopana 1008
Dolenska Reka
Rupako 811
Zajkov Čukar 820
Kărlanovo
Kărlanovski Piramidi
Rudo Rid
Gorna Čuka 762
718
Sveti Atanas
Katafiko
Červenata Prăst
Šarmica
Sveti Spas 670
Sveti Ilija 721
Rožen
Zmijarnika
Sveti Konstantin 574
Babjak
Dăbaja
Sv. Kiril i Metodij
Roženski Manastir
Mišek 615
Kiritov Čukar
Bajčina
Melniški Piramidi
Groba na Jane Sandanski
Ljubovište
Dăbajska Reka
Puškov Čukar
Melniška Reka
MELNIK
Sredna Bărčina 628
Širinite
Glavčoe Čukar
Plevnite
Sveta Zona
Roženski Potok
Rusevica
Sveti Nikola
Krăsta
0
1
2 km
Zabela
Goljam Ključ 424
Răpa

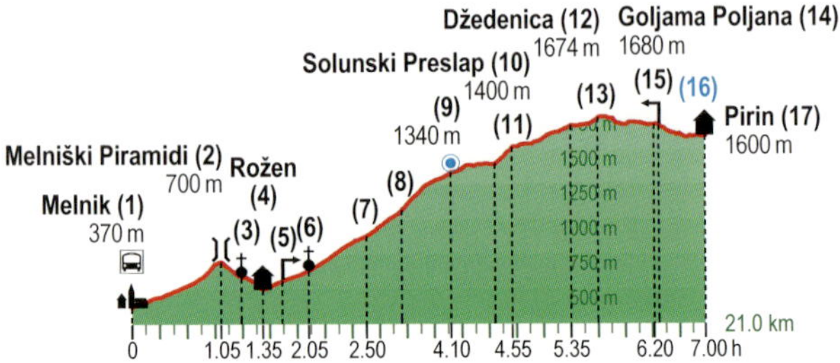

Von **Melnik (1)** nach **Rožen (4)** und ins Tal des Baches **Roženski Potok (5)** gehen wir nach der Beschreibung der Touren 1 und 2. Hinter dem Kamm mit der Kapelle **Sveti Ilija (6)** setzt sich der Aufstieg auf dem grün markierten Pfad zuerst noch etwa 45 Min. entlang des oft ausgetrockneten Bachbetts fort und führt dann zwischen trockenliebender Vegetation nach links in einen steilen Hang. Hinter uns eröffnet sich nach und nach eine schöne Gesamtaussicht auf die Pyramiden von Melnik und Kărlanovo. Später, schon im Laubwaldgürtel, überqueren wir die schmale **Straße (7)** von Sugarevo nach Lopovo und zur Hütte Pirin. Ein Stück höher benutzen wir dann einen anderen, breiteren **Fahrweg (8)**, der an den Gipfeln Kiselec, 1338 m, unter dem eine **Quelle (9)** ist, und Petrova Cărkva, 1443 m, vorbei bis zu den Almhütten im flachen Sattel **Solunski Preslap (10)** in einer Höhe von ca. 1400 m führt. Das Gelände öffnet sich, und vor uns können wir schon die Kette der mächtigen Bergkämme im südlichen Teil des nördlichen Pirin sehen. Die grünen Wegzeichen halten sich auch weiterhin an den Kamm Vlaškija Păt,

Landschaft der Pyramiden von Melnik.

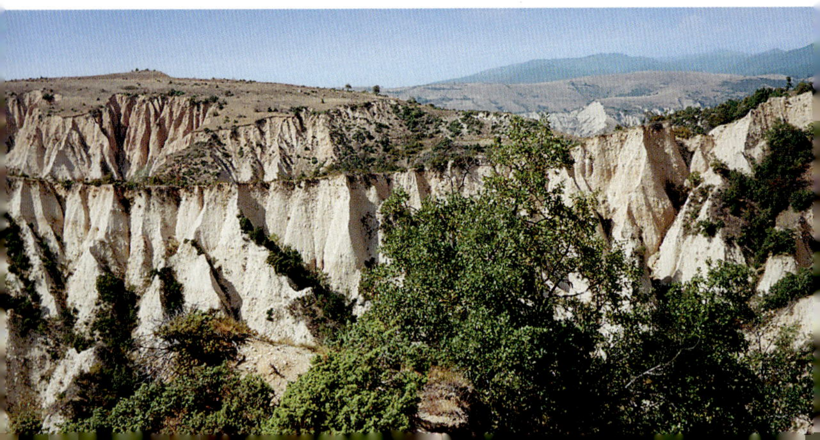

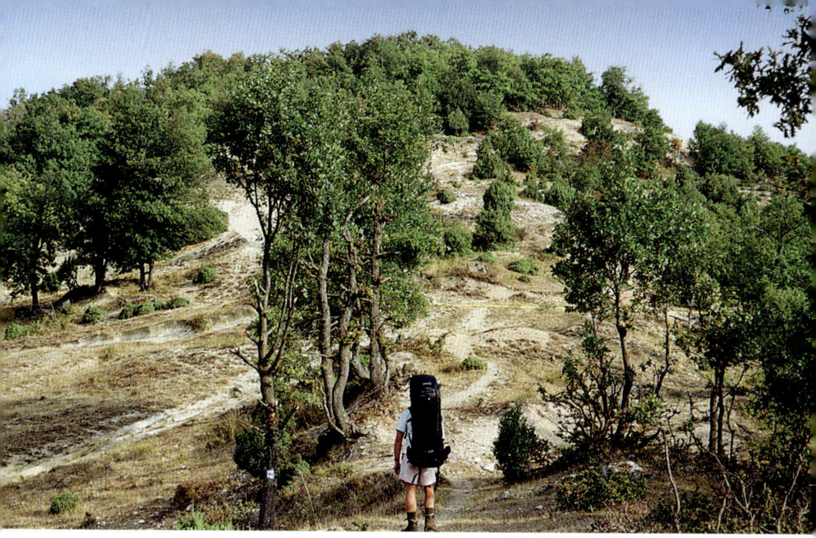

Aufstieg aus dem Talschluss des Baches Roženski Potok.

der Weg ist allerdings schon schmaler. Wir kommen am Brunnen **Vlaškata Češma (11)** vorbei, der vor allem als Viehtränke dient, sodass Sie das Wasser desinfizieren sollten, wenn Sie es trinken wollen. Der Kamm gewinnt nach wie vor leicht an Höhe. Oberhalb des Kessels **Džedenica (12)**, links vor dem Gipfel Dvata Čučura, 2013 m, wenden wir uns nach rechts **(13)** in den östlichen Hang und traversieren durch Laubwald über mehrere Bäche eine knappe Stunde auf die große Hochalm **Goljama Poljana (14)** in einer Höhe von rund 1680 m. Von rechts kommt hier der Fahrweg von den Almhütten Lopovo und von Sugarevo, nördlich eröffnet sich eine wunderschöne Aussicht ins Eiserne Tal, Železniška Dolina, nach Trite Reki, dem Zusammenfluss dreier Flüsse, und zu den dominanten Gipfeln. Diese sind von links nach rechts: die Golena, 2633 m, der gezackte Kuklite, 2686 m, der Zăbăt, 2650 m, und die ausgeprägt kegelförmige Jalovarnika, 2763 m. Zur Hütte Pirin bleiben nur noch etwa 30 Min. Gehzeit. Von der **Gabelung (15)** am Waldrand (auf die Orientierung achtgeben!) steigen wir mit der roten Markierung schräg nach links hinunter in das Tal des ersten Flusses, der Golica, der aus dem Kessel Močurite unter der Golena herabfließt. Wir gehen über eine Holzbrücke und dann weiter durch Nadelwald ins benachbarte Tal des Mittleren Flusses, **Sredna Reka (16)**, wo ein kleiner in der Saison geöffneter Gasthof mit Übernachtungsmöglichkeit steht. Nach einigen weiteren Minuten gelangen wir schon zur **Hütte Pirin (17)**, 1600 m, die einen touristisch sehr wichtigen Stützpunkt darstellt.

4 Auf dem Kamm des Mittleren Pirin

8.00 Std.

Beeindruckende Aussichten und ein interessantes Naturreservat

Dieser südöstliche Zugang ins Herz des Pirin wird wenig begangen, ist aber umso malerischer und idyllischer. Im offenen Gelände bieten sich schöne Aussichten. In den Waldabschnitten kann man essbare Pilze finden. Im mittleren Teil führt die Route durch das Naturreservat Orelek, zu dessen Kleinoden eine ausgedehnte Zone fast 200-jähriger Buchen (Černata Gora) gehört. In den westlichen Partien in 1700 m Höhe kommt die seltene Weißrindenkiefer (bjala mura) vor. Einen ruhigen Lebensraum haben hier praktisch alle Hauptvertreter der Pirin-Fauna gefunden: Hoch- und Schwarzwild, Hasen, Auerhähne, Bären und Wölfe. Vereinzelt kann man den Adler beobachten, nach dem der höchste Gipfel des mittleren Pirin, der Orelek, benannt ist.

Ausgangspunkt: Hütte Popovi Livadi, 1412 m, im Westteil des gleichnamigen Sattels, ca. 1430 m, nahe der Hauptverkehrsstraße Goce Delčev – Pirin. Busverbindung von Goce Delčev (17 km) über das Dorf Dobrotino (8 km), Anfahrt mit Privat-Pkw möglich. Ein Fußmarsch auf der Asphaltstraße ist wenig interessant; für den Aufstieg zu Fuß besser die südlicher gelegene, fast gleich lange Route über Delčevo nehmen: Von Goce Delčev nach Delčevo (9 km) kann man auch mit dem Bus fahren, zu Fuß das Kloster der hl. Gottesmutter (Sveta Bogorodica) und hoch über dem Tal des Flusses Delčevska Reka die Überreste der mittelalterlichen Festung Momina Kula auf einem Felsen genießen. Von dem malerischen Bergdorf Delčevo auf einem unmarkierten Weg steil aufwärts in südwestlicher Richtung weiter, im Tal des Flusses Tupoviška Reka auf einem breiteren Fahrweg, der später nach Nordwesten biegt und in den Sattel Popovi Livadi (Ferienheim, Forsthaus, Almhütten, rot markierter Hauptwanderweg).
Endpunkt: Hütte Pirin, 1600 m. Evtl. Rückweg über Hütte Malina (nach Übernachtung). Anschlusstouren: 5, 6, 10.
Anforderungen: Verhältnismäßig lange Kammtour mit ausgeprägter Steigung im Anfangsteil, möglichst früh aufbrechen. Orientierungsvermögen teils erforderlich!
Höchste Punkte: Die Ostflanke des Orelek und der Abschnitt unterhalb des Berges Bojkov Rid, knapp 2000 m.
Höhenunterschied: 1030 m im Aufstieg, 840 m im Abstieg.
Übernachtung/Einkehr: Hütte Popovi Livadi, Hütte Malina, Hütte Pirin.
Variante: Von Vojniški Kolibi Abstieg auf dem blau markierten Weg auf die Westseite des Kamms zur Hütte Malina und von dort (blau markiert) weiter zur Hütte Pirin. Etwas kürzer und weniger schwierig.

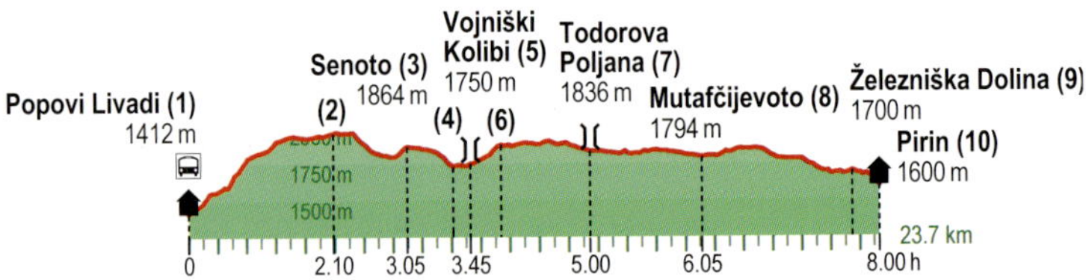

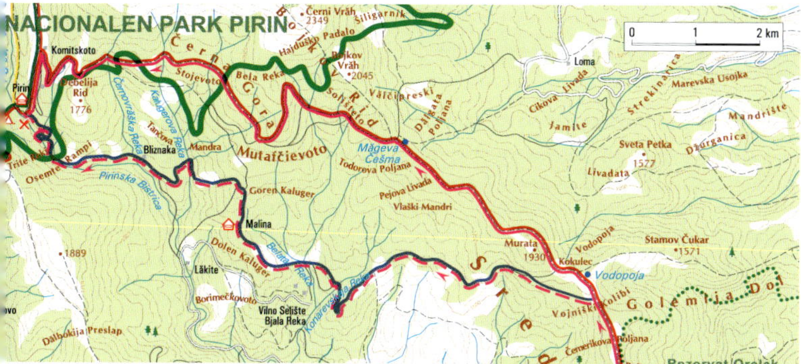

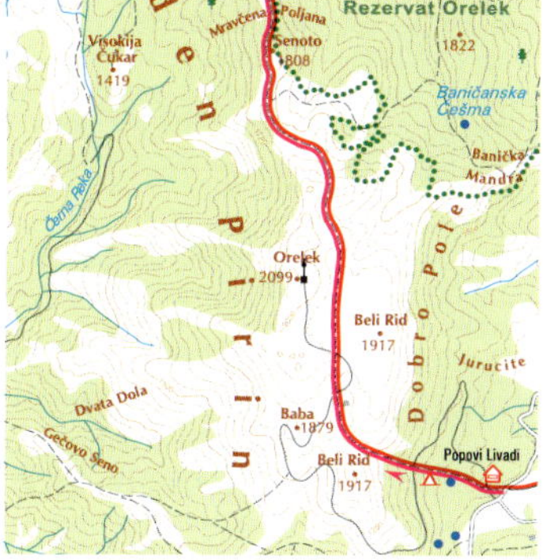

Von der **Hütte Popovi Livadi (1)** folgen wir der roten Markierung in westlicher Richtung steil bergan. Wir überqueren dabei die zum Richtfunkturm auf dem höchsten Punkt des Orelek, 2099 m, führende Straße. Oberhalb der Waldgrenze setzen wir den Aufstieg durch ein kleines Tal im südlichen Teil des Karstplateaus Dobro Pole fort. Unterhalb des Gipfels Beli Rid, 1917 m, wenden wir uns rechts, nach Norden. Auf einer mäßig ansteigenden **Traverse (2)** im Osthang des Orelek erreichen wir die Kante unter dem nördlichen seiner drei Gipfel und gehen nun entlang der winterlichen Stangenmarkierung bergab in den Sattel vor dem Höhenpunkt **Senoto (3)**, 1808 m. Weiter auf dem Kamm nimmt der Waldbestand zu, der sich stellenweise mit offenen Wiesen und Almen abwechselt. Die erste, die Mravčena Poljana oder Ameisenalm, ist durch viele Ameisenhaufen bekannt. Hinter der Alm **Čemerikova Poljana (4)** folgt der Abstieg durch den Wald in den Sattel **Vojniški Kolibi (5)**, wo ein blau markierter Weg vom Kamm nach links zur Hütte Malina abgeht (Variante). Unsere Hauptroute führt auf dem Kamm weiter, an der Quelle Vodopoja vorbei, über den Höhenpunkt Kokulec, durch die Wälder unterhalb des Gipfels **Murata (6)** und über die Wiese Pejova Livada in den breiten Sattel **Todorova Poljana (7)**, 1670 m, mit Quelle. Die rote Markierung folgt hier einem breiteren Fahrweg und führt unterhalb des Bojkov Rid über **Mutafčijevoto (8)** durch einige Seitentäler weiter nach Westen bis ins Eiserne Tal, **Železniška Dolina (9)**, und zur **Hütte Pirin (10)**.

5 *Jalovarnika, 2763 m*

7.30 Std.

Auf einen der dankbarsten Aussichtsgipfel des Pirin

Der imposante Berg Jalovarnika hat beim Blick von Süden die Form einer fast vollendeten Pyramide. Seinen Namen hat er nach den jungen Schafen bekommen, die früher in vielköpfigen Herden oft lange bis in den Spätherbst an seinen leicht abfallenden südlichen und südöstlichen Hängen weideten. Vom Gipfel eröffnet sich eine wirklich wunderschöne Aussicht, die für alle Anstrengungen des Aufstiegs entschädigt.

Ausgangspunkt: Hütte Pirin, 1600 m. Anreise möglich auf Gebirgsstraßen und Fahrwegen von Melnik (35 km) oder aus dem Dorf Pirin (20 km); von der Stadt Goce Delčev über Popovi Livadi und das Dorf Pirin ca. 50 km. Zu Fuß von Melnik oder Rožen siehe Tour 3, vom Sattel Popovi Livadi siehe Tour 4.
Anforderungen: Physisch und teils auch technisch und orientierungsmäßig schwierig, in den höchsten Partien ohne Markierung. Nur für erfahrende Bergwanderer und bei gutem Wetter.
Höchster Punkt: Gipfel der Jalovarnika, 2763 m.
Höhenunterschied: 1360 m.
Übernachtung/Einkehr: Hütte Pirin.

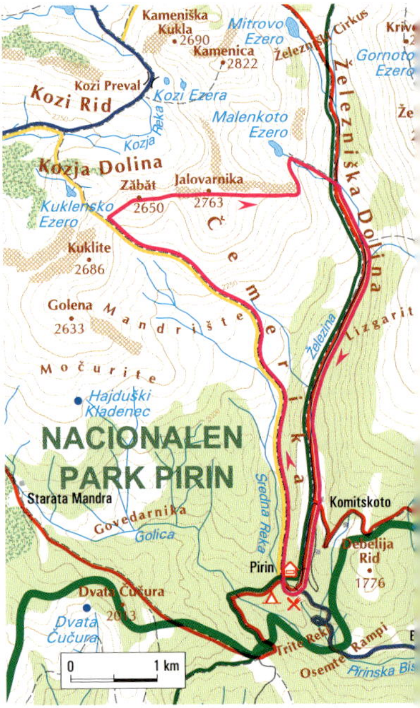

Von der **Hütte Pirin (1)** folgen wir zunächst auf einem Waldweg der roten und grünen Markierung (Richtung Hütte Kamenica bzw. Melnik) aus dem Eisernen Tal, Železniška Dolina, ca. 5 Min. nach Westen ins benachbarte Tal des Mittleren Flusses, **Sredna Reka (2)**, hier Gasthof in der Saison mit Übernachtungsmöglichkeit. In diesem Tal beginnen wir entlang der gelben Markierung Richtung Norden aufzusteigen. Allmählich kommen wir aus dem Wald in offenes Gelände. An der rechten Seite des Pfades erhebt sich der Seitenkamm Čemerika vom Gipfel der Jalovarnika. Links unter uns fließt der Fluss Sredna Reka. Oberhalb der Grenze von 2200 m steigen wir bis zu seinen Quellen, die in dem mächtigen Kessel **Mandrište (3)** liegen und von mehreren früher sichtbaren kleinen Seen gebildet werden, die heute überwiegend durch Geröll verschüttet sind. Nach rund 3.30 Std. Aufstieg erreichen wir den markanten **Kameniško-Bilo-Sattel (4)**, 2570 m, im sogenannten Kamenica-Kamm zwischen den Gipfeln Kuklite, 2686 m, links, und Zăbăt, 2650 m, rechts, von dem sich der erste Blick auf die Nordseite, zum Kuklensko-See, in das Tal Kozja Dolina, zu den Kämmen Kozi Rid und Mozgoviški Rid wie auch zu den Marmor-Bergriesen Vichren und Kutelo eröffnet. Im Sattel verlassen wir die gelbe Markierung und gehen auf dem Kamm ohne Markierung (Azimut 60°) etwa in östlicher Richtung hinauf zum Gipfel Zăbăt, hinter dem bereits die Jalovarnika aufragt. Das Gelände ist zwar ziemlich steil und felsig, aber weniger schwierig, als es auf den ersten Blick aussieht. So kann man aus dem Sattel auf den Gipfel **Zăbăt (5)**, 2650 m, in ca. 20 Min. aufsteigen. Das Panorama von hier aus ist großartig: Besonders interessant ist der nahe markante Höhenpunkt Banova Kapa, der sich auf dem nordwestlichen Seitenkamm über dem See Kuklensko Ezero erhebt. Auf dem Ostkamm des Zăbăt steigen wir unter dem Azimut 70° ab, und nach 15 Min. sind wir in einem weiteren tiefen **Sattel (6)**, 2550 m. Von dort folgt der abschließende steile Aufstieg (45 Min.) auf den **Jalovarnika (7)**, 2763 m, der wegen der erheblichen Höhendifferenz und schwierigeren Felspassagen anstrengend ist. Vom höchsten Punkt haben wir einen großen Teil des Pirin vor uns. Schön wirkt insbesondere der nördliche, scharf geschnittene Kamenica, 2822 m.

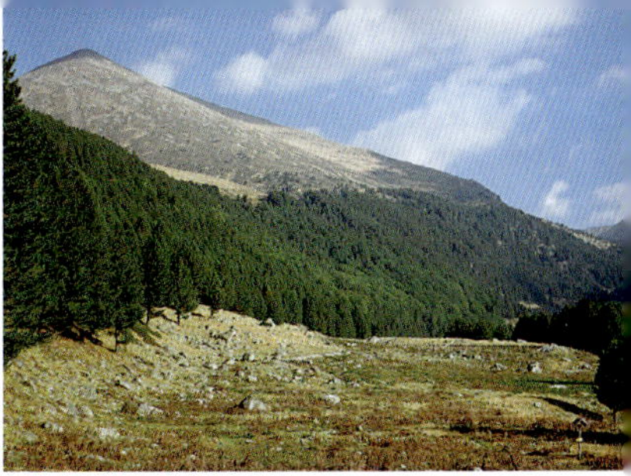

Die südöstlichen Hänge der Jalovarnika (links) über dem Eisernen Tal.

Der Kamm von der Jalovarnika in Richtung Norden ist schwierig und erfordert Bergsteigerkenntnisse. Wir steigen deshalb über die relativ leichte **Südostkante (8)** bis auf einen grasbewachsenen kleinen Kamm ab. Von hier vorsichtig in nördlicher Richtung an den Osthängen der Jalovarnika zum romantischen See **Malenkoto Ezero (9)** in einem Seitenkessel des Eisernen Tals, **Železniška Dolina (10)**. Auf dem deutlichen Pfad entlang des Bachs steigen wir bis in den Talgrund zur roten und grünen Wegmarkierung ab, die zurück zur **Hütte Pirin (1)** führt.

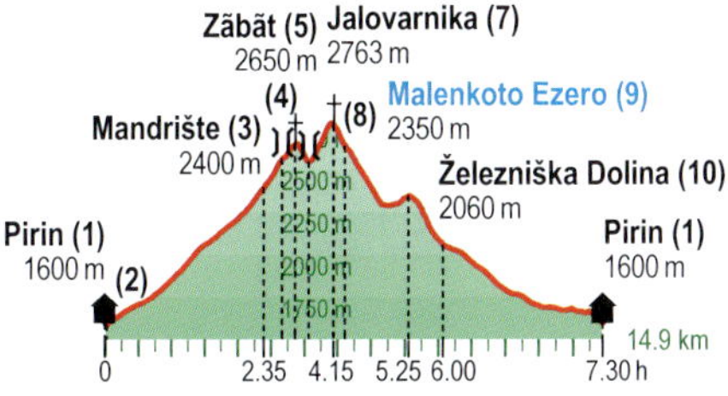

6 Von der Hütte Pirin zur Hütte Kamenica

5.00 Std.

Über den Kamm Kameniško Bilo in den südwestlichen Teil des Gebirges

Die beschriebene Route stellt den leichtesten Übergang von der Südseite auf die Nordseite des Kamms Kameniško Bilo dar, der einer der mächtigsten Seitenkämme des Hauptmassivs des Pirin ist.

Ausgangspunkt: Hütte Pirin, 1600 m. Anreise möglich auf Bergstraßen und Fahrwegen von Melnik (35 km) oder vom Dorf Pirin (20 km); von der Stadt Goce Delčev über den Sattel Popovi Livadi und das Dorf Pirin etwa 50 km. Zu Fuß von Melnik oder Rožen siehe Tour 3, vom Sattel Popovi Livadi siehe Tour 4.
Endpunkt: Hütte Kamenica, 1800 m. Evtl. Rückweg über Kuklensko Ezero (nach Übernachtung). Anschlusstouren: 8, 11.
Anforderungen: Verhältnismäßig leichte, ziemlich lange Tour.
Höchster Punkt: Solišteto, 2375 m.
Höhenunterschied: 840 m im Aufstieg, 640 m im Abstieg.
Übernachtung/Einkehr: Hütte Pirin, Hütte Kamenica.
Variante: Von der Hütte Pirin wie bei Tour 5 in den Sattel, 2570 m, zwischen den Gipfeln Kuklite und Zăbăt und von dort (gelb markiert) zum See Kuklensko Ezero und ins Tal Kozja Dolina zur Hütte Kamenica. Die Tour ist rund 1 Std. länger mit größerer Höhendifferenz und höherem Schwierigkeitsgrad. Achtung: In den steilen felsigen Abhängen auf der NW-Seite des Kamms Kameniško Bilo (Abstieg zum See Kuklensko Ezero) hält sich oft überfrorenener Firnschnee bis Anfang des Sommers! Informieren Sie sich über die Bedingungen und aktuelle Wetterlage in der Hütte Pirin.

Wir gehen von der **Hütte Pirin (1)** zuerst etwa 30 Min. entgegen der Richtung der Tour 3. Die rote und grüne Markierung führt uns durch den Wald durch die zwei Täler Sredna Reka und Golica hinauf zur ausgedehnten Bergwiese **Goljama Poljana (2)**, ca. 1680 m, von wo sich ein schöner Blick auf die Gipfel Golena, Kuklite, Zăbăt und Jalovarnika bietet. Links von der breit ausladenden Golena ist die Fortsetzung des Kamms Kameniško Bilo von der Senke Solišteto in Richtung Süd/Südost, zu sehen. Auf der Bergwiese befindet sich eine bedeutsame Almhütte, und manchmal kann man hier auch halbwilde Pferde beobachten. Von der Weggabelung aus gehen wir auf der Linie des flachen Bergrückens rechts weiter, nun nur noch mit der roten Markierung. Am

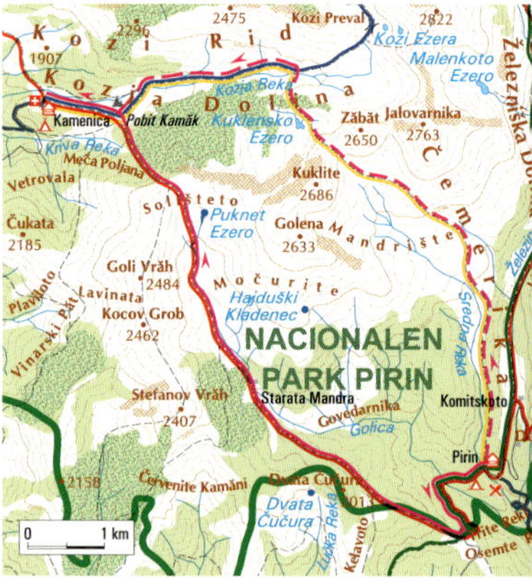

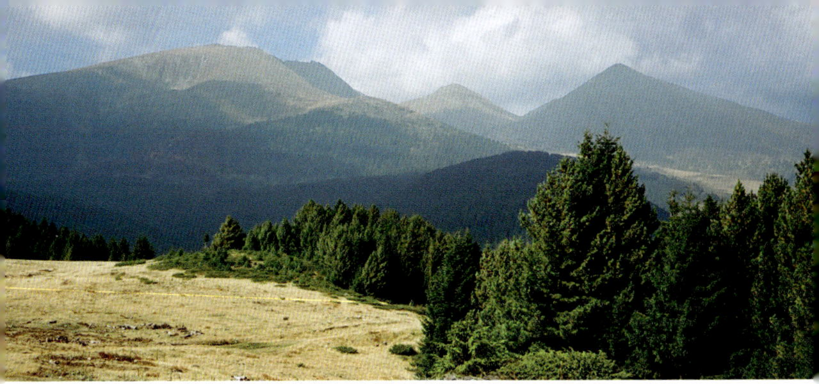

Der zentrale Teil des Kamms Kameniško Bilo von Süden aus gesehen.

Ende der Wiese treten wir in den Wald ein und umgehen bei ständigem Höhengewinn in einer lang gezogenen Traverse von rechts den Gipfel Dvata Čučura, 2013 m. Später nähert sich der markierte Weg am Hang über dem Tal des Flusses Golica dessen Verlauf an und erreicht östlich vom Stefanov Vrăh, 2407 m, die Wiese **Starata Mandra (3)** mit Almhütte.

Es folgt ein ständig steiler werdender Aufstieg durchs offene Gelände des Kessels **Močurite (4)** in den Abschluss des Tals und auf den Kamm in die flache Senke **Solišteto (5)**, 2375 m, mit schönem Ausblick. Im Nordosten und Osten erheben sich sämtliche höchsten Gipfel des Kamms Kameniško Bilo: Kamenica, 2822 m, Jalovarnika, 2763 m, Zăbăt, 2650 m, Kuklite, 2686 m, und Golena, 2633 m. Südlich zieht sich der niedrigere Teil mit den Gipfeln Goli Vrăh, 2484 m, Kocov Grob, 2462 m, und Stefanov Vrăh, 2407 m, hin. Im Norden öffnet sich dann schon das tiefe Tal Kozja Dolina, in dem die Hütte Kamenica (früher auch Begovica) liegt.

Vom Solišteto steigen wir in nordwestlicher Richtung auf steilen Serpentinen abwärts, anfangs durch Knieholz, später schon durch Bergmischwald. Im Hang befinden sich bis heute Spuren der riesigen Lawine, die hier 1963 abgegangen ist. Ein Stück über dem Talgrund, an dem markanten Felsenriff Pobit Kamăk, schließen sich unserem Weg die aus dem Sattel Kozi Preval und vom See Kuklensko Ezero (Variante) kommende blaue und gelbe Markierung an. Wir folgen weiter der rot-gelb-blauen Farbkombination in westlicher Richtung und kommen im Gebiet der sogenannten Bärenwiese (Meča Poljana) zum Ziel der Tour, der **Hütte Kamenica (6)**, dem wichtigsten Stützpunkt im südwestlichen Teil des Pirin.

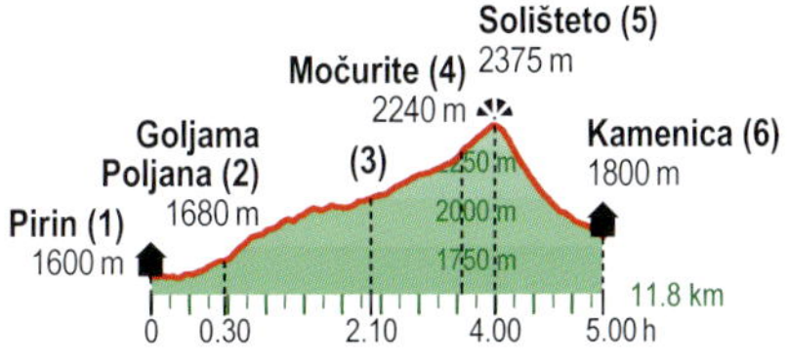

7

Vom Kurort Sandanski zur Hütte Sini Vrăh

10.00 Std.

Direkter Einstieg von Südwesten ins Pirin-Gebirge

Diese Tour stellt den direktesten Einstieg ins Pirin-Gebirge aus Richtung Südwest dar. Sie folgt im unteren Teil dem Tal des Flusses Sandanska Bistrica, im oberen Teil dessen orografisch rechtem Quellfluss Spanopolska Reka. Die Anreise mit dem Bus ist zwar möglich, aber zu Fuß können Sie alles viel besser genießen.

Ausgangspunkt: Sandanski, 246 m. Busverbindung von Sofia und Blagoevgrad; Bahnverbindung (Bahnhof 4 km südwestlich vom Zentrum). Start vom modern konzipierten Platz am Beginn der ins Zentrum führenden Fußgängerzone. Touristisches Infozentrum in der Nähe des Busbahnhofs.
Endpunkt: Hütte Sini Vrăh, 2200 m. Evtl. Rückweg auf derselben Route (nach Übernachtung). Anschlusstouren: 9, 21, 22.
Anforderungen: Bis oberhalb der Wiese Popina Lăka ganz bequem, wenn auch ziemlich langwieriger Anstieg auf der Straße; weiter oben dann schon schwierigeres bergiges Gelände, aber ohne größere technische und Orientierungsprobleme.
Höchster Punkt: Sattel Sinivrăški Preval, 2410 m.
Höhenunterschied: 2300 m im Aufstieg, 350 m im Abstieg.
Übernachtung/Einkehr: Sandanski, Hütte Jane Sandanski, Hütte Sini Vrăh.
Variante: In der Sommersaison kann man bis zur Hütte Jane Sandanski mit dem Bus oder mit dem Auto fahren.
Tipp: Aufteilung der Tour auf 2 Tage. 1. Tag: Hütte Jane Sandanski (5.30 Std.), 2. Tag: Hütte Sini Vrăh (4.30–5.00 Std.).

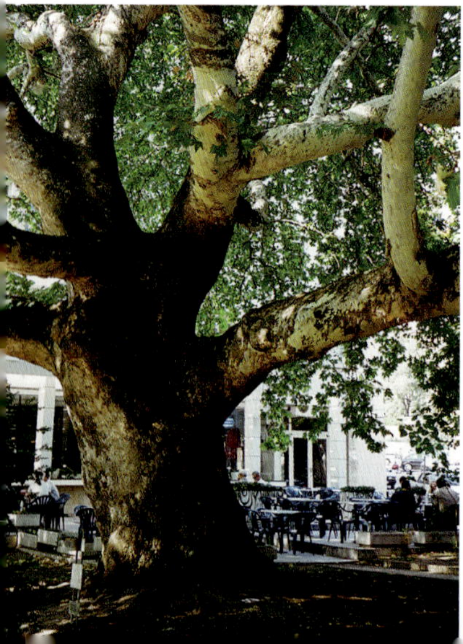

Bis zur Hütte Jane Sandanski führt eine einfache Straße ohne Wegmarkierung, die mehr oder weniger ständig in nordöstlicher Richtung ansteigt. Ganz am Anfang gehen wir durch die schöne gepflegte Fußgängerzone der Stadt **Sandanski (1)**, in der außer vielen Geschäften, Pensionen, Hotels und Kurgebäuden auch die Reste einiger antiker Bauten, die an die einstige Besiedlung im Altertum durch die Thraker und Römer erinnern, Aufmerksamkeit verdienen. In einem der kleinen Parks an der linken Seite steht eine mächtige Platane, der älteste Baum in der Stadt. In dem angenehmen

Sandanski: die uralte Platane.

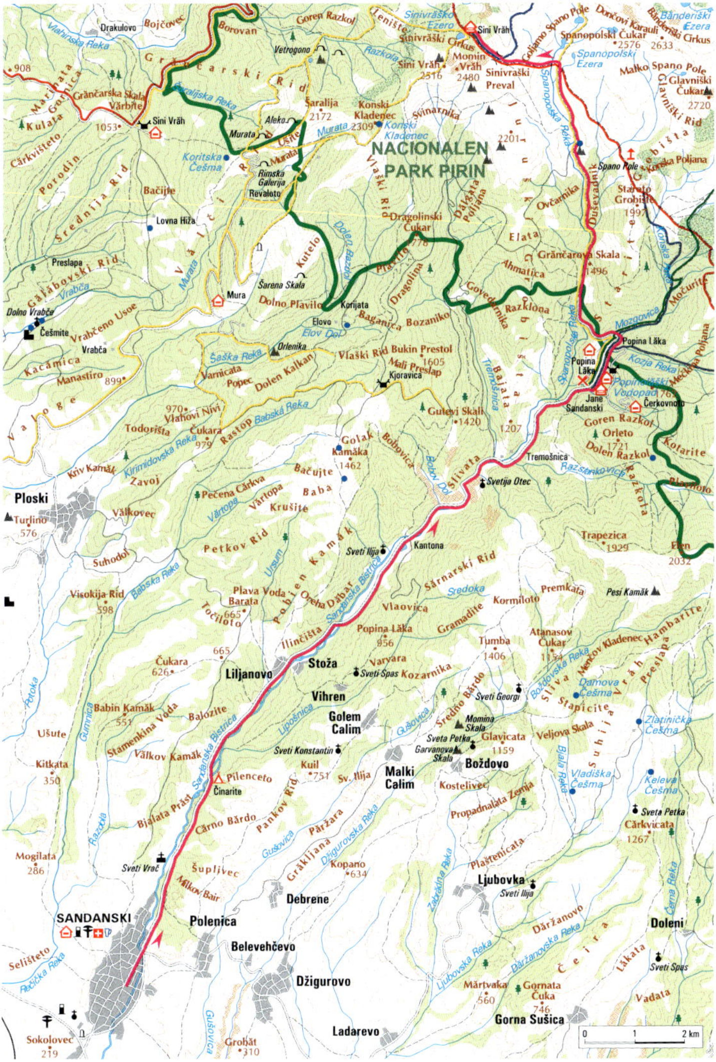

NACIONALEN PARK PIRIN
Drakulovo
Bojčovec
Borovan
Goren Razkol
Lenište
Sinivraško Ezero
Sinivrăški Cirkus
Sini Vrăh
Goljamo Spano Pole
Dončovi Karauli
Bānderiški Cirkus
Bānderiški Ezera
Spanopolski Čukar
2576
2633
Spanopolski Ezera
Malko Spano Pole
Glavniški Čukar
2720
Glavniški Rid
Vlahinska Reka
Grănčarski Rid
Vetrogono
Razkola
Sini Vrăh
2516
Momin Vrăh
2480
Sinivraški Preval
Spanopolska Reka
908
Marinata
Gornica
Grănčarska Skala
Vărbite
Kulata
1053
Sini Vrăh
Šaralijska Reka
Šaralija
2172
Konski Kladenec
2309
Konski Kladenec
Svinarnika
Aleko
Murata
Murata
Ušite
Koritska Češma
Rimska Galerija
Revaloto
2201
Spano Pole
Konska Poljana
Gobišta
Čarkvišteto
Porodin
Srednija Rid
Bačijte
Vlaški Rid
Staroto Grobište
1997
Duševadnik
Lovna Hiža
Dragolinski Čukar
1778
Dălgata Poljana
Ovčarnika
Elata
Dolen Razkol
Kutelo
Grănčarova Skala
1496
Preslapa
Gălăbovski Rid
Murata
Šarena Skala
Plavila
Dragolina
Ahmatica
Vrabča
Mura
Dolno Plavilo
Korijata
Govedarnika
Razklona
Močurite
Dolno Vrabča
Češmite
Vrabčeno Usoe
Elovo
Elov Dol
Baganica
Bozaniko
Mozgovica
Popina Lăka
Vrabča
Orlenika
Šaška Reka
Vlaški Rid
Bukin Prestol
1605
Mali Preslap
Popina Lăka
Kozja Reka
Mečkina Poljana
Kačamica
Manastiro
899
Varnicata
Popec
Dolen Kalkan
Kjoravica
Tremošnica
Bajata
Jane Sandanski
Popinolăški Vodopad
Čerkovnoto
Valoge
970
Vlahovi Nivi
Babska Reka
Gutevi Skali
1420
1207
Goren Razkol
Orleto
1721
Kotarite
Todorišta
Čukara
979
Rastop
Golak
Kamăka
1462
Bobovica
Kirimidovska Reka
Tremošnica
Dolen Razkol
Kriv Kamăk
Zavoj
Bačujte
Bobov Dol
Slivata
Svetija Otec
Razsanovica
Razkola
Ploski
Pečena Cărkva
Baba
Vărtopa
Vărtopa
Krušite
Turlino
576
Vălkovec
Petkov Rid
Trapezica
1929
Elen
2032
Suhodol
Ursum
Sveti Ilija
Kantona
Kamăk
Babska Reka
Sandanska Bistrica
Sărnarski Rid
Visokija Rid
598
Plava Voda
Barata
665
Pobien
Oreha Dăbar
Sredoka
Premkata
Pesi Kamăk
Točiloto
Vlaovica
Kormiloto
Hambarite
Popina Lăka
956
Gramadite
Tumba
1406
Atanasov Čukar
1154
Menkov Kladenec
665
Ilinčišta
Preslapa
Čukara
626
Liljanovo
Stoža
Varvara
Sveti Spas
Kozarnika
Vrăh
Boždovska Reka
Sliva
Damova Češma
Potoka
Vihren
Sveti Georgi
Sredno Bărdo
Babin Kamăk
551
Balozite
Liposnica
Golem Calim
Gušovica
Momina Skala
Stapicite
Zlatinička Češma
Gumnica
Stamenkina Voda
Sandanska Bistrica
Sveta Petka
Glavicata
1159
Veljova Skala
Ušute
Vălkov Kamăk
Sveti Konstantin
Garvanova Skala
Boždovo
Suhija
Kitkata
350
Kuil
751
Sv. Ilija
Malki Calim
Pilenceto
Činarite
Pankov Rid
Kostelivec
Bjala Reka
Vladiška Češma
Keleva Češma
Propadnalata Zemja
Sveta Petka
Bjalata Prăst
Razoola
Sandanska Bistrica
Cărno Bărdo
Păržara
Cărkvicata
1267
Gušovica
Džigurovska Reka
Grakljana
Mogilata
286
Sveti Vrač
Šuplivec
Kopano
634
Zabrdkina Reka
Plaštenicata
Mălkov Bair
Ljubovka
Sveti Ilija
Čarna Reka
Debrene
SANDANSKI
Polenica
Dăržanovo
Doleni
Belevehčevo
Selišteto
Počička Reka
Ljubovska Reka
Dăržanovska Reka
Čeira
Lăkata
Sveti Spas
Džigurovo
Mărtvaka
560
Gornata Čuka
746
Vadata
Sokolovec
219
Gušovica
Grobăt
310
Ladarevo
Gorna Sušica
0
1
2 km

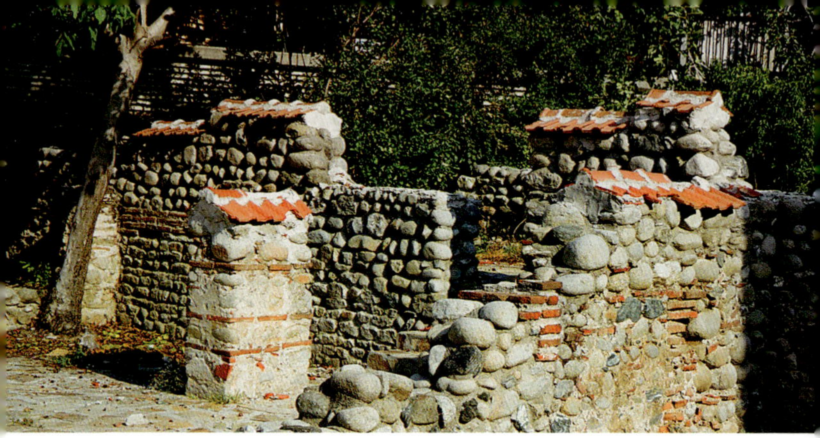

Antike Ruinen in Sandanski.

Kurviertel überschreiten wir zum ersten Mal den Fluss Sandanska Bistrica, an dessen Lauf wir uns auch weiterhin halten werden. Am Fluss sind einige kleine Wasserkraftwerke errichtet worden. Unweit vom Rand der städtischen Bebauung befindet sich das historische Kloster Sveti Vrač, mit dem die hiesige Besiedlung begann. Am Campingplatz **Činarite (2)** kehren wir auf das rechte Ufer des Flusses zurück, und nach insgesamt 7 km (vom Ausgangspunkt) kommen wir durch das Dorf **Liljanovo (3)**. Etwa 15 Min. hinter der Kapelle Sveti Ilija verengt sich das Tal zu der felsigen Klamm **Slivata (4)**. Hinter den Almhütten **Tremošnica (5)** bleiben nur noch die letzten paar Biegungen der Straße, und bald erreichen wir die **Hütte Jane Sandanski (6)**, 1230 m (Möglichkeit der Zwischenübernachtung). Die Hütte gehört zur Feriensiedlung **Popina Lăka (7)**, zu der noch einige weitere private Unterkunfts-

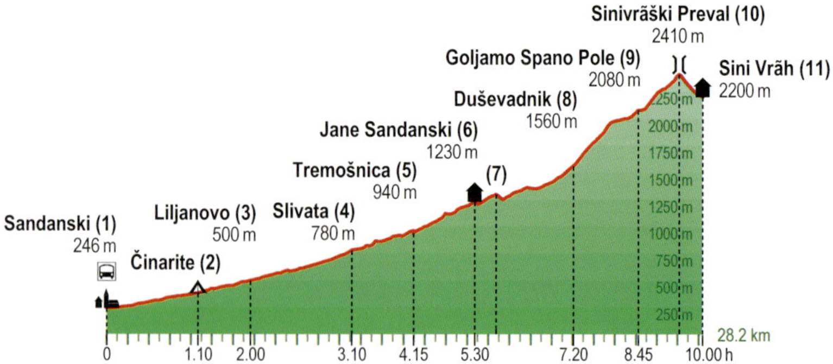

möglichkeiten zählen. Der Ort hat trotz seiner Gebirgslage ein sehr angenehmes gemäßigtes Mikroklima mit vielen Sonnentagen, einem Minimum starker Winde und einer niedrigen relativen Luftfeuchtigkeit.
Von der Hütte Jane Sandanski aus folgen wir der gelben, blauen und grünen Wanderwegmarkierung. Nach ca. 5 Min. zeigt sich auf der linken Seite der 11 m hohe Wasserfall Popinolaški Vodopad. Am Zusammenfluss der Flüsschen Mozgovica und Kozja Reka teilt sich dann die Straße: Rechts geht es hinauf zur Hütte Kamenica (1.30–2.00 Std., blaue Markierung), wir gehen jedoch nach links mit der gelben und grünen Markierung weiter.
Die grüne Markierung verlässt bald die Straße und führt durch das Tal der Mozgovica weiter nach Nordost, während unsere nun nur noch gelbe Route sich nach wie vor an die befestigte Straße hält und in das Nachbartal des Flusses Spanopolska Reka ansteigt. Dort geht die Bergstraße in einen Waldweg über, der hinter dem Höhenpunkt Grănčarova Skala, 1496 m, steiler wird. Dieser Abschnitt wird **Duševadnik (8)** genannt. Oberhalb erreichen wir durch offenes Gelände in über 2000 m den Kessel **Goljamo Spano Pole (9)**, den im Norden die Gipfel Georgijca, 2598 m, und Graniten, 2669 m, säumen. Hier schließen wir uns der Tour 8 an (siehe auch die Karte und Tourenbeschreibung) und gelangen mit der roten Markierung in ca. 1.15 Std. über den Sattel **Sinivrăški Preval (10)**, 2410 m, bis zur **Hütte Sini Vrăh (11)**, 2200 m.

Typisch ländliche Szenerie.

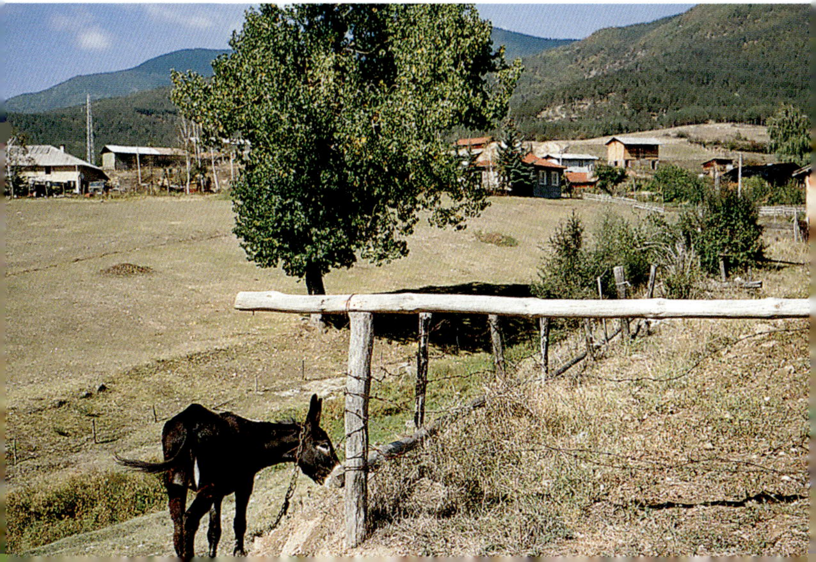

8 Von der Hütte Kamenica zur Hütte Sini Vrăh

4.45 Std.

Über Spano Pole in eine der attraktivsten Partien des Gebirges

Die Tour stellt die optimale Verbindungstrecke zwischen den Hütten auf der Südwest- bzw. Westseite des Pirin-Hauptkamms dar. In der Umgebung eröffnen sich sehr schöne Aussichten, die zum Schluss durch den wunderschönen Hochgebirgskessel Sinivrăški Cirkus gekrönt werden, über dem sich die scharf modellierten felsigen Steilhänge des Sini Vrăh und des Momin Vrăh erheben, deren Gestein strahlend weißer bis grauweißer Pirin-Marmor ist.

Ausgangspunkt: Hütte Kamenica, 1800 m. Anreise von der Hütte Jane Sandanski (Tour 7) auf der Bergstraße (11 km) über die Ansiedlung Čerkovnoto nur mit Geländewagen (vor Ort organisieren). Von der Hütte Jane Sandanski Aufstieg zu Fuß (blau markiert) durch das Tal des Flusses Kozja Reka möglich (2.00 Std.). Von der Stadt Sandanski auf der Straße 29 km.
Endpunkt: Hütte Sini Vrăh, 2200 m. Evtl. Rückweg über Popina Laka (nach Übernachtung). Anschlusstouren: 9, 22.

Anforderungen: Anfangs überwiegend Traversierung, am Ende steilere Route mittlerer Länge. Im offenen Gelände Spano Pole kann es bei schlechter Sicht zu Orientierungsproblemen kommen, die Wegemarkierung ist aber meist gut.
Höchster Punkt: Sattel Sinivrăški Preval, 2410 m.
Höhenunterschied: 780 m im Aufstieg, 380 m im Abstieg.
Übernachtung/Einkehr: Hütte Kamenica, Hütte Sini Vrăh.

Wir brechen von der **Hütte Kamenica (1)** auf und gehen mit der roten Markierung in nördlicher Richtung. Bald überschreiten wir auf einer Holzbrücke den Lauf des »Ziegenflusses«, Kozja Reka. Weiter halten wir uns an den Waldweg am südwestlichen Hang des Kamms Kozi Rid, überschreiten hier noch zwei Bäche, und auf der anderen Seite des »Rid« kommen wir ins Tal des Flüsschens **Mozgovica (2)**. Auf den Hängen wachsen den Sommer über Walderdbeeren, Himbeeren und Heidelbeeren. Zwischen zwei bewaldeten Ausläufern des Querkamms Mozgoviški Rid steigen wir zu einem weiteren Bach ab. Diese Stelle nennt sich Banski Grob, von

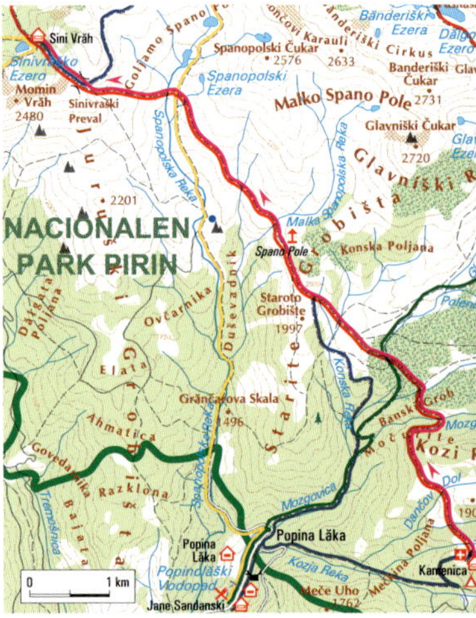

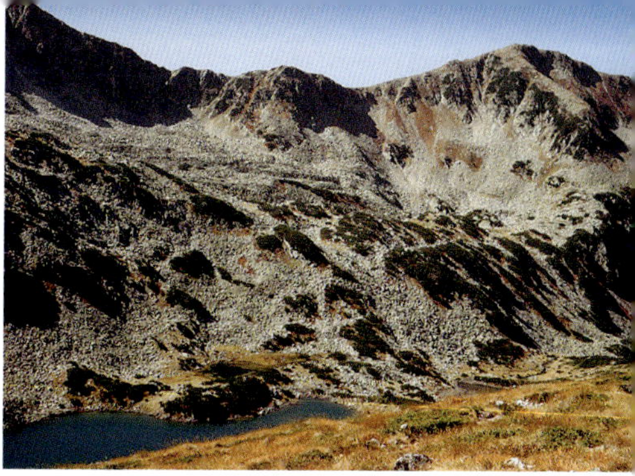

Der Dončovi Karauli, 2633 m, beim Blick von Nordosten, aus dem Tal Bănderiška Dolina.

hier aus führt Richtung Osten ein unmarkierter Weg in den Kessel Ezernik (ca. 2.00–3.00 Std.). Wir gehen allerdings auf einer rot markierten Traverse nach Nordwesten. Bald überschreiten wir das Flüsschen **Polenica (3)**, wo unseren Weg die von der Hütte Jane Sandanski auf den Sattel Vinarska Porta und ins Tal Valjaviška Dolina führende grüne Markierung kreuzt. Durch die Talmulde des »Pferdeflusses«, Konska Reka, und den weit nach Süden auslaufenden Kammrücken Starite Grobišta gelangen wir schon über die Waldgrenze hinaus in das Gebiet **Spano Pole (4)**. Kurz nach den kleinen Notschutzhütten überschreiten wir den Fluss Malka Spanopolska Reka, der aus dem Kar Malko Spano Pole herabfließt, unterhalb des Gipfels Dončovi Karauli, 2633 m, auf der Südseite des Pirin-Hauptkamms.

Die rote Markierung traversiert weiter den ersten von zwei markanten südlichen Ausläufern des Berges Spanopolski Čukar, 2576 m, schneidet den rechten Zufluss des Flusses Malka Spanopolska Reka und bewältigt durch eine lang gezogene Steigung den zweiten mächtigen Ausläufer des Spanopolski Čukar in den Kessel **Goljamo Spano Pole (5)**. Dieses eindrucksvolle Hochgebirgs-Amphitheater mit Gletscherseen begrenzen von der Westseite die Massive des Sini Vrăh und Momin Vrăh, von Norden die Gipfel Georgijca, 2598 m, und Graniten, 2669 m, und von Osten die schon erwähnten Dončovi Karauli und Spanopolski Čukar. Südlich von den Seen Spanopolski Ezera überschreiten wir den vom Sattel Bănderiška Porta kommenden gelb markierten Pfad (s. Tour 21), und hinter dem Fluss Spanopolska Reka steigen wir in westlich steil bergan in den Sattel **Sinivrăški Preval (6)**, 2410 m. Hier schließt sich von rechts die von der Georgijca (s. Tour 21) kommende blaue Markierung an. Zusammen mit den roten und blauen Wegzeichen steigen wir über die Nordwestseite des Kamms in den Kessel Sinivrăški Cirkus ab, in dem an dem schönen See Sinivrăško Ezero mit unterirdischem Abfluss die Hütte **Sini Vrăh (7)** steht.

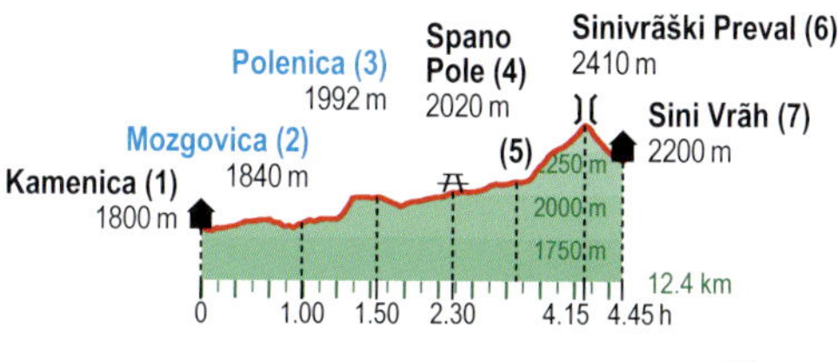

TOP 9 Sini Vrăh, 2516 m, und Momin Vrăh, 2480 m

3.30 Std.

Zwei Marmorkleinodien des Pirin

Der marmorne Sini Vrăh ist einer der schönsten Berge nicht nur im Pirin, sondern auch in ganz Bulgarien. Im Nordosten fällt dieser elegante Berg in den Kessel Sinivrăški Cirkus mit einer 200 m hohen senkrechten Wand ab, die ein verlockendes Ziel für Kletterer darstellt. Im Osten trennt ihn vom benachbarten, abgerundeten Momin Vrăh eine tief eingeschnittene enge Spalte im Kamm (Sinivrăškija Prozorec), dank der das Bergmassiv beim Blick von Norden oder Süden wie von einem gigantischen Schwert gespalten erscheint. Der Name Sini Vrăh (sini = blau) kommt von den Marmorwänden der Bergspitze, die bei Sonnenuntergang eine leicht bläuliche Tönung annehmen.

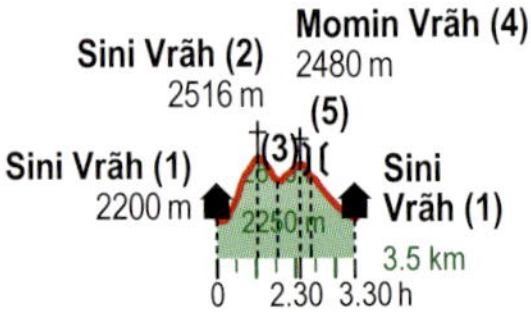

Ausgangspunkt: Hütte Sini Vrăh, 2200 m, am Fuß des gleichnamigen Berges im Kessel Sinivrăški Cirkus. Anreise von Kresna, 180 m (ca. 5000 Einwohner), das an der Straße und der Eisenbahnstrecke im Tal der Struma zwischen Simitli und Sandanski liegt. Bus- und Zugverbindung von Sofia oder Blagoevgrad. Am Bahnhof am Südrand der Bebauung beginnt die rote Wanderwegmarkierung – der wichtigste Zugang ins Pirin-Gebirge von Westen. Von Kresna aus mit der roten Markierung – zuerst 24 km auf der Straße bis zum Ort Pešterata (ca. 6.00–7.00 Std., kann man mit dem Auto fahren), von dort durch das Tal des Flusses Sinivrăška Reka noch 3.00–4.00 Std. bergauf zur Hütte. Der Abschnitt von Kresna bis Varbite (ca. 15 km) kann auch auf der etwas südlicher führenden Route über die malerische Kursiedlung Gradešniški Mineralni Izvori absolviert werden, wohin noch eine Straße führt, aber weiter oben geht es auf unmarkierten Wegen nordöstlich/östlich weiter. Neu ist eine gelb markierte Zugangsroute aus einer anderen Talgemeinde, Strumjani, 150 m, vorbei an der Hütte Mura, der Höhle Rimska Galerija und durch das Tal Razkola (ca. 32 km, geeignet, den Anmarsch auf zwei Tage mit Hüttenübernachtung aufzuteilen).

Anforderungen: Stellenweise exponierte Rundwanderung. Teils ohne Markierung, Bergerfahrung nötig. Früh aufbrechen, nur bei gutem Wetter!

Höchster Punkt: Sini Vrăh, 2516 m.

Höhenunterschied: 420 m.

Übernachtung/Einkehr: Hütte Sini Vrăh.

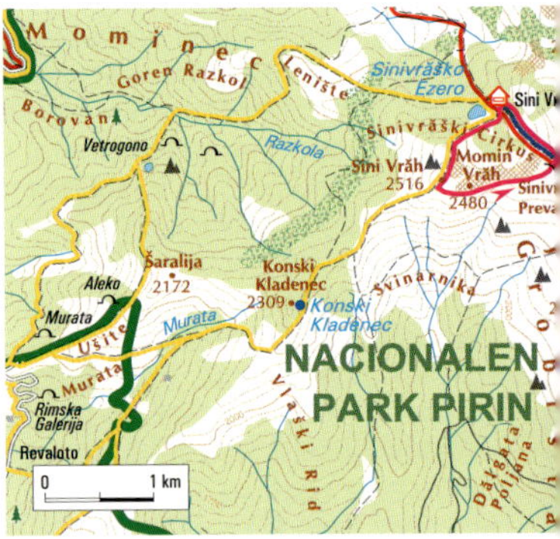

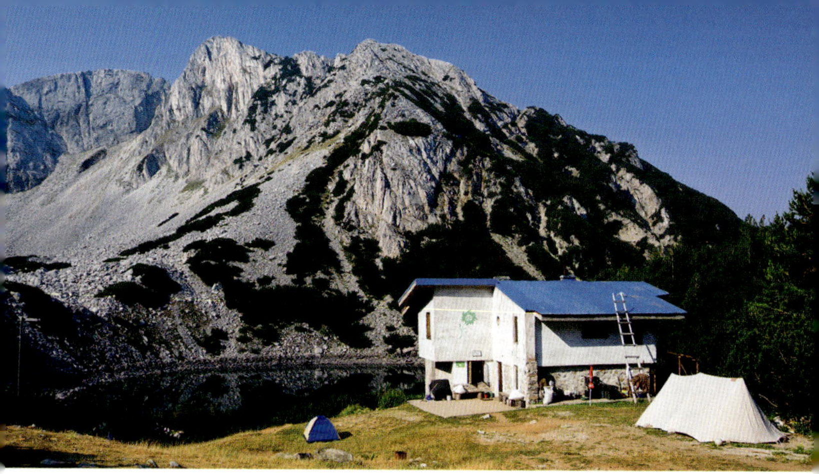

Sini Vrăh (auch Sinanica genannt), im Vordergrund die gleichnamige Hütte.

Von der **Hütte Sini Vrăh (1)** geht es mit der gelben Markierung zuerst entlang des Ostufers des Sees Sinivrăškoto Ezero. Nach etwa 100 m biegen wir mit der Markierung nach Süden auf einen sichtbaren Fußpfad ab, der sich durch dichten Knieholzbewuchs durcharbeitet und ständig steiler in Richtung des markanten Nordkamms des Sini Vrăh ansteigt. Im Gelände überwiegen nach und nach Steine und Felsen, der Blick weitet sich. Auf dem Kamm behalten wir die südliche Richtung bei, und entlang des Abbruchs der senkrechten Nordostwand steigen wir auf den Gipfel **Sini Vrăh (2)**, 2516 m. Das Panorama, das sich auf dem Gipfel erschließt, erfasst nicht nur den nordöstlich liegenden Kessel Sinivrăški Cirkus und im Osten den benachbarten Momin Vrăh, sondern auch den lang gezogenen Südwestkamm mit den Gipfeln Konski Kladenec, 2309 m, und Šaralija, 2172 m, wohin der gelb markierte Pfad zur Hütte Mura führt. Weiter im Nordosten sind auch die beiden höchsten Berge des Pirin, Vichren und Kutelo, zu sehen. Vom Sini Vrăh steigen wir in südlicher Richtung bis etwa auf das Niveau des unteren Rands der Spalte **Sinivrăškija Prozorec (3)** ab, wo wir die gelbe Markierung verlassen und uns nach Osten wenden. Wir gelangen zum eigentlichen kleinen felsigen Sattel. Von hier folgt der unmarkierte Aufstieg über die überwiegend begrasten Südwesthänge auf den **Momin Vrăh (4)**, 2480 m. Auch dieser fällt nach Norden in einer 200 Meter hohen senkrechten Wand ab und bietet eine schöne Fernsicht. Vom Momin Vrăh steigen wir nordöstlich in den Sattel **Sinivrăški Preval (5)** ab, 2410 m, wo wir uns schon an die roten und blauen Markierungen anschließen, die von der Hütte Kamenica (Tour 8) bzw. von der Hütte Vichren (Tour 21) hierherführen. Es folgt der Abstieg auf einem gut markierten Weg nach Nordwesten in den Kessel Sinivrăški Cirkus und zurück zur **Hütte Sini Vrăh (1)**.

10 Železniška Dolina – Tevno Ezero

5.00 Std.

Durch ein ausgedehntes Tal in einen romantischen Hochgebirgskessel

Diese Route bietet den idealen Zugang von Süden ins Zentrum des Pirin-Gebirges und wird deshalb sehr oft benutzt. Im ersten Teil führt sie durch das ausgedehnte Eiserne Tal, Železniška Dolina, das typischen Gletschercharakter mit einem trogförmigen Profil, abgeschliffenen Basisfelsen und markanten Querschwellen hat. Nach dem Aufstieg durch den linken Abschluss des Tals vorbei am Mitrovo Ezero in den Sattel Kralevdvorska Djasna Porta eröffnet sich die eindrucksvolle Szenerie des Hochgebirgskessels Ezernik, auf dessen Hochplateau der romantische See Tevno Ezero mit einer kleinen Berghütte liegt, die offiziell nur Schutzhütte ist. Während der Hauptsommersaison erlaubt der Verwalter manchmal die Übernachtung nur für eine Nacht. Bei Absprache, z.B. wegen eines Aufstiegs auf die Kamenica (siehe Tour 11), lässt sich der Aufenthalt in der Regel verlängern.

Ausgangspunkt: Hütte Pirin, 1600 m. Anfahrt möglich auf schmalen Bergstraßen und Fahrwegen von Melnik (35 km) oder vom Dorf Pirin (20 km); von der Stadt Goce Delčev über den Sattel Popovi Livadi und das Dorf Pirin, etwa 50 km. Zu Fuß von Melnik oder Rožen siehe Tour 3, vom Sattel Popovi Livadi siehe Tour 4.
Endpunkt: Schutzhütte Tevno Ezero, 2515 m. Evtl. Rückweg auf derselben Route (Übernachtung). Anschlusstour: 17.
Anforderungen: Mittellange Tour auf gut markierten Bergpfaden. Steiler Aufstieg vom See Mitrovo Ezero in den Sattel Kralevdvorska Djasna Porta.
Höchster Punkt: Sattel Kralevdvorska Djasna Porta, 2570 m.
Höhenunterschied: 1000 m.
Übernachtung/Einkehr: Hütte Pirin, Schutzhütte Tevno Ezero (Kontakt Verwalter per Telefon: +359 884 663 635 bzw. 886 397 268; eine Reservierung von zwei Nächten ist zwar theoretisch möglich, praktisch vereinbart man die zweite Nacht erst vor Ort. So funktioniert es fast überall in den bulgarischen Bergen am besten.).

Von der **Hütte Pirin (1)** steigen wir mit der roten und grünen Markierung in nördlicher Richtung auf ins Eiserne Tal, Železniška Dolina, das eines der ausgedehntesten Täler im Pirin ist. Durch dieses fließt das Flüsschen Železina (auch Železnica), das zusammen mit den Wasserläufen Sredna Reka und Golica die »Trite Reki«, Drei Flüsse, bildet. Nach etwa 20 Min. kommen wir auf die kahle Weidefläche Komitskoto unter dem südlichen Ausläufer des Jalovarnika (Kamm Čemerika), von wo nach rechts die rote Markierung in Richtung Sattel Todorova Poljana (Tour 4) abzweigt. Wir gehen

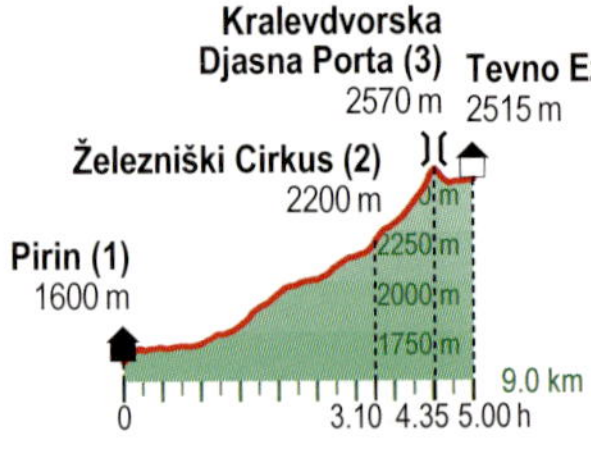

jedoch weiter bergan durch das Tal, das sich vor uns nach und nach öffnet und Ausblicke auf die umliegenden Bergmassive bietet. Auf der linken Seite dominiert lange die Jalovarnika, 2763 m, weiter oben löst sie die Kamenica, 2822 m, ab. Rechts zieht sich der mächtige ausladende Kamm Debeli Rid, 2673 m, hin, von dessen Hängen im Winter und Frühling häufig Lawinen abgehen. Auf 2200 m teilt sich das Eiserne Tal in seinem oberen Bereich, der sich **Železniški Cirkus (2)** nennt, in zwei Teile. Direkt unter dem Südostgipfel des dreigipfeligen Kralev Dvor, der 2680 m hohe Hauptgipfel ganz links, verlässt uns nach rechts die grüne Markierung, mit der man vorbei am malerischen See Argirovo Ezero in einer knappen Stunde auf den Sattel Železni Vrata, 2450 m, aufsteigen und nach Norden weiter in den wunderschönen Kessel Popovoezeren Cirkus und zur Hütte Bezbog gehen kann (Tour 12). Wir halten uns jedoch links an die rote Markierung und gehen in nordwestlicher Richtung zum See Mitrovo Ezero, der in einer ausgeprägten trichterförmigen Vertiefung unter den östlichen Abhängen des Verbindungskamms zwischen der Großen und Kleinen Kamenica (Velka Kamenica und Malka Kamenica) verborgen ist. Von diesem See aus folgt ein steiler Aufstieg in den Sattel **Kralevdvorska Djasna Porta (3)**, 2570 m, zwischen den Gipfeln Malka Kamenica, 2679 m (nach einem revolutionären Dichter auch »Smirnenski« genannt) und Kralev Dvor, 2680 m. Auf der anderen Seite des Sattels geht es in ca. 40 Min. leicht bergab zur **Schutzhütte Tevno Ezero (4)**.

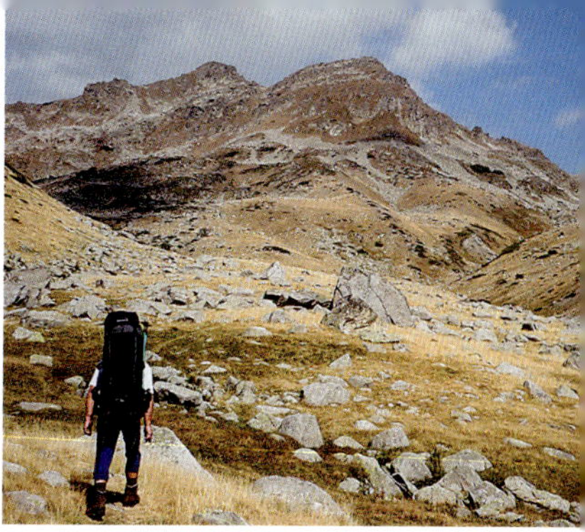

Unter der oberen Zweiteilung des Eisernen Tals, im Hintergrund der Kralev Dvor.

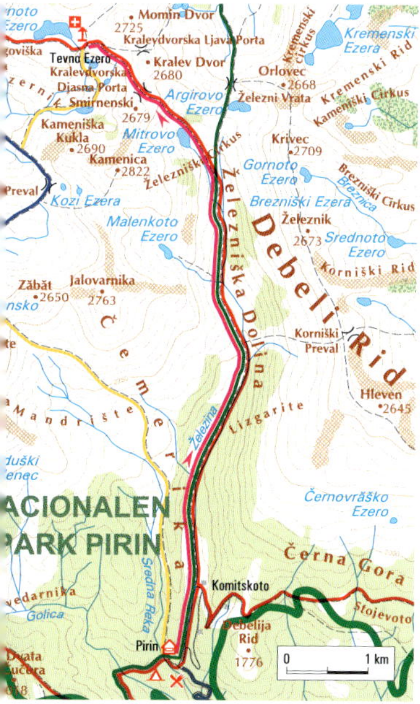

11 Kamenica, 2822 m

6.30 Std.

In das Reich der Gebirgsseen und auf eine Aussichtsspitze

Der Ezernik ist einer der ausgedehntesten und schönsten Hochgebirgskessel des Pirin, die hier auch »Cirkus« genannt werden. Wie schon der Name andeutet (ezero = See), befinden sich hier viele Seen, die das Quellgebiet des Flüsschens Mozgovica bilden. Der Kessel hat zwei getrennte Höhenniveaus. Der untere Teil ist nach Westen offen und mit Seen verschiedener Größe übersät, zwischen denen idyllisch der Mozgovica mäandert. Auf der oberen Stufe, die sich über einer fast 100 m hohen Felsschwelle erstreckt und bis in unmittelbare Nähe des Hauptkamms reicht, liegt der größte See, der 450 m lange, 175 m breite und max. 4 m tiefe Tevno Ezero. Die Ränder des Ezerniks säumen mächtige Berge: im Nordwesten der Valjaviški Čukar, 2664 m, im Nordosten der Momin Dvor, 2725 m, im Osten der Kralev Dvor, 2680 m, und die Malka Kamenica, 2679 m, auch Smirnenski genannt, im Südosten bis Süden schließlich die Kamenica, 2822 m, und die Kameniška Kukla, 2690 m. Der dominante Berg Kamenica hat schon ausgesprochene alpine Formen und gehört unstrittig zu den schönsten Granitbergen des Pirin. Am leichtesten ist er vom Südwesten aus zugänglich.

Ausgangspunkt: Hütte Kamenica, 1800 m. Zugang von der Hütte Jane Sandanski siehe Tour 8; Zugang von der Hütte Pirin siehe Tour 6.
Endpunkt: Schutzhütte Tevno Ezero, 2515 m. Rückweg auf derselben Route (nach Übernachtung). Anschlusstour: 17.
Anforderungen: Der Aufstieg auf die Kamenica ist schwierig und lang, teils ohne Markierung; früh aufbrechen und nur bei gutem Wetter durchführen! Zwei lang gezogene Aufstiegen und ein steiler Abstieg. In höheren Lagen kann sich an den Nord- und Nordwesthängen bis zum Sommeranfang überfrorener Firnschnee halten!
Höchster Punkt: Kamenica, 2822 m.
Höhenunterschied: 1180 m im Aufstieg, 465 m im Abstieg (ohne Kamenica knapp 200 m weniger).
Übernachtung/Einkehr: Hütte Kamenica, Schutzhütte Tevno Ezero.
Variante: Aufstieg auf die Kamenica (2.00–2.30 Std.): mit leichter Ausrüstung von der Schutzhütte Tevno Ezero (begrenzte Möglichkeit von zwei Übernachtungen hintereinander, s. Tour 10) – in Gegenrichtung der Hauptroute zum Sattel Kozi Preval, von dort ohne Markierung nach links, am oberen »Ziegensee« vorbei (siehe Hauptroute), auf den Gipfel der Kamenica, Rückkehr auf demselben Weg. Höhendifferenz ca. 900 m; für geübte Bergsteiger.

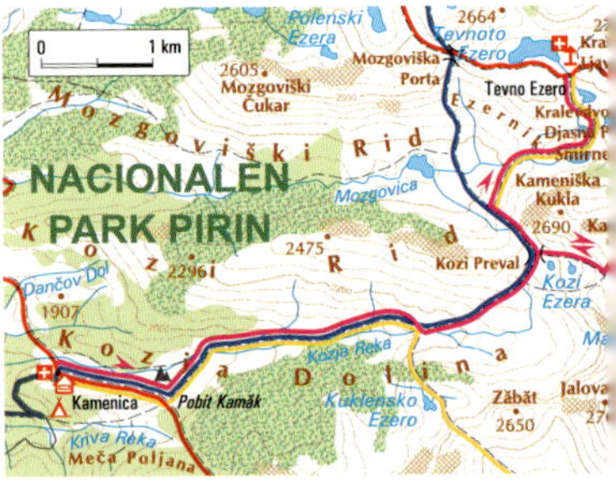

Von der **Hütte Kamenica (1)**, auch Begovica genannt, gehen wir mit der blauen, gelben und roten Markierung hinauf durch das »Ziegental«, Kozja Dolina, das stetig in östlicher Richtung ansteigt. Nach knapp 15 Min. passiert man das Felsenriff **Pobit Kamăk (2)**, von wo die rote Markierung nach rechts zur Hütte Pirin (s. Tour 6) abzweigt. Wir gehen weiter mit der blauen und gelben Markierung, nach links und steigen in den Talgrund, wo wir auf einer Holzbrücke den »Ziegenfluss«, Kozja Reka, auf dessen rechtes Ufer überqueren. Hier entlang steigen wir etwa 45 Min. bergan zur nächsten Weggabelung **(3)**. Die gelbe Markierung führt rechts hinauf zum See Kuklensko Ezero und zur Hütte Pirin (Tour 6, Variante), wir halten uns allerdings an die blaue Markierung und gewinnen schnell an Höhe bis zum Talende. Links über uns erhebt sich der felsige Kamm Kozi Rid, rechts sind die Gipfel Kuklite, Zăbăt und Jalovarnika zu sehen, vor uns ragt schon die Kamenica empor.

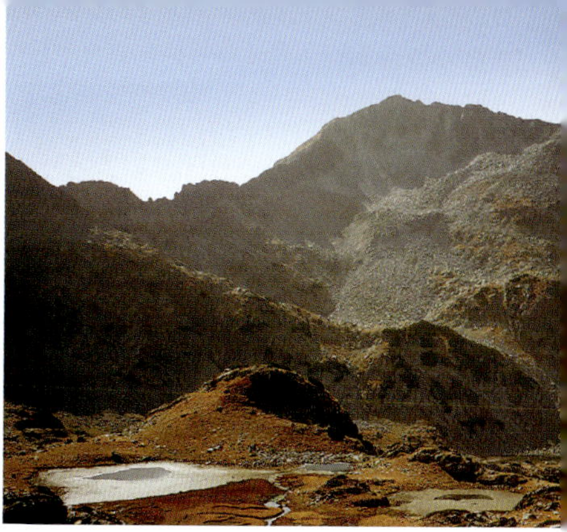

Der Kamenica-Gipfel über dem Kessel Ezernik.

Am unteren »Ziegensee«, Kozi Ezera oder Begoviški Ezera, vorbei erreichen wir bald den Sattel **Kozi Preval (4)**, 2470 m, wo ein unmarkierter Pfad nach rechts zum Gipfel der Kamenica abbiegt. Zuerst passiert man hier den oberen »Ziegensee«, dann wird ein markanter **Sattel (5)** im Kamm Kameniški Rid, zwischen Jalovarnika und Kamenica, erreicht. Von dort folgt der ziemlich steile Aufstieg dem Kamm entlang nach links, nordnordöstlich (stellenweise müssen wir die Hände zu Hilfe nehmen). Vom höchsten Punkt der **Kamenica (6)** eröffnen sich herrliche Aussichten zu den näheren Gipfeln des Pirin sowie zum entfernteren Rila, zu den Rhodopen oder zur Slavjanka. Abstieg in den Sattel Kozi Preval auf demselben Weg.

Vom Sattel **Kozi Preval (4)** steigen wir dann, der gelben Markierung folgend, zuerst mäßig ab, später wieder auf, in den Hochgebirgskessel Ezernik zu den Seen Malokameniški Ezera (unterwegs schöne Ausblicke zur Kameniška Kukla und Kamenica) und weiter zur Schutzhütte **Tevno Ezero (7)**.

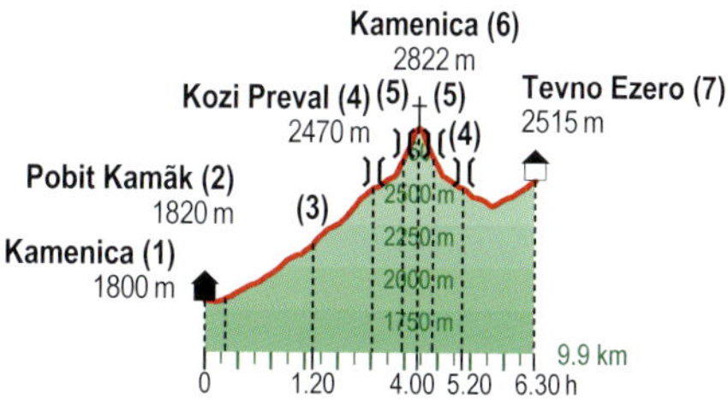

12 Hütte Bezbog – Popovo Ezero

5.45 Std.

Von der höchstgelegenen Hütte zum größten See des Pirin-Gebirges

Diese Tour stellt den günstigsten Zugang ins Pirin-Gebirge von Nordosten dar. Sie lässt sich allerdings ebenso auch in umgekehrter Richtung absolvieren. Die Hütte Bezbog ist die am höchsten gelegene Hütte im ganzen Pirin. Sie steht am Nordufer des Sees Bezbožkoto Ezero in dem verhältnismäßig kleinen und flachen Kessel Bezbožkijat Cirkus, dessen Westseite der mächtige Abhang des Berges Bezbog, 2645 m, bildet, an dem im Winter und Frühjahr oft Lawinen abgehen. Gerade eine solche hat die alte Hütte zerstört. Das jetzige, etwas östlicher stehende Gebäude stammt aus dem Jahr 1981. Der Popovo Ezero ist der größte und auch tiefste See im Pirin. Er hat eine unregelmäßige Form und ist 480 m lang, 336 m breit. Seine Fläche beträgt 12,36 ha und die maximale Tiefe 29,5 m. In seinem nordwestlichen Teil befindet sich eine kleine mit Knieholz bewachsene Insel. Die weihevolle Atmosphäre des Kessels Popovoezeren Cirkus (nach dem See Popovo Ezero benannt) mit seinen ca. 25 Seen ergreift jeden Wanderer. Über den Sattel Železni Vrata führte einst die alte Weinstraße von Melnik.

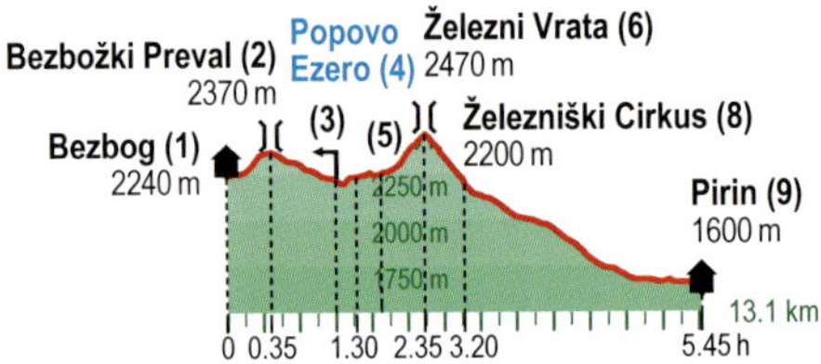

Ausgangspunkt: Hütte Bezbog, 2240 m. Erreichbar von der Hütte Goce Delčev, 1500 m, mit Geländewagen (Fahrweg 10 km), mit der Seilbahn oder zu Fuß der grünen Markierung folgend. Anfahrt von Dobrinište (Bahnstation) auf der Bergstraße in Richtung Breznica und der Stadt Goce Delčev durch das Tal des Flüsschens Disilica bis zu den Wiesen Logoveto (ca. 10 km) und von dort nach rechts auf einer schmalen Nebenstraße knapp 2 km zur Hütte (Parkmöglichkeit). In der Sommersaison Busverbindung (am besten vor Ort erfragen).

Der Zugang zur Hütte Goce Delčev ist auch zu Fuß möglich: Der grünen Markierung folgend vom Südrand von Dobrinište, anfangs ebenfalls auf der Straße im Tal der Disilica vorbei an der Kapelle Sveti Dimitar bis zu dem Ort Dumatarica, wo der Beludu-Bach von rechts in die Disilica mündet; von da nach links über eine Brücke und auf dem Weg bergan durch den Wald, später über teilweise offene Almen entlang des Bachs; auf den Wiesen Logoveto führt die Markierung wieder auf die Straße zurück und zur Hütte (3.00 Std., Höhendifferenz knapp 700 m).

Zur Hütte Bezbog geht es dann von der schmalen Straße an der Hütte Goce

Delčev nach links steil bergan in den Wald, nach etwa 10 Min. vorbei an der geschützten Tanne Visokata Ela (höchster Baum im Pirin – Höhe 38 m, Stammumfang 4,5 m); etwas weiter oben überqueren wir die Wiese Gundova Močara und nehmen in der Nähe der Skipiste und der Freileitung den breiteren Weg, der uns über die Lokalität Solišteto und unter den Masten der Seilbahn bis zum Hauptfahrweg von der Hütte Goce Delčev führt; auf diesem nach links und über die Alm Bezbožka Poljana weiter hinauf bis zur Hütte Bezbog (3.00 Std., Höhendifferenz 740 m, stellenweise steile Abschnitte, mit größerer Last auf dem Rücken verhältnismäßig anstrengend).

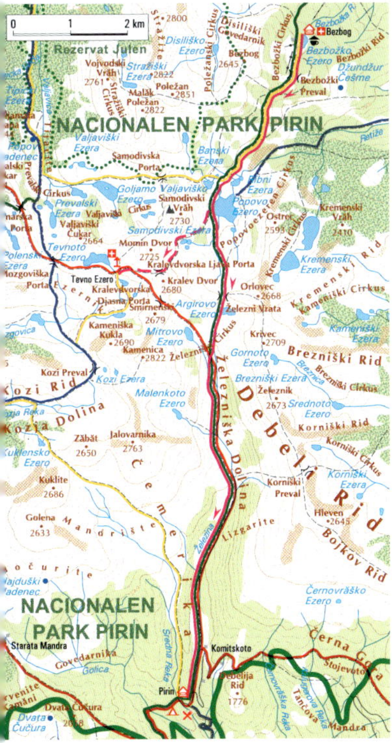

Endpunkt: Hütte Pirin, 1600 m. Evtl. Rückweg auf derselben Route (mit einer Übernachtung). Anschlusstouren: 3, 4, 5, 6, 10.

Anforderungen: Mittelschwere, verhältnismäßig lange Hüttenwanderung, die allerdings auf ganz guten Bergwegen und Pfaden ohne Orientierungsprobleme verläuft.

Höchster Punkt: Sattel Železni Vrata, 2470 m.

Höhenunterschied: 430 m im Aufstieg, 1070 m im Abstieg.

Übernachtung/Einkehr: Hütte Bezbog, Hütte Pirin.

Varianten: Übergang zur Schutzhütte Tevno Ezero: Von der Hütte Bezbog bis zum See Popovo Ezero identisch mit der Hauptroute, vom Westufer des Sees aus jedoch auf einem unmarkierten schmalen Pfad (Steinmänner) schräg nach rechts bergan entlang des Bachs und später über eine markante Schwelle in den Kessel Kralevdvorskijat Cirkus mit den fünf Samodivski-Seen (Samodivski Ezera); über dem höchsten von ihnen nach rechts hinauf (von links kommt hierher eine neue blaue Markierung, siehe Anmerkung weiter unten) in den Sattel Kralevdvorska Ljava Porta, 2620 m (letzter Abschnitt sehr steil – Umsicht notwendig), der zwischen den Gipfeln Kralev Dvor, 2680 m, links, und Momin Dvor, 2725 m, rechts, liegt; von dort schon leicht, auf einem augenfälligen Pfad, hinunter zum See Tevno Ezero. Insgesamt 4.00–5.00 Std., Höhendifferenz ca. 550 m; nur für erfahrene Bergwanderer mit gutem Orientierungssinn geeignet.

Etwas oberhalb des Popovo Ezero biegt von der Hauptroute nach rechts in Richtung Tevno Ezero noch ein komplett neu (blau) markierter Steig ab, der sich dann im Hochteil des Kralevdvorskijat Cirkus an den oben beschriebenen, interessanter verlaufenden, wenn auch im unteren Teil leider unmarkierten Weg anschließt.

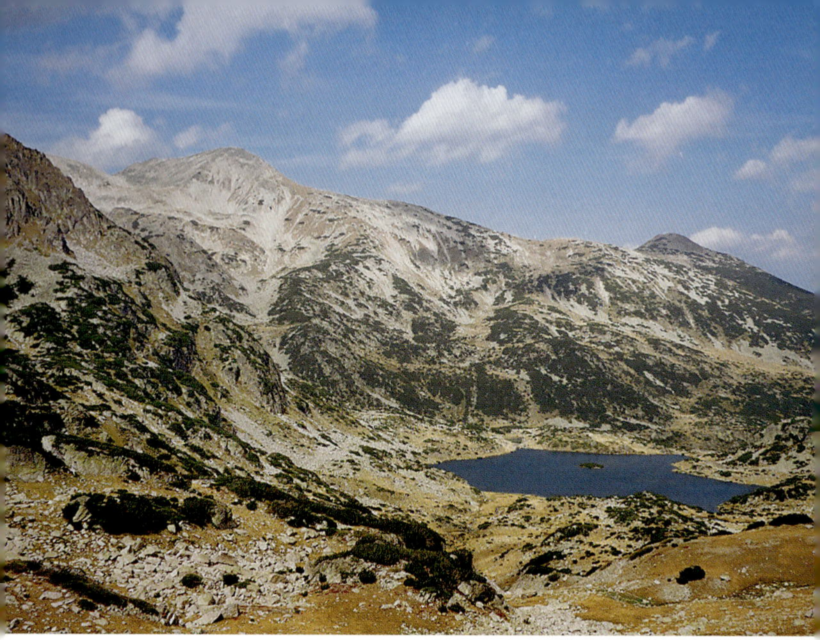

Blick vom Sattel Železni Vrata zum See Popovo Ezero. Im Hintergrund links der Berg Poležan, rechts der Bezbog.

Von der **Hütte Bezbog (1)** bis zur Hütte Pirin wird uns die grüne Markierung begleiten. Zuerst steigen wir etwa 20 Min. hinauf in den Sattel **Bezbožki Preval (2)**, 2370 m, von dem sich schöne Ausblicke sowohl zurück (im Norden das Rila-Gebirge, im Nordosten die Rhodopen), als auch nach vorn in den Kessel Popovoezeren Cirkus eröffnen. Auf einer leicht abfallenden gewellten Traverse steigen wir zur **Weggabelung (3)** an den »Fischseen«, Ribni Ezera, ab (rechts zweigt die gelbe Markierung zur Hütte Demjanica ab, siehe Tour 15) und umgehen den ausgedehnten **Popovo Ezero** an der Westseite.
Südlich von ihm steigen wir dann beständig über grasbewachsene Hänge in den Sattel **Železni Vrata (6)**, 2470 m, auf, von dem sich neue wunderschöne Szenerien bieten. Es folgt der Abstieg am See **Argirovo Ezero (7)** vorbei, der malerisch unterhalb der steilen Südwestwand des Berges Orlovec, 2668 m (Näheres siehe Tour 13), gelegen ist. Im Kessel **Železniški Cirkus (8)** schließt sich unserem Weg von rechts die von der Schutzhütte Tevno Ezero kommende rote Markierung an. Der Rest der Route durch das Eiserne Tal, Železniška Dolina, bis zur **Hütte Pirin (9)** ist in umgekehrter Richtung bei Tour 10 beschrieben.

7.30 Std.

Kremenski Ezera und Orlovec, 2668 m

13

In einen wunderschönen Seekessel und auf einen erstklassigen Aussichtsgipfel

Die beschriebene Tour ist ein echter Pirin-Leckerbissen, den zu absolvieren sich jedoch nur wirklich erfahrene Hochgebirgswanderer zutrauen dürfen. Das erste Teilziel der Route stellt der Kessel Kremenskijat Cirkus dar, ein herrlicher, in ein fast ideales Hufeisen zwischen zwei Seitenkämmen (Ostrec und Kremenski Rid) eingeschlossener Gletscherkessel, in dem wie funkelnde Edelsteine die zwei großen und drei kleineren Seen Kremenski Ezera eingebettet sind. Vom Gipfel des Orlovec bietet sich eine fantastische Szenerie näherer und entfernterer Berge des Pirin, des Rila und der Rhodopen.

Ausgangspunkt: Hütte Bezbog, 2240 m. Zugang siehe Tour 12.
Anforderungen: Schwere Gipfeltour, die überwiegend durch abgelegene Partien, wenn auch zum größeren Teil schon entlang neuer Wegemarkierung führt. Nur für erfahrene Bergwanderer und bei gutem Wetter geeignet. Unbedingt notwendig sind ein guter Orientierungssinn und Hochgebirgserfahrung.
Höchster Punkt: Gipfel des Orlovec, 2668 m.
Höhenunterschied: 900 m.
Übernachtung/Einkehr: Hütte Bezbog.

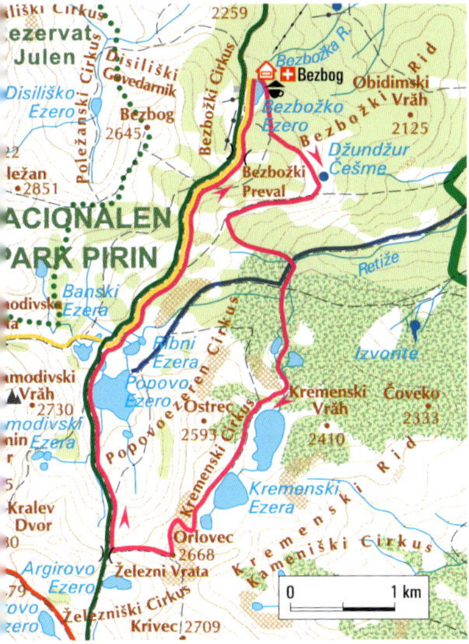

Von der **Hütte Bezbog (1)** gehen wir auf einem neu (rot) markierten Pfad in Südostrichtung zunächst ein Stück am Nordostufer des Sees Bezbožko Ezero entlang. Weiter traversiert man den Bergrücken Bezbožki Rid, in einem weiten Bogen bis zur Quelle **Džundžur Češme (2)**. Von hier führt ein Weg abwärts über Wiesen und durch Knieholz in südlicher bis südöstlicher Richtung ins Tal, wodurch das Flüsschen **Retiže (3)** fließt. An der gegenüberliegenden Talseite steigt unser Weg durch einige Knieholzinseln zu einer markanten Felsrinne mit Steinmännern, die weitere Routenrichtung nach Süden anzeigen. Mit neuer Streifenmarkierung können wir aber noch ca. 15 Min. östlich bis zur Weggabel oberhalb der

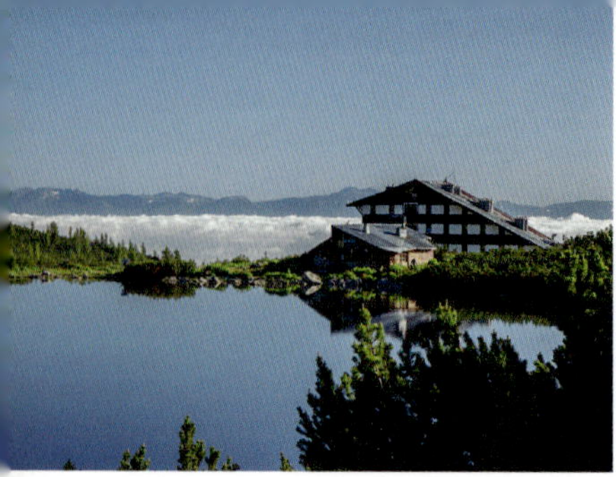

Hütte Bezbog, im Hintergrund ist das Rila-Gebirge zu sehen.

Quellen Izvorite mäßig aufsteigen, und erst von hier nach rechts, diesmal schon mit neuer gelber Markierung, steil bergauf abzweigen. In beiden Fällen kommen wir dann nach ca. 1 Std. zur unteren felsigen Schwelle des Kessels Kremenski Cirkus, über der schon der See **Dolnoto Kremensko Ezero (4)**, 2304 m, liegt. Dieser ist mit einer Fläche von 9,8 ha und mit einer maximalen Tiefe von 27 m der zweitgrößte See im Pirin.

Wir halten uns ständig an die Nordwestseite des Kessels und erreichen über eine weitere Schwelle den See **Gornoto Kremensko Ezero (5)**. Weiter oben liegen noch drei kleinere Seen, an denen der ältere Steig (ohne Markierung) hoch zur **Scharte (6)** im Nordkamm des Orlovec nahe vorbeiführt. Der neue, gelb markierte Pfad dagegen steigt gleich vom Gornoto Kremenskoto Ezero etwas nördlich des älteren Steiges zum Kamm auf. Im Bereich der Scharte ist das Gelände leicht ausgesetzt, der restliche Teil des Kamms bis zum **Orlovec (7)** selbst ist jedoch relativ gut gangbar. Vom Gipfel eröffnet sich ein herrlicher Rundblick, u. a. auf den Samodivski Vrah und in den Kremenski Cirkus.

Der Abstieg erfolgt in nordwestlicher bis westlicher Richtung entweder ohne Markierung in den Sattel **Železni Vrata (8)**, 2470 m (1 Std., Tour 12), oder auf dem neu (blau) markierten Steig, der zuerst wieder den Nordkamm (kurz noch zusammen mit der gelben Markierung) zurückführt, um dann links abwärts zur Sattelfalllinie zu leiten. Unten folgen wir dem grün markierten Wanderweg, der uns vorbei am See **Popovo Ezero (9)** und über den Sattel **Bezbožki Preval (10)**, 2370 m (Näheres siehe Tour 12), in rund 2.00–2.30 Std. zurück zum See Bezbožko Ezero und zur **Hütte Bezbog (1)** bringt.

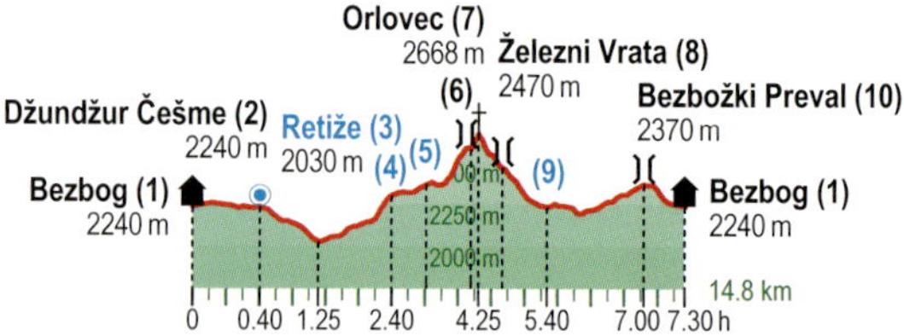

Unterhalb der Südwestwand des Orlovec, im Kessel Železniški Cirkus, liegt der malerische See Argirovo Ezero.

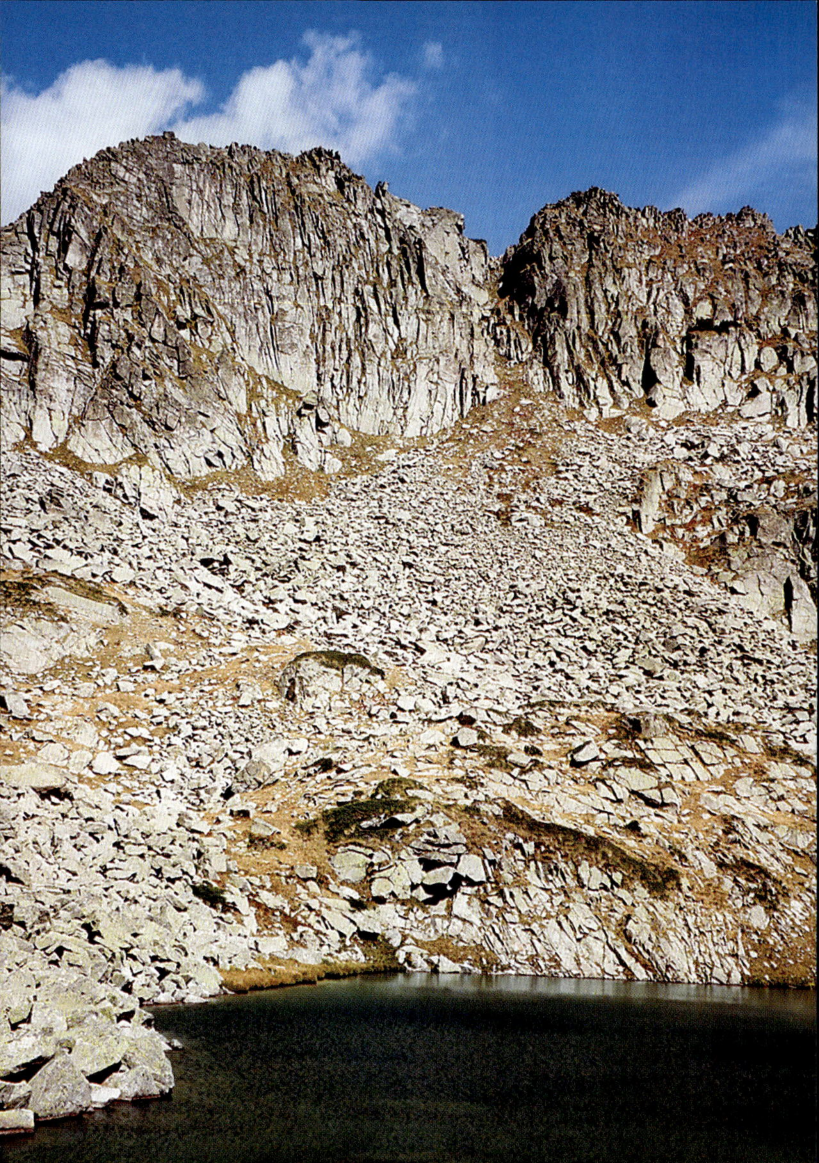

14 Poležan, 2851 m

5.30 Std.

Auf den fünfthöchsten Gipfel des Pirin

Der breit ausladende Poležan ist nach dem Vichren, dem Kutelo I und II und dem Banski Suchodol der fünfthöchste Berg des Pirin-Gebirges. Mit ihm kulminiert der markante, vom Gipfel Momin Dvor im Hauptkamm nach Norden auslaufende und in seinem hintersten nordöstlichen Teil vom Berg Bezbog abgeschlossene Seitenkamm Poležansko Bilo. Die Tour stellt eine schwierigere Alternative zur klassischen Wanderung zwischen den Hütten Bezbog und Demjanica über den Sattel Samodivska Porta dar (siehe Tour 15).

Ausgangspunkt: Hütte Bezbog, 2240 m. Zugang siehe Tour 12.
Endpunkt: Hütte Demjanica, 1895 m. Evtl. Rückweg über Samodivska Porta (nach Übernachtung). Anschlusstouren: 16, 18, 19, 20.
Anforderungen: Ziemlich schwierige Tour überwiegend durch unmarkiertes Hochgebirgsgelände. Guter Orientierungssinn notwendig. Nur für erfahrene Bergwanderer und bei gutem Wetter.
Höchster Punkt: Poležan, 2851 m.
Höhenunterschied: 660 m im Aufstieg, 1000 m im Abstieg.
Übernachtung/Einkehr: Hütte Bezbog, Hütte Demjanica.
Varianten: 1. Von der Hütte Bezbog Aufstieg durch eine gut sichtbare grasige Rinne, später zum Teil über Felsen und durch Knieholz in südwestlicher Richtung direkt auf den Kamm etwa 100 m nördlich vom Gipfel Bezbog (ohne Markierung, stellenweise Steinmänner); Übergang über den Gipfel, 2645 m, und Abstieg auf dem Kamm in den Sattel auf 2570 m auf seiner Südseite (Hauptroute), ca. 15–20 Min. mehr. Achten Sie auf die Orientierung beim Aufstieg!

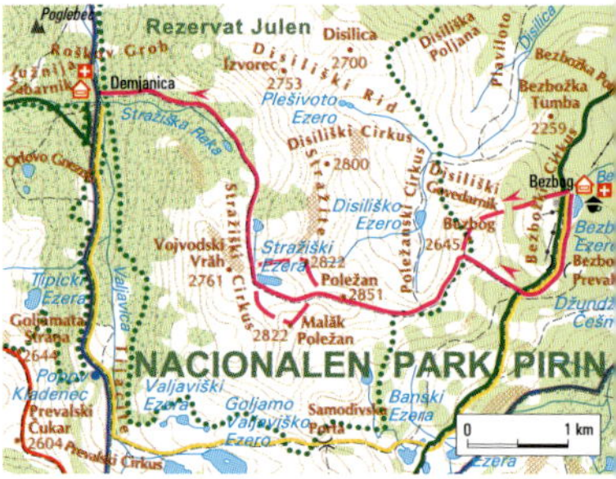

2. Vom Sattel Poležanski Preval (zwischen Poležan und Malăk Poležan) Aufstieg in südwestlicher Richtung auf den Malăk Poležan, 2822 m, von dort auf dem Kamm nach Nordwesten unter den Vojvodski Vrăh, 2761 m, und rechts hinunter zum See Gornoto Stražiško Ezero, ca. 30–40 Min. mehr.
3. Vom Poležan auf dem Nordwestkamm zum Höhenpunkt 2822 m am Südrand des Felsturmbandes Stražite; dort links, steil hinab zum See Gornoto Stražiško Ezero. Knapp 1.00 Std. zusätzlich. Diese Variante ist die schwerste.

Von der **Hütte Bezbog (1)** folgen wir zuerst der grünen und gelben Markierung auf der Route der Tour 12 über den Sattel **Bezbožki Preval (2)**, 2370 m, bis hinter die Linie des markanten mit Knieholz bewachsenen Bergrückens, der in südöstlicher Richtung vom Berg Bezbog ausgeht. Entlang dieses Rückens steigt ein steiler unmarkierter Pfad bergan, stellenweise mit Steinmän-

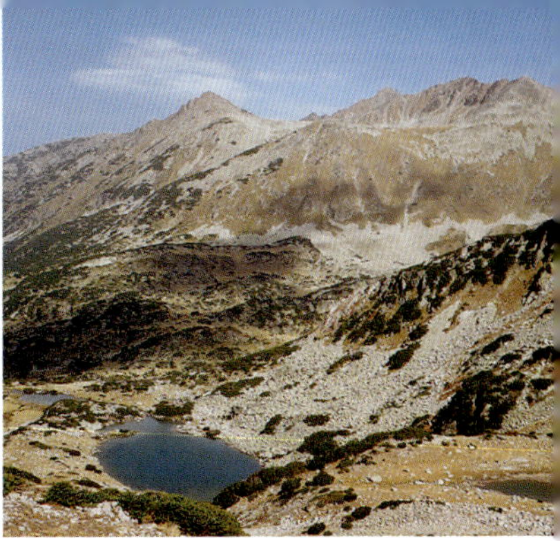

Gesamtansicht der Poležan-Gruppe von Südwesten, aus dem Kessel Prevalski Cirkus, links der Vojvodski Vrăh.

nern, der uns nach ca. 30 Min. in einen **Sattel (3)**, 2570 m, führt, der südlich unter dem Bezbog liegt (ein Abstecher auf den Gipfel und zurück dauert ca. 30 Min., Variante 1). Wir gehen weiter auf dem breiten gewellten Kamm nach Südwesten. Rechterhand haben wir den tiefen Kessel Poležanski Cirkus mit dem See Disiliško Ezero, links den herrlichen Kessel Popovoezeren Cirkus (Tour 12). Wir überschreiten einige wenig ausgeprägte Buckel im Kamm, der sich allmählich nach Westen dreht, bis wir schließlich in einem steileren Anstieg den Hauptgipfel des **Poležan (4)**, 2851 m, erreichen. Der Rundblick auf dem Gipfel von Nord nach West und Süd erfasst u.a. die Berge Stražite, Izvorec, Kutelo, Vichren, Todorin Vrăh, Graniten, Tipicite, Mozgoviški Čukar, Valjaviški Čukar, Kamenica, Momin Dvor, Samodivski Vrăh und Orlovec. Auf dem Südwestkamm steigen wir in den Sattel **Poležanski Preval (5)** ab, von wo man auf den nahen Malăk Poležan aufsteigen kann (Variante 2). Südöstlich unter dem Sattel (ca. 10 Min.) befindet sich der kleine See Gornoto Poležansko Ezero, 2710 m, der höchstgelegene See Bulgariens bzw. des Balkans. Der weitere Abstieg führt allerdings auf die gegenüberliegende Seite des Sattels in den romantischen Kessel **Stražiški Cirkus (6)**, der zwischen den felsigen Seitenkämmen Vojvodski Rid und Stražite eingeschlossen ist. Der Blick auf die wild zerklüfteten Felszähne und Türme des Stražite gehört zu den attraktivsten Szenerien des Pirin. Über der höchsten Schwelle des Kessels liegt noch ein landschaftliches Kleinod, der See Gornoto Stražiško Ezero (Fläche 1,2 ha; Tiefe bis zu 4 m). Während des Abstiegs, anfangs an der linken Seite des Kessels, kommen wir noch am See **Dolnoto Stražiško Ezero (7)** vorbei. Ab und zu helfen uns bei der Orientierung noch Steinmänner, aber der Pfad selbst wird immer besser sichtbar. Im Tal des Flusses **Stražiška Reka (8)**, unter dem Gipfel des Izvorec, wenden wir uns schließlich nach Westen und steigen sehr steil ab, erst durch Knieholz und weiter unten dann durch schönen Kiefernwald bis auf den Grund des Tals Valjaviška Dolina zur **Hütte Demjanica (9)**.

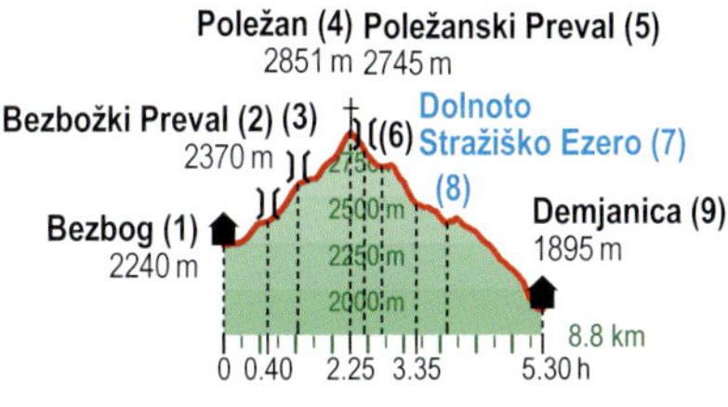

TOP 15 Samodivska Porta – Valjaviški Ezera

5.30 Std.

Klassische Wanderung von der Hütte Bezbog zur Hütte Demjanica durch die Seenkessel

Diese Tour gehört zu den Klassikern im Pirin, und fast jeder Besucher des Gebirges absolviert wenigstens einen Teilabschnitt. Außer den mannigfaltigen Szenerien der Berggipfel erfreuen unterwegs auch zahlreiche Seen.

Ausgangspunkt: Hütte Bezbog, 2240 m. Zugang siehe Tour 12.
Endpunkt: Hütte Demjanica, 1895 m. Evtl. Rückweg auf derselben Route (nach Übernachtung). Anschlusstouren: 14, 16, 18, 19, 20.
Anforderungen: Recht lange, technisch und orientierungsmäßig leichte Tour auf gut markierten Bergwegen und -pfaden.
Höchster Punkt: Sattel Samodivska Porta, 2480 m.
Höhenunterschied: 400 m im Aufstieg, 750 m im Abstieg.
Übernachtung/Einkehr: Hütte Bezbog, Hütte Demjanica.
Variante: Tour 14.

Von der **Hütte Bezbog (1)** gehen wir zuerst mit der grünen und gelben Markierung über den Sattel **Bezbožki Preval (2)**, 2370 m, zusammen mit der Route der Tour 12 bis zur Weggabelung im Kessel **Popovoezeren Cirkus (3)**. Links unterhalb des felsigen Kamms des Berges Ostrec, 2593 m, liegen die Seen Ribni Ezera (zugänglich über einen blau markierten Pfad), vorn erstreckt sich der große See Popovo Ezero (s. Tour 12). Wir biegen jedoch auf dem gelb markierten Weg nach rechts in den tiefen Kessel unter den südlichen Hängen des Poležan, 2851 m, ab, in dem romantisch die zwei Seen Banski Ezera eingebettet sind. Sie werden so genannt, weil sie relativ warmes Wasser enthalten und nicht tief sind (»Baňa« = Bad). Oberhalb der Seen beginnt ein steiler Aufstieg auf Geröll und später durch eine ausgeprägte Rinne zum Sattel **Samodivska Porta (4)**, 2480 m. Nördlich von ihm erhebt sich der Gipfel Malăk Poležan, 2822 m (möglicher Aufstieg und Anschluss an Tour 14), südlich ragt der bizarre Gipfel Samodivski Vrăh oder »Feengipfel«, 2730 m, empor. Den Namen bekam er nach der Reihe ausgeprägter Felstürme in dem nördlichen Kamm unterhalb des Gipfels, die der Sage nach versteinerte Bergfeen sind. Das ganze Massiv enthüllt sich nach und nach beim Abstieg auf die Westseite des Sattels, in den Kessel Valjaviški

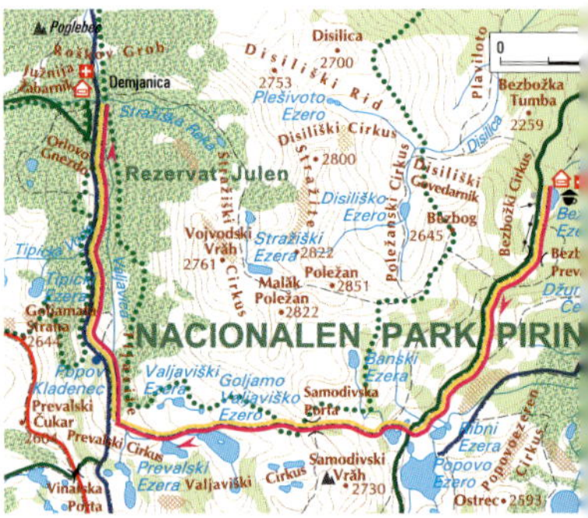

Cirkus, in dem sich etwa 15 ständige Seen – die Valjaviški Ezera – befinden. Unser Weg führt zum größten von ihnen. Der See **Goljamo Valjaviško Ezero (5)** liegt unterhalb der nordöstlichen Abhänge des Berges Valjaviški Čukar, 2664 m, in einer Höhe von ca. 2270 m. Er hat mit einer Länge von 480 m und einer Breite von 275 m eine Fläche von 8,5 ha und eine maximale Tiefe von 19 m. In seinem nördlichen Teil erheben sich zwei kleine Inseln. Das nordöstliche Ufer des Sees in der Nähe des markierten Pfads säumt ein schöner Sandstrand, ein idealer Platz für eine kurze Rast. Dabei kann man auch in Ruhe den Blick zum Kamm Prevalski Chrebet genießen, der zum Pirin-Hauptkamm gehört und das Valjavica-Tal von Westen her abschließt. Links kulminiert der Gipfel Prevalski Čukar, 2604 m, rechts die Goljamata Strana, 2644 m. Im weiteren Verlauf der Tour kommen wir etwas weiter unten am See Dolno Valjaviško Ezero vorbei und unter dessen Schwelle gelangen wir zur Weggabelung an der **Tijacite (6)** genannten Stelle. Hier berühren sich der Valjaviški Cirkus und der Prevalski Cirkus, und in das Flüsschen Valjavica, das den Namen von den durch das Wasser herabgewälzten großen Steinen hat, mündet von links der Bach Prevalski Potok. Wir biegen nach rechts ab und gehen auf unserem Weg, der jetzt gemeinsam mit der vom Sattel Mozgoviška Porta (s. Tour 16) kommenden blauen Markierung verläuft, durch das Valjavica-Tal nach Norden. Wir durchqueren eine flache Talmulde, in der einst ein lang gestreckter See gelegen hat, der heute schon lange mit Sedimenten bedeckt ist. An den Stellen, wo einst der Gletscher zurückgegangen ist, schlängelt sich das forellenreiche Flüsschen Valjavica. Auf der linken Seite des Weges befindet sich die Quelle **Popov Kladenec (7)**, die traditionell insbesondere von Kuh- und Schafhirten genutzt wird. Hinter ihr biegt der markierte Weg in den Westhang des Tals ein und führt zunehmend bergab. Wir überqueren den Bach **Tipicka Voda (8)**, der aus den Seen Tipicka Ezera im Kessel Tipicki Cirkus herabfließt, und durch eine Knieholzzone kommen wir in einen überwiegend aus Kiefern bestehenden Wald. Von links schließt sich unserem Weg die aus dem Kessel Vasilaški Cirkus kommende grüne Markierung an, und nach weiteren 10 Min. sind wir an der Hütte **Demjanica (9)**, 1895 m, die in einer angenehmen bewaldeten Umgebung steht und im Mittelteil des Pirin der zentrale touristischen Stützpunkt ist.

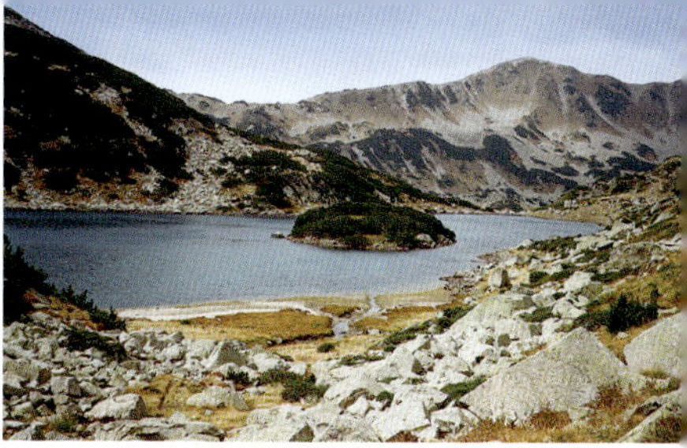

Der See Goljamo Valjaviško Ezero.

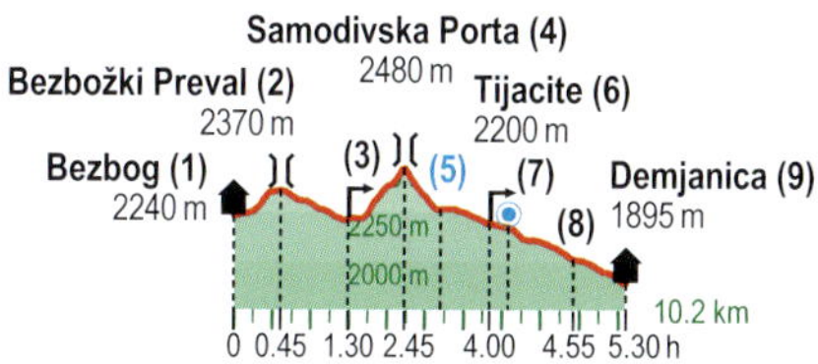

16 Prevalski Cirkus – Tevno Ezero

5.30 Std.

Entlang an vier Seen in einen malerischen Hochgebirgskessel

Diese Tour kann man von der Hütte Demjanica mit leichter Ausrüstung absolvieren. Außer dem idyllischen Kessel Tevno Ezero (siehe Tour 11) ist ihr Hauptziel der südliche Ausläufer des Valjavica-Tals, der Kessel Prevalski Cirkus (auch Demjaniški Cirkus), in dem sich zwischen den Abhängen des Valjaviški Čukar im Osten und des Kamms Prevalski Chrebet im Westen vier Seen befinden. Aussichtsreiche Kamm- und Gipfelvarianten ergänzen die Hauptroute.

Ausgangspunkt: Hütte Demjanica, 1895 m. Zufahrt mit Geländewagen oder 8 km zu Fuß: Vom Städtchen Bansko (920 m) auf der Straße in Richtung zu den Hütten Bănderica und Vichren (Busverbindung) bis zur Stelle Chajduška Poljana (Haltestelle), von dort weiter nach Süden auf einer befestigten schmalen Straße bergauf im Tal des Flüsschens Demjanica (bis Glavite – ca. 6 km – mit normalem Auto fahrbar). Insgesamt 14 km, zu Fuß ca. 4.00 Std. mit der blauen Markierung. Der Weg führt an zwei Wasserfällen vorbei: im mittleren Teil am Julenski Skok (Höhe 9 m), im oberen Teil am Demjaniški Skok (Höhe 11 m).
Anforderungen: Relativ leichte Route ohne Orientierungsprobleme.
Höchste Punkte: Sattel Mozgoviška Porta, 2530 m; Tevno Ezero, 2515 m.
Höhenunterschied: 720 m.
Übernachtung/Einkehr: Hütte Demjanica, Schutzhütte Tevno Ezero.
Varianten: 1. Von der Schutzhütte Tevno Ezero Aufstieg in nördlicher Richtung ohne Markierung auf den Hauptkamm des Gebirges zwischen den Gipfeln Valjaviški Čukar, 2664 m, und Momin Dvor, 2725 m – von dort schöne Aussicht zum Samodivski Vrăh und zu den Seen Valjaviški Ezera, in der Ferne im Nordwesten sind die Marmorspitzen Vichren und Končeto zu sehen; weiter möglicher Aufstieg auf dem Kamm auf den Valjaviški Čukar, von dort Abstieg direkt in den Sattel Mozgoviška Porta.
2. Vom Sattel Mozgoviška Porta mit der roten Markierung auf dem Hauptkamm (Prevalski Chrebet) in den Sattel Vinarska

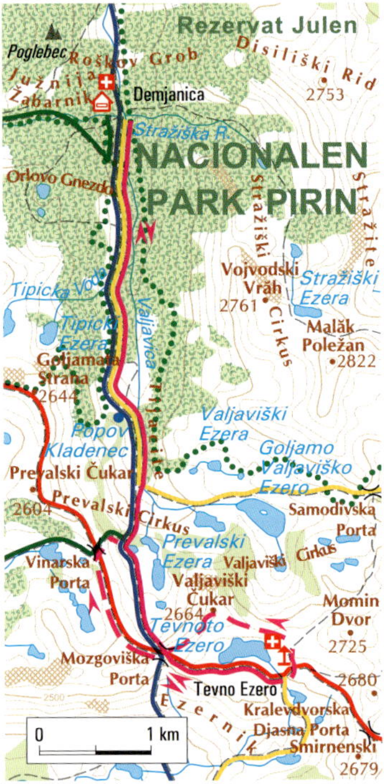

Porta (Tour 17) – schöne Aussichten nach beiden Seiten; vom Sattel Vinarska Porta steiler Abstieg der grünen Markierung folgend rechts in den Prevalski Cirkus, zurück auf die Hauptroute. Die Varianten können verbunden werden (ca. 2.00 Std. mehr, ca. 900 Hm).

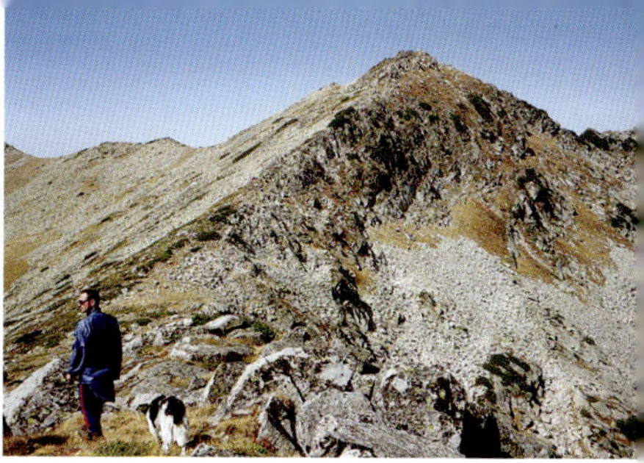

Unterhalb des Gipfels Valjaviški Čukar.

Von der **Hütte Demjanica (1)** geht es durch das Valjavica-Tal, Valjaviška Dolina, bis zur Weggabelung **Tijacite (2)** mit der blauen und gelben Markierung entgegen der Richtung der Tour 15. Weiter allerdings in südlicher Richtung, zusammen mit der blauen Markierung, hinauf in den Kessel **Prevalski Cirkus (3)**. Bald erreichen wir den am niedrigsten gelegenen von vier Seen, den Četvartoto Prevalsko Ezero. Obwohl hier sämtliches Wasser aus den drei höheren Seen zusammenfließt, um als kurzer und steiler Wildbach Prevalska Reka hinunter in das Flüsschen Valjavica geleitet zu werden, ist dieser unter dem nordwestlichen Ausläufer des Berges Valjaviški Čukar eingebettete See sehr flach. Nach rechts geht von ihm der grün markierte Pfad zum dritten Prevalski-See (3 Min.) und in den Sattel Vinarska Porta (Variante 2) ab. Wir halten uns aber ständig an die blaue Markierung und steigen über steinige Hänge in den südlichen Abschluss des Kessels auf. Links unter uns bleibt der größte der Prevalski-Seen, der Vtoroto Prevalsko Ezero, zurück, der mit einer Fläche von 2,1 ha 265 m lang, 105 m breit und maximal 5,2 m tief ist. Noch etwas höher befindet sich der kleine Parvoto Prevalsko Ezero mit einer Wasserfläche von kaum 0,1 ha. Nach etwa 45 Min. Aufstieg stehen wir schließlich auf dem Pirin-Hauptkamm, im Sattel **Mozgoviška Porta (4)**, 2530 m, auch Prevalskata Porta genannt. Von hier eröffnet sich eine beeindruckende Sicht in Richtung Süden: Rechts von dem malerischen Kessel Ezernik zieht sich der felsige Bergrücken Kozi Rid hin, und hinter ihm sind alle höchsten Gipfel des Kamms Kameniško Bilo zu sehen – von links nach rechts Malka Kamenica, Kamenica, Jalovarnika, Zăbăt und Kuklite. Vom Sattel aus bleiben noch etwa 30 Min. bequemen Gehens mit der roten Markierung in östlicher Richtung bis zur **Schutzhütte Tevno Ezero (5)** (Näheres siehe Tour 11). Rückkehr zur **Hütte Demjanica (1)** auf demselben Weg oder nach den Varianten 1 und 2.

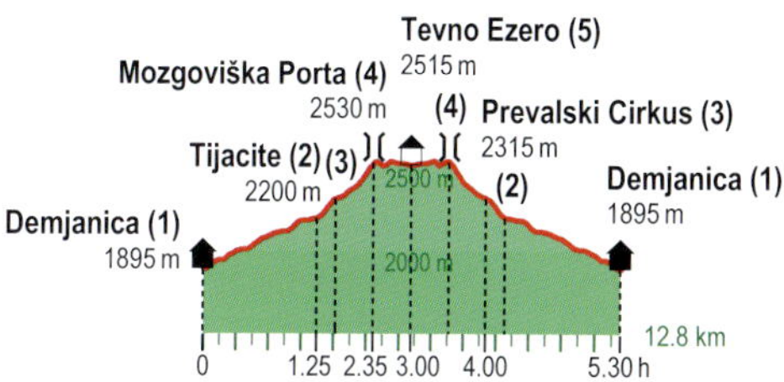

17 Von der Schutzhütte Tevno Ezero zur Hütte Vichren

7.00 Std.

Über einen der schönsten Abschnitte des Pirin-Hauptkamms

Diese Tour wird in beiden Richtungen verhältnismäßig oft gegangen – gewöhnlich als Tagesetappe bei der Durchwanderung des ganzen Pirin-Gebirges. Von einem Teil des Hauptkamms zwischen den Sätteln Mozgoviška Porta und Glavniška Porta bieten sich herrliche Ausblicke, besonders in die umliegenden Kessel und Täler mit vielen schönen Seen. Die schwierigsten Stellen traversiert die gut markierte Route an der Süd- bis Südwestseite, wobei die Abzweigungen zu den Gipfeln nicht allzu lang sind.

Ausgangspunkt: Schutzhütte Tevno Ezero, 2515 m. Zugänge (zu Fuß) einschließlich der möglichen Anreiseorte siehe Touren 10, 11, 12 und 16.
Endpunkt: Hütte Vichren, 1950 m. Evtl. Rückweg über Todorina Porta und Hütte Demjanica (nach Übernachtung). Anschlusstouren: 21, 23, 24.
Anforderungen: Mittelschwere Kammtour mit guter Markierung. Nur bei günstigem Wetter geeignet, die höchsten Punkte des Kamms können traversiert werden.
Höchster Punkt: Goljam Tipic, 2645 m.
Höhenunterschied: 460 m im Aufstieg, 1025 m im Abstieg.
Übernachtung/Einkehr: Schutzhütte Tevno Ezero, Hütte Vichren.

Von der **Schutzhütte Tevno Ezero (1)** gehen wir der roten Markierung folgend, die uns bis zum Zielpunkt treu begleiten wird, zuerst in westlicher Richtung. Im Sattel **Mozgoviška Porta (2)**, 2530 m, unterhalb des Gipfels Valjaviški Čukar, 2664 m, rechts, schließen wir uns dem Pirin-Hauptkamm an. Hier kreuzt die blaue Markierung, die von der Hütte Demjanica (Tour 16) zum Kozi Preval und zur Hütte Kamenica (Tour 11) führt. Unser rot markierter Pfad biegt aber nach Nordwest und verkürzt durch eine bequeme Traverse in den nordöstlichen Hängen die Biegung des Hauptkamms bis zu dessen Mittellinie zwischen dem Tal Polenite (links, 10 Seen) und dem Kessel Prevalski Cirkus (rechts, vier Seen; siehe Tour 16). Vom Sattel **Vinarska Porta (3)**, 2420 m, der tiefste Punkt im Hauptkamm, enthüllt sich in östli-

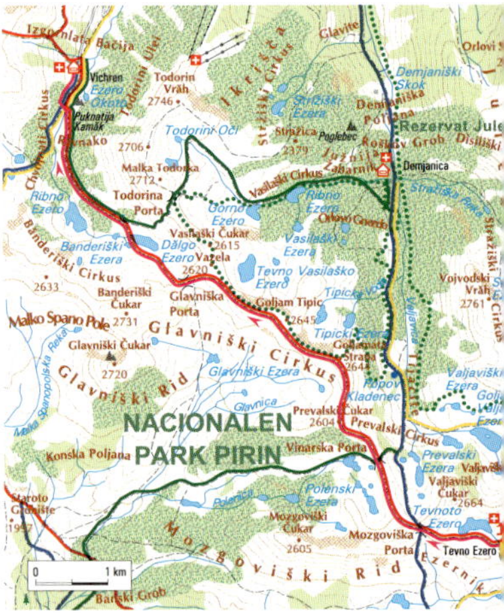

cher Richtung auch schon die Aussicht in den Kessel Valjaviški Cirkus mit den etwa 15 gleichnamigen Seen und zum Gipfel Samodivski Vrăh (Tour 15). Die kreuzende grüne Markierung von den Prevalski-Seen zur Hütte Jane Sandanski lassen wir unbeachtet und gehen weiter mit roten Wegzeichen auf dem Kamm, der in diesem Abschnitt Prevalski Chrebet heißt. Eine steile Steigung bringt uns aus dem Sattel auf den Gipfel **Prevalski Čukar (4)**, 2604 m. Von dort zweigt in westlicher Richtung der verhältnismäßig kurze Seitenkamm Glavniški Rid ab, der das Tal der Polenski-Seen von dem ausgedehnten Kessel Glavniški Cirkus mit vier Seen abtrennt. Nach etwa 10-minütigem Abstieg in einen flachen Sattel folgt ein lang gezogener Aufstieg (ca. 20 Min.) über felsige Buckel auf einen weiteren Gipfel, **Goljamata Strana (5)**, 2644 m. Hier windet sich der Hauptkamm nach Nordwest und nimmt einen wilderen Charakter an. Etwa 45 Min. lang ist die Kante wirklich scharf und stellenweise exponiert – diese Stellen heißen »Konče«. Rechts schauen wir in den Kessel Tipicki Cirkus mit zwei Seen auf Terrassen hoch über dem Valjavica-Tal. Die Gipfel **Goljam Tipic (6)**, 2645 m, und **Malăk Tipic (7)**, 2640 m, die zusammen als Tipicite bezeichnet werden, können an der südwestl. Seite traversiert werden.

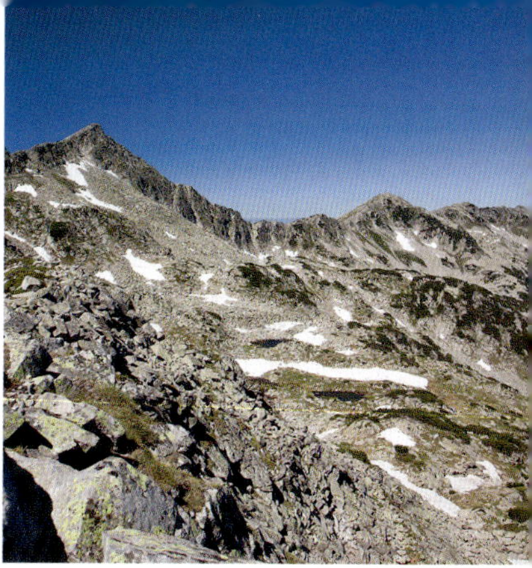

Banderiški Čukar von Süden.

Der weitere Teil des Kamms bietet eine eindrucksvolle Sicht nach Norden/Nordosten in den Vasilaški Cirkus (Tour 18). Am nächsten unter uns liegt der See Tevno Vasilaško Ezero, der zweittiefste im Pirin, 29 m. Wir traversieren an der Südseite den Gipfel **Văzela (8)**, 2620 m (evtl. Abstecher), dann steigen wir ab in den Sattel **Glavniška Porta (9)**, 2560 m. Links führt ein nicht markierter Pfad in das Tal des Flusses Glavnica, der Hauptkamm weiter direkt zum Gipfel Bănderiški Čukar, 2731 m. Wir biegen jedoch rechts ab und steigen über felsige Abhänge und Moränen (zwei schwierigere Stellen) nordwestlich in das Bănderica-Tal. Am Langen See, Dălgo Ezero, den ersten großen Bergsee der Bănderica-Seen, **Bănderiški Ezera (10)**, schließen wir uns der grünen Route der Tour 20 an und gehen bis zur **Hütte Vichren (11)**, 1950 m.

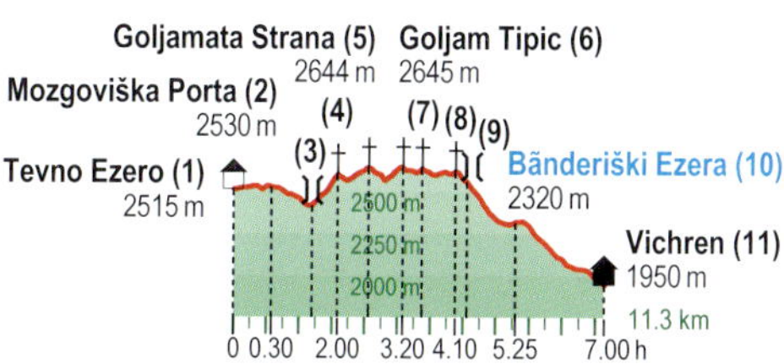

18 Seenkessel Vasilaški Cirkus

5.15 Std.

In die landschaftliche Schatzkammer des Pirin

Der Kessel Vasilaški Cirkus gilt mit Recht als einer der schönsten Hochgebirgskessel im Pirin. Er liegt nördlich vom Hauptkamm des Gebirges und wird von den Gipfeln Tipicite (Malăk Tipic und Goljam Tipic) und Văzela sowie von Westen von einem Seitenkamm des Gipfels Todorin Vrăh umgrenzt. Hier sind auf mehreren mächtigen Terrassen insgesamt 12 Seen einschließlich der zwei »Todoras Augen« im oberen Teil (Tour 19) verstreut. Die weitere Route führt uns zu den drei größten Seen im Kessel, deren Szenerie zu den wirklichen landschaftlichen Kostbarkeiten gehört. Im Rahmen des Nationalparks Pirin ist dieses Gebiet Bestandteil des kleinflächigen Reservats Julen.

Ausgangspunkt: Hütte Demjanica, 1895 m. Zugang mit Geländewagen oder 8 km zu Fuß, vgl. Tour 16.
Anforderungen: Leicht bis mittelschwer mit erheblicherer Höhendifferenz, kann aber mit leichter Ausrüstung absolviert werden. Der Abschnitt Gorno Ezero – Tevno Vasilaško Ezero ist unmarkiert.

Höchster Punkt: Tevno Vasilaško Ezero, 2430 m.
Höhenunterschied: 550 m.
Übernachtung/Einkehr: Hütte Demjanica.
Variante: Aufstieg nur bis zum Gorno Ezero (insgesamt leichter und ca. 2.00–2.30 Std. kürzer).

Von der **Hütte Demjanica (1)** gehen wir der grün-gelb-blauen Farbkombination der Wanderwegmarkierung folgend in südlicher Richtung durch das Valjavica-Tal aufwärts. Nach einer Weile biegen wir jedoch vom Hauptweg im Tal nach rechts ab **(2)** und steigen auf dem grün markierten Pfad in die steile bewaldete westliche Berglehne ein. Der Wald hier wird vor allem von herrlichen Kiefern gebildet. Nach etwa einer halben Stunde überqueren wir den Bach Vasilaška Reka und befinden uns auf der malerischen Hochwiese Južnija Žabarnik (auch Dălga Vasilaška Poljana genannt). Den Namen hat sie nach dem häufigen Vorkommen von Fröschen. Nördlich von der Almwiese, ca. 15 Min. auf unmarkiertem Pfad, ragt der isolierte Felsblock Pogledec empor, von dem aus man zum ersten Mal das schöne Panorama des Demjanica-Tals mit dem gegenüberliegenden Massiv des Izvorec, 2753 m, und

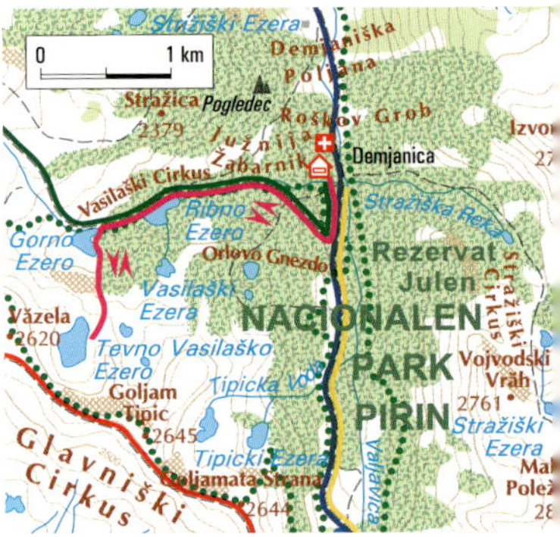

dem südlich anschließenden zackigen Kamm Stražite, »Wächter«, bewundern kann, dessen Felstürme wirklich an postierte Wächter erinnern. Ganz rechts erblicken wir die Poležan-Gruppe, 2851 m, und den Vojvodski Vrăh, 2761 m. Diese Szenerie eröffnet sich aus einem etwas anderen Winkel etwas später, wenn uns die grüne Markierung auf der Hauptroute – zuerst noch durch den Wald und dann durch Knieholz – zum ersten der Vasilaški-Seen führt. Der **Ribno Ezero (3)** oder »Fischsee«, 2140 m, sammelt als der am niedrigsten gelegene See das Wasser aus dem ganzen Kessel und leitet es unter seinem stirnseitigen Moränenwall nun als Bach Vasilaška Reka hinunter ins Tal. Der See selbst ist 325 m lang, 177 m breit und bis zu 2,5 m tief, hat eine Fläche von 3,6 ha,und ist sehr reich an Forellen und anderen Fischarten. Auf einer Terrasse südlich von hier liegt der etwas kleinere, nur wenig besuchte See Dagovidnoto Ezero, »Regenbogensee«.

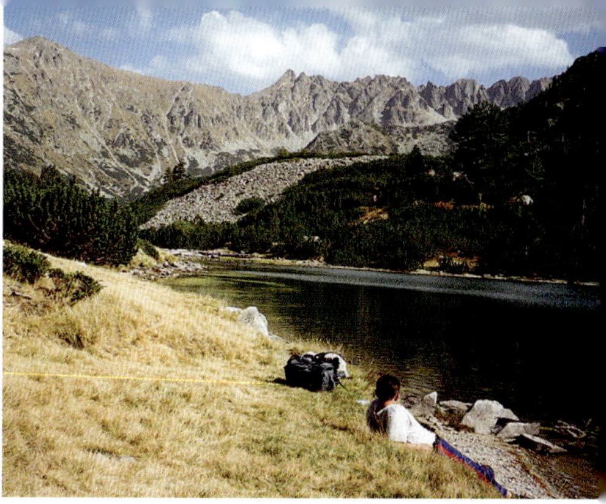

Nachmittägliche Rast am See Ribno Ezero, im Hintergrund links der Izvorec, rechts der Kamm Stražite.

Nach 15–20 Min. Marsch vom Ribno Ezero mit der grünen Markierung kommen wir zum See **Gorno Ezero (4)**, 2220 m, welcher mit seiner Fläche von 2,3 ha der drittgrößte im Vasilaški Cirkus ist. Seine Länge beträgt 235 m, die Breite 212 m und die größte Tiefe 3,1 m. Er hat smaragdgrünes Wasser, was teilweise auch seine schattige Lage am Fuße mächtiger mit Knieholz bewachsener steiniger Abhänge bewirkt. Erfahrene Wanderer mit Orientierungssinn können von hier in rund einer Stunde (vom südöstlichen Ufer des Sees durch die linke Geröllrinne) ohne Markierung bis auf die hängige obere Terrasse des Kessels unter den Hauptkamm aufsteigen, wo sich in Höhe von 2430 m der wunderschöne See **Tevno Vasilaško Ezero (5)**, der größte aller Vasilaški-Seen, befindet. Er ist 88 m lang, 215 m breit, hat eine Fläche von 6,4 ha und mit seiner Tiefe von 29 m gleich nach dem Popovo-See der zweittiefste See im Pirin. Das imposante Amphitheater der umliegenden Gipfel gehört zum Besten, was das Gebirge bieten kann. Die Rückkehr erfolgt auf demselben Weg.

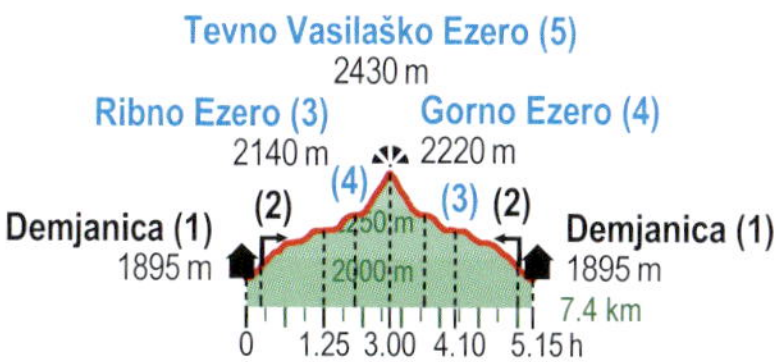

19 Malka Todorka, 2712 m, und Todorin Vrăh, 2746 m

6.30 Std.

Auf den Spuren alter Legenden zu herrlichen Aussichten

Die Tour ermöglicht, den sehr interessanten Seitenkamm Todorino Bilo, der vom Gipfel Văzela aus in Richtung Norden aus dem Pirin-Hauptkamm heraustritt, kennenzulernen. Die Namen der drei Gipfel und mehrer Lokalitäten in diesem Gebiet haben ihren Ursprung in alten Legenden. Eine von ihnen berichtet von der tapferen bulgarischen Patriotin Todora, die sich auf der Flucht vor den osmanischen Verfolgern von den Felsen des jetzigen Todorin Vrăh stürzte. Nach einer anderen Sage lebte einst im Demjanica-Tal das schöne Mädchen Todorka, die den armen Schäfer Vasil liebte. Ihre Eltern waren jedoch der Liebe der beiden jungen Leute nicht wohlgesonnen und wollten der Heirat nicht zustimmen. Die unglückliche Todorka ging weg in die Berge, und die Tränen, die sie hier vergoss, ließen die beiden ovalen Seen entstehen, die jetzt den Namen Todorkas Augen tragen (Todorini oči, auch »Očite na Todorka«). Schließlich entschloss sich das verzweifelte Mädchen, freiwillig aus dem Leben zu scheiden, und sprang in die Tiefe. Als Vasil ihren toten Körper fand, ertränkte er sich in seiner Trauer in einem der weiter unten gelegenen Seen, die daraufhin nach ihm benannt wurden: Vasilaški Ezera.

Ausgangspunkt: Hütte Demjanica, 1895 m. Zugang mit Geländewagen oder 8 km zu Fuß, vgl. Tour 16.
Anforderungen: Gipfeltour mit erheblicher Höhendifferenz, aber technisch verhältnismäßig leicht. Teilweise ohne Markierung, Orientierungssinn ist erforderlich. Treten Sie die Tour nur bei gutem Wetter an!
Höchster Punkt: Gipfel des Todorin Vrăh, 2746 m.
Höhenunterschied: 970 m.
Übernachtung/Einkehr: Hütte Demjanica.
Variante: Aus der Niederung Ovča Poljana Abstieg in nordöstlicher Richtung zum Kessel Strižiški Cirkus; hier dann auf einem sichtbaren unmarkierten Pfad entlang zwei größerer Seen und des Bachs Strižica (auch Strižiška Reka genannt) hinunter ins Demjanica-Tal, dort auf dem Hauptweg nach rechts und der blauen Markierung folgend hinauf zur Hütte Demjanica. Insgesamt um 1.30–2.00 Std. länger mit mehr Höhendifferenz. Nur für wirklich erfahrene Wanderer geeignet, stellenweise erschwerte Orientierung. In dem abgelegenen Kessel Strižiški Cirkus halten sich oft Bären auf.

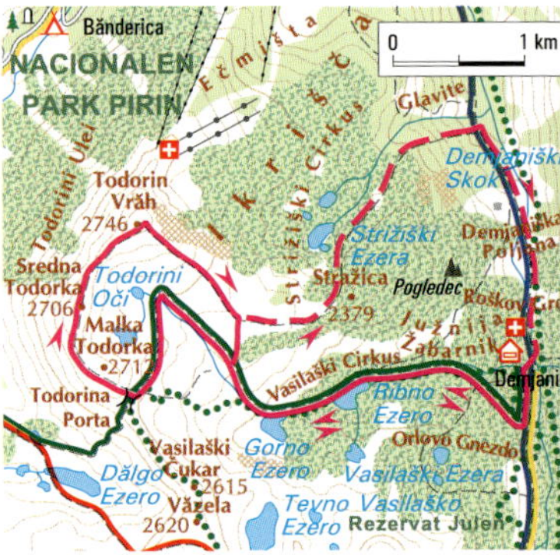

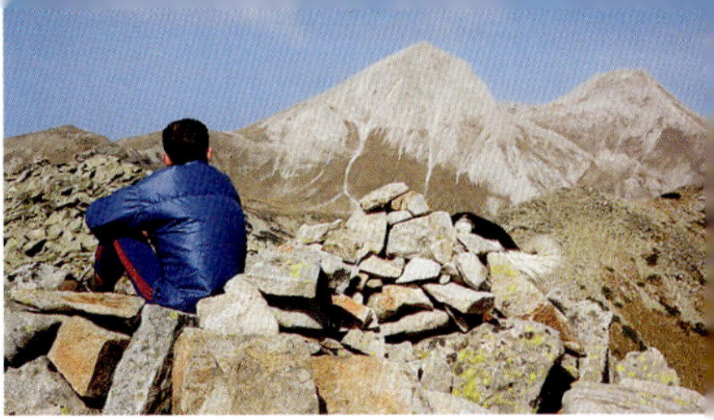

Auf dem Gipfel Malka Todorka, im Hintergrund links der Vichren, rechts der Kutelo.

Der erste Abschnitt der Tour von der **Hütte Demjanica (1)** bis zum See Gorno Ezero im Mittelteil des Kessels Vasilaški Cirkus ist identisch mit Tour 18. Wir folgen der grünen Markierung bergan bis zum Abschluss des Kessels. Nach und nach erscheint vor uns der ganze Kamm, auf den wir aufsteigen wollen, und die rückwärtigen Aussichten zum Massiv Izvorec – Stražite – Vojvodski Vrăh werden immer beeindruckender. Auf der rechten Seite erblicken wir die im Kessel direkt unter dem ausladenden Berg Todorin Vrăh gelegenen Seen **Todorini Oči (5)**. Der grün markierte Pfad steigt ständig an bis zum Sattel **Todorina Porta (6)**, 2580 m, von wo der Abstieg in das Bănderica-Tal und zur Hütte Vichren beginnt (Tour 20). Wir biegen jedoch vom Sattel aus, eventuell schon ein Stück vor diesem, nach rechts ab und steigen ohne Markierung über Steine und Felsbrocken auf den nahen Gipfel **Malka Todorka (7)**, 2712 m, von dem sich zum ersten Mal eine wunderbare Aussicht in Richtung Westen eröffnet. Über das Bănderica-Tal hinweg sind die Gipfel Graniten, 2669 m, Gredaro, 2605 m, und Chvojnati Vrăh, 2635 m, gut zu sehen, in der Ferne die Marmor-«Zwillinge« Vichren, 2914 m, und Kutelo, 2908 m. Wir folgen weiter den Todorino Bilo in nördlicher Richtung zum **Sredna Todorka (8)**, 2706 m. Hinter diesem windet sich der Kamm nach Nordost, sein Scheitel verbreitert sich und nimmt eher grasiges Gepräge an. Nach rund 1.00 Std. ab dem Sattel Todorina Porta erreichen wir den **Todorin Vrăh (9)**, 2746 m. Die Rundsicht gehört zu den weitläufigsten im ganzen Pirin. Im Nordwesten dominieren Vichren und Kutelo, in der Ferne im Südwesten ragt der Sini Vrăh empor, in einem südöstlichen Ausschnitt erblicken wir von links nach rechts Izvorec, Stražite, Poležan, Vojvodski Vrăh, Samodivski Vrăh und die Kamenica. Nach Norden, zur Stadt Bansko hin, neigt sich der lange Kamm Šiligarnika mit Skipisten und einem Sessellift. Im Hintergrund erheben sich die Gebirge Rila und Rhodopen. Vom Todorin Vrăh steigen wir über den Südostkamm in die flache Niederung **Ovča Poljana (10)**, ca. 2430 m, ab. Hier wenden wir uns nach Süden, um nach einer Weile auf die grüne Markierung zu stoßen, die uns durch den Vasilaški Cirkus zurück zur **Hütte Demjanica (1)** bringt.

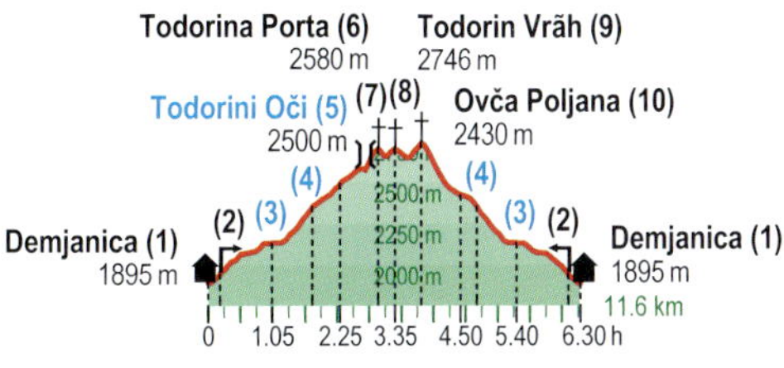

20 Von der Hütte Demjanica zur Hütte Vichren

4.45 Std.

Klassische Tour um herrliche Seen unter den höchsten Berg des Pirin

Die Verbindungsroute zwischen zwei wichtigen Hütten wird sehr oft gegangen, und das nicht zufällig: Die Hochgebirgslandschaft der Kessel Vasilaški Cirkus und Bănderiški Cirkus stellt alle charakteristischen Schönheiten des Pirin vor: vor allem einige anmutige Seen, in deren Nähe man angenehm rasten und die Atmosphäre genießen kann. Gegen Ende eröffnet sich eine schöne Aussicht auf den höchsten Berg des Pirin, den majestätischen Vichren.

Ausgangspunkt: Hütte Demjanica, 1895 m. Zugang mit Geländewagen oder 8 km zu Fuß, vgl. Tour 16.
Endpunkt: Hütte Vichren, 1950 m. Evt. Rückweg auf derselben Route (nach Übernachtung). Anschlusstouren: 21, 23, 24.
Anforderungen: Relativ leichte Hochgebirgswanderung mit einigen steileren Abschnitten. Technisch und orientierungsmäßig problemlos und auch sehr gut markiert.
Höchster Punkt: Sattel Todorina Porta, 2580 m.
Höhenunterschied: 700 m im Aufstieg, 650 m im Abstieg.
Übernachtung/Einkehr: Hütte Demjanica, Hütte Vichren.

Der Aufstieg von der **Hütte Demjanica (1)** mit der grünen Wegmarkierung durch den Kessel Vasilaški Cirkus entlang der Seen Ribno Ezero, Gorno Ezero und Todorini Oči bis zum Sattel **Todorina Porta (5)**, 2580 m, ist ausführlich im Rahmen der Touren 18 und 19 beschrieben. Der Sattel Todorina Porta, der höchste Punkt der Tour, befindet sich im nördlichen Seitenkamm des Hauptkamms zwischen den Gipfeln Vasilaški Čukar, 2615 m, links, und Malka Todorka, 2712 m, rechts; möglicher Aufstieg ohne Markierung, Tour 19). Vom Sattel bieten sich Ausblicke nach Osten (Izvorec, Stražite, Poležan, Vojvodski Vrăh), nach Südosten (Samodivski Vrăh, Momin Dvor, Tipicite) und insbesondere nach Südwesten in den oberen Teil des Kessels **Bănderiški Cirkus (6)** mit mehreren Seen, über denen sich imposant die Gipfel Bănderiški Čukar, 2731 m, und Dončovi Karauli, 2633 m, erheben. Nach einer kurzen Pause können wir den Abstieg auf diese Seite über grün markierte Serpentinen beginnen, die später in eine lang gezogene, leicht abwärtsführende Traverse oberhalb des größten der Gruppe der etwa zwan-

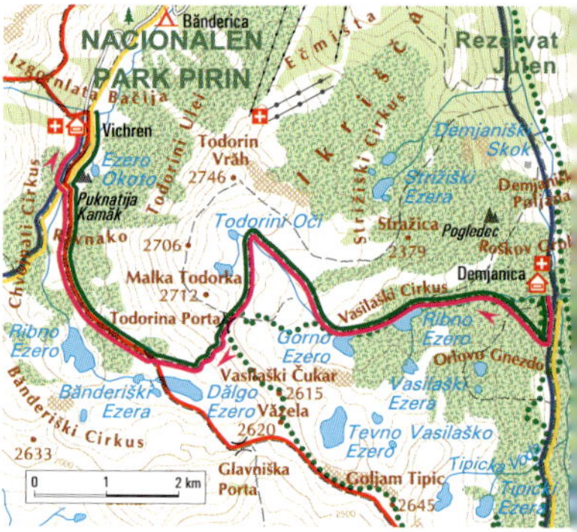

zig Bănderica-Seen (Bănderiški Ezera) übergehen. Der See Dălgo Bănderiško Ezero (Langer Bănderica-See) hat, wie der Name andeutet, eine deutlich lang gestreckte Form. Er ist 450 m lang, 150 m breit und maximal 10 m tief. Von der Südwestseite her umgeht den See der vom Sattel Glavniška Porta kommende rot markierte Pfad (Tour 17), der sich etwas weiter unten an dem kleineren Žabeško Ezero mit unserer grünen Markierung verbindet. Sein relativ warmes Wasser bietet günstige Lebensbedingungen für Frösche. Wir steigen über eine Felsschwelle steil ab, und schon gibt es eine neue schöne Szenerie: der größte der Bănderica-Seen – der Ribno Bănderiško Ezero (auch Goljamo Bănderiško Ezero) mit der Granitpyramide des Gipfels Graniten, 2669 m, im Hintergrund. Der 384 m lange und 230 m breite See hat eine Fläche von 6,5 ha und ist maximal 12,2 m tief. Unter seiner Oberfläche tummeln sich insbesondere Forellen, deren es auch in dem weiter unten fließenden Flüsschen Bănderica reichlich gibt. Diese Plätze sind ideal, um Rast zu machen. Bis zum Ziel der Tour verbleiben noch etwa 0.45–1.00 Std.

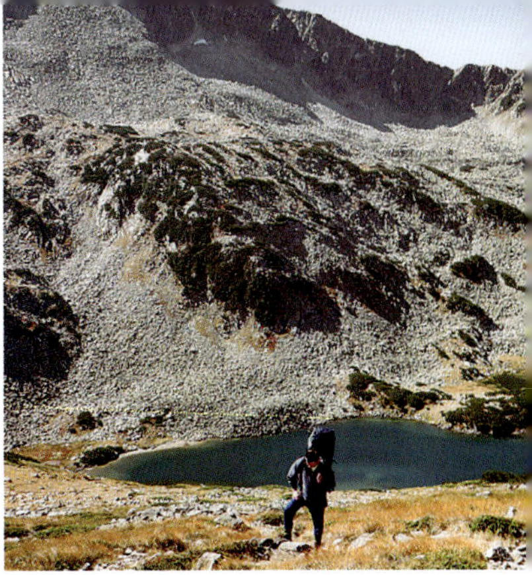

Der See Dălgo Bănderiško Ezero, über ihm der Bănderiški Čukar.

Wir gehen auf einem gut unterhaltenen Weg abwärts. Felsblöcke und Steinbrocken wechseln mit Knieholz und seidenweichem Gras. Hinter einer Talbiegung taucht bald der schneeweiße Marmorkegel des Vichren auf. Rechts von der ausgeprägten Felsklippe **Puknatija Kamăk (7)** – von links binden sich die vom Sattel Bănderiška Porta kommende blaue und gelbe Markierung an, s. Tour 21 – kann man einen kurzen Abstecher zum idyllischen kleinen See Okoto machen, der auf einer niedrigen Terrasse unterhalb der Westhänge des Todorin Vrăh knapp 5 Min. vom Hauptweg im Tal liegt. Der See hat eine ovale Form und ist von drei Seiten mit Knieholz umgeben. Seine ohnehin schon kleine Fläche verkleinert sich durch ständiges Eintragen von Geröll. Nach ungefähr 15 Min. gelangen wir schließlich zur **Hütte Vichren (8)**, 1950 m. Aufgrund der guten Zufahrtstraße von Bansko ist es hier vor allem an den Wochenenden sehr lebhaft.

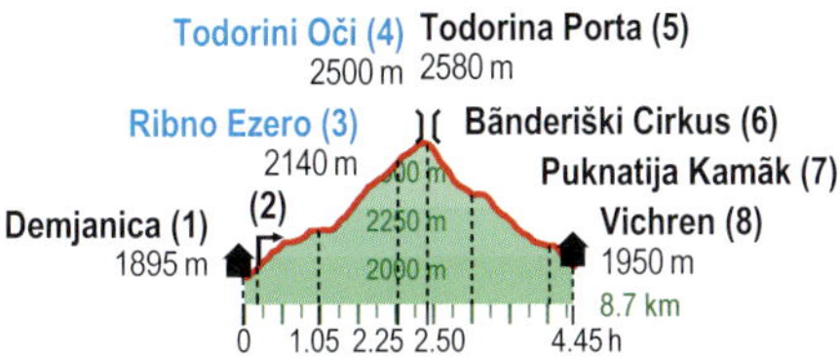

21 Von der Hütte Vichren zur Hütte Sini Vrăh

5.00 Std.

Attraktive Hochgebirgswanderung für Feinschmecker

Die beschriebene Tour stellt eine sehr dankbare Möglichkeit des Übergangs von der Ostseite auf die Westseite des Pirin-Hauptkamms dar. Sie zeichnet sich durch häufige Änderungen der Gebirgsszenerien aus, wobei sie in einem landschaftlich ganz außerordentlichen Gebiet endet, unter der eleganten Marmorpyramide des Sini Vrăh (Näheres dazu siehe auch Tour 9).

Ausgangspunkt: Hütte Vichren, 1950 m, die meistbesuchte Hütte im Pirin. Anreise mit Pkw oder Bus zumindest bis 3 km vom Ausgangspunkt. Bus von Bansko: zuerst 14 km zur Hütte Bănderica, 1770 m (Haltestelle, großer Parkplatz), weiter auf einer noch guten Asphaltstraße bis zur Hütte Vichren (kleiner Parkplatz, privater Verkehr auf Schlussabschnitt teils eingeschränkt). Aufstieg von Bansko zu Fuß mit der gelben Markierung durch das Bănderica-Tal ca. 5.00 Std., Höhendifferenz über 1000 m.
Endpunkt: Hütte Sini Vrăh, 2200 m. Evtl. Rückweg auf derselben Route bzw. Variante (nach Übernachtung). Anschlusstouren: 9, 22.
Anforderungen: Mittelschwere Tour, die durchweg auf gut markierten Bergwegen und -pfaden verläuft. Bei unsicherem Wetter ist die Variante 2 zu empfehlen.
Höchster Punkt: Banderiška Porta, 2510 m.
Höhenunterschied: 620 m im Aufstieg, 370 m im Abstieg.
Übernachtung/Einkehr: Hütte Vichren, Hütte Sini Vrăh.
Varianten: 1. Vom Sattel Bănderiška Porta, 2510 m, Aufstieg auf den Graniten (Muratov Vrăh), 2669 m; ohne Markierung zuerst auf einem grasig-steinigen, später felsigeren Kamm nach Norden, direkt auf den Gipfel – schöne Fernblicke, Rückkehr auf demselben Weg, ca. 1.00–1.30 Std. mehr, nur bei perfektem Wetter empfehlenswert.
2. Vom Sattel Bănderiška Porta mit der gelben Markierung in das Kar Goljamo Spano Pole absteigen – entlang der Seen von Spano Pole zur Weggabelung und von dort erst mit der roten Markierung nach rechts in den Sattel Sinivrăški Preval, zurück auf die Hauptroute (s. Touren 7 und 8).

Von der **Hütte Vichren (1)** folgen wir der blauen und gelben Markierung in südwestlicher Richtung ins Bănderica-Tal. Bald kommt man auf die kleine Hochebene **Ravnako (2)**. Sie bildete früher den Grund eines Bergsees. Heute ist hier eine schöne Wiese mit einer Menge kleinwüchsigen Grüns. Der Pfad hält sich noch eine Weile am linken Ufer des Flüsschens Bănderica, aber dann steigt er schon steil über eine mächtige Felsschwelle in den Seitenkessel **Chvojnati Cirkus (3)**, der unter den Gipfeln Chvojnati Vrăh, 2635 m, Graniten, 2669 m, und Dončovi Karauli, 2633 m, sehr nahe am Pirin-Hauptkamm liegt.

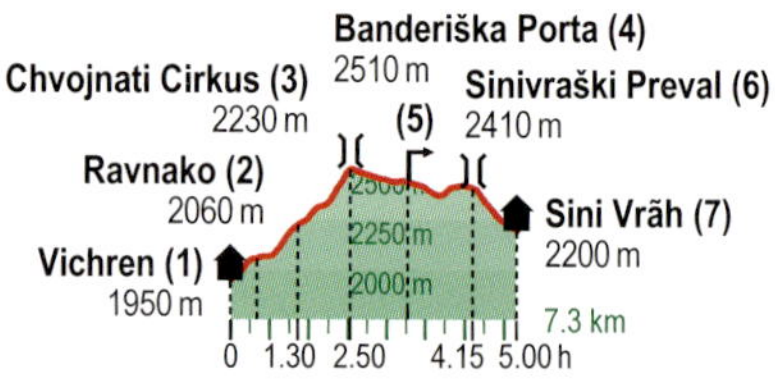

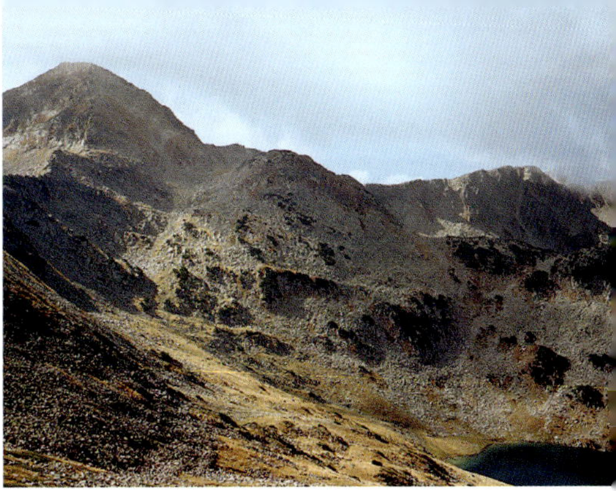

Der Graniten (links) von Norden, rechts der Kamm Gredaro und hinter ihm der Kamm Sinivrăško Bilo in Richtung zur Georgijca, rechts unten der größte der Vlachinski-Seen.

Hier befinden sich vier Seen, von denen der größte und schönste der erste ist, zu dem wir nach einem Marsch von etwa 1.15 Std. gelangen. Der Chvojnato Ezero misst in der Länge 133 m, in der Breite 114 m, und seine größte Tiefe beträgt 3,2 m. Vom See aus führt ein nicht markierter Weg in nordwestlicher Richtung zum Sattel Vlachinski Preval, auf dessen anderer Seite der sehr schöne Seekessel Vlachinski Cirkus liegt (Möglichkeit des Übergangs zu den Orlite-Felsen und Anschluss an die Tour 22). Die blaue und gelbe Markierung führen jedoch weiter nach Südwesten, um uns vorbei an weiteren kleineren Seen und zum Schluss durch eine mächtige Geröllrinne nach insgesamt ca. 2.00 Std. in den Sattel **Bănderiška Porta (4)**, 2510 m, zu führen. Von hier eröffnen sich schöne Ausblicke: Rechts vom Kamm Dončovi Karauli ragt der Gipfel Spanopolski Čukar, 2576 m, auf, unter dem das Kar Goljamo Spano Pole mit den gleichnamigen Seen liegt (Variante 2). Im Südwesten sind zum ersten Mal die Georgijca, 2598 m, und der Sini Vrăh, 2516 m, zu sehen.

Bei gutem Wetter und klarer Sicht können wir nun entweder mit der blauen Markierung in der Traverse des Kamms Sinivrăško Bilo weitergehen oder ohne Markierung (stellenweise Steinmänner) direkt auf dem Kamm über den ausgedehnten Gipfel Georgijca – es bieten sich Ausblicke nach Norden in den Kessel Georgijski Cirkus mit weiteren Seen und zur Vichren-Kutelo-Gruppe; von der blauen Markierung ist ein Abstecher **(5)** auf die Georgijca möglich – bis in den Sattel **Sinivrăški Preval (6)**. Von dort bleibt uns nur noch ein etwa 45-minütiger Abstieg nach rechts zur **Hütte Sini Vrăh (7)**.

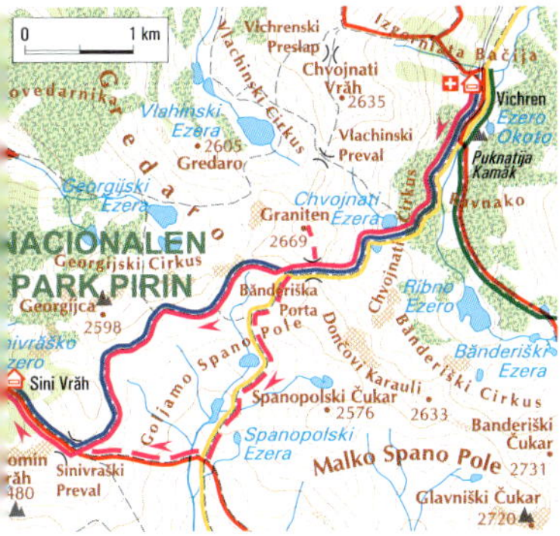

22 Von der Hütte Sini Vrăh zur Hütte Javorov

8.00 Std.

Eine Wanderung durch den abgelegenen nordwestlichen Teil des Pirin

Die weiter beschriebene Route ermöglicht uns, den touristisch sehr wenig frequentierten nordwestlichen Teil des Pirin kennenzulernen und den Hauptkamm in der Nähe seiner attraktivsten Partien (ausführliche Informationen darüber siehe die Touren 23 und 24) zu überschreiten.

Ausgangspunkt: Hütte Sini Vrăh, 2200 m. Zugang (mit dem Auto und zu Fuß) siehe Tour 9.
Endpunkt: Hütte Javorov, 1740 m. Evtl. Rückweg auf derselben Route (nach Übernachtung). Anschlusstour: 25.
Anforderungen: Verhältnismäßig lange Wanderung mit erheblichen Höhenunterschieden, Ausdauer und Start früh am Morgen notwendig!
Höchster Punkt: Sattel Suchodolski Preval, 2570 m.
Höhenunterschied: 900 m im Aufstieg, 1370 m im Abstieg.
Übernachtung/Einkehr: Hütte Sini Vrăh, Hütte Javorov. Notübernachtung unterwegs möglich auf Almhütten und in der Schutzhütte Bunkera.

Von der **Hütte Sini Vrăh (1)** müssen wir zunächst knapp 400 Höhenmeter auf dem rot markierten Weg im Tal des Flusses Sinivrăška Reka bis zur Weggabelung **(2)** absteigen, von wo nach rechts ein Traversenpfad (ebenfalls rot markiert) über den Seitenkamm **Sinivrăški Rid (3)** abzweigt. Auf dessen Nordseite gelangen wir in das romantische **Tal des Flüsschens Georgijca (4)**, das aus den im Kessel Georgijski Cirkus am Fuße des Berges Georgijca, 2598 m, liegenden Georgijski-Seen herabfließt.
Ein nicht markierter Pfad durch das Tal bergauf zu den Seen geht dann weiter bis in den Sattel unter der Georgijca, wo er sich an die Route der Tour 21 anschließt, was von der Hütte Sini Vrăh einen schönen abgeschlossenen Rundweg ergibt, ca. 5.00–6.00 Std. Von dem größten der Georgijski-Seen kann man auch ohne Markierung in östlicher bis nordöstlicher Richtung über den Kamm Gredaro in den benachbarten Kessel Vlachinski Cirkus hinübergehen, von wo über den Sattel Vlachinski Preval die Hütte Vichren verhältnismäßig leicht erreichbar ist (siehe Tour 21, Passage Chvojnato Ezero).

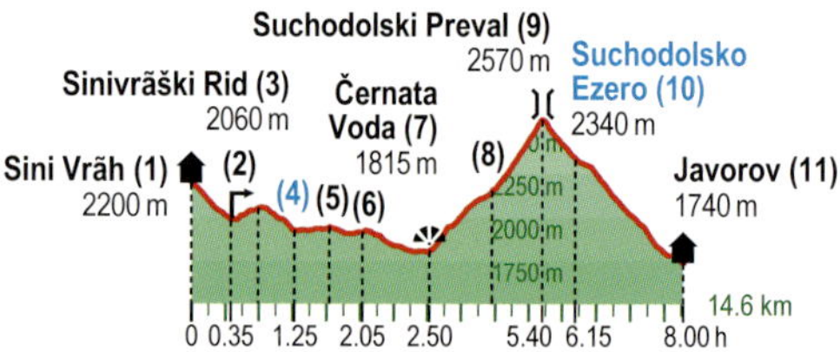

Diesmal ist allerdings unser Ziel die Hütte Javorov, und so werden wir uns im Georgijca-Tal weiter an die rote Markierung halten. Diese führt hinter einer kleinen Holzbrücke über das Wasser nach links und oberhalb des rechten Ufers des Flüsschens leicht abwärts in nordwestlicher Richtung über einen weiteren Seitenkamm mit der ausgedehnten Almwiese **Govedarnika (5)**, wo sich mehrere Almhütten befinden. Der markierte Weg verliert nach und nach an Höhe. Wir überqueren noch einen Bach, steigen kurz auf einen weiteren, **Opečen Čovek (6)** genannten wiesenartigen Rücken, und von hier aus folgt schon der mäßige Traversabstieg über die Gredaro-Nordwestflanken bis zur schönen Almwiese **Černata Voda (7)**, die am Zusammenfluss von Vlachinska Reka und Etipicka Reka direkt unterhalb des marmornen Pirin-Hauptkamms liegt. Das Flüsschen Vlachinska Reka erscheint hier nach etwa 200 Metern unterirdischen Laufs erneut an der Oberfläche. An seinem linken Ufer (links von der Weggabelung) reihen sich einige Almhütten.

In Richtung Osten, unter die mächtigen Abhänge des Kutelo und des Vichren, führt ein unmarkierter Weg in den Vlachinski Cirkus und in den Sattel Vlachinski Preval. Wir folgen jedoch der gelb-roten Markierung nach Nordosten und gehen steil nach oben entlang der sehenswerten Felsformationen **Orlite**, die auf einer Fläche von ca. 10 ha zum Naturdenkmal erklärt worden sind. Auf der Almwiese **Etipica (8)** befinden

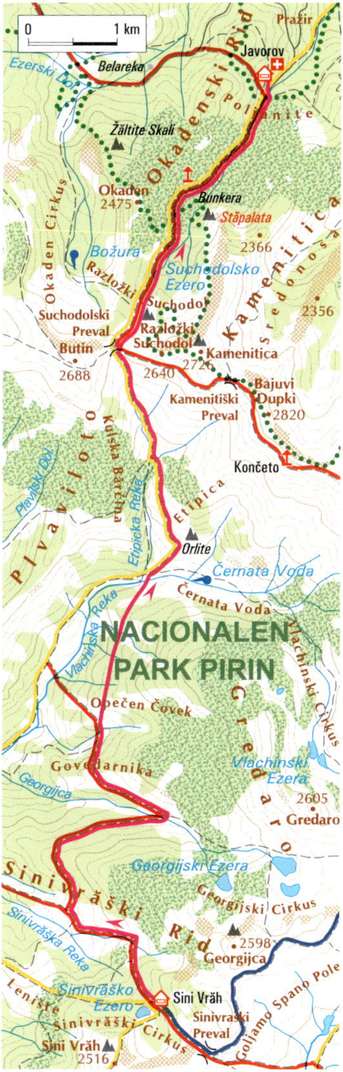

sich weitere alte Almhütten. Der Pfad geht weiterhin bergauf über grasige und später steinige Hänge bis auf den Hauptkamm, in den Sattel **Suchodolski Preval (9)**, 2570 m (von Černata Voda ca. 2.00–3.00 Std.), der zwischen den Gipfeln Butin, 2688 m, links, und Razložki Suchodol, 2640 m, rechts, liegt. Hier schließen wir uns der Route der Tour 24 an und steigen zusammen mit der roten Markierung durch den Kessel Razložki Suchodol mit dem malerischen See **Suchodolsko Ezero (10)** und entlang der Schutzhütte Bunkera (ehemalige Erdhütte der Partisanen) bis zur **Hütte Javorov (11)**, 1740 m, ab.

Der malerische Hochgebirgssee Suchodolsko Ezero.

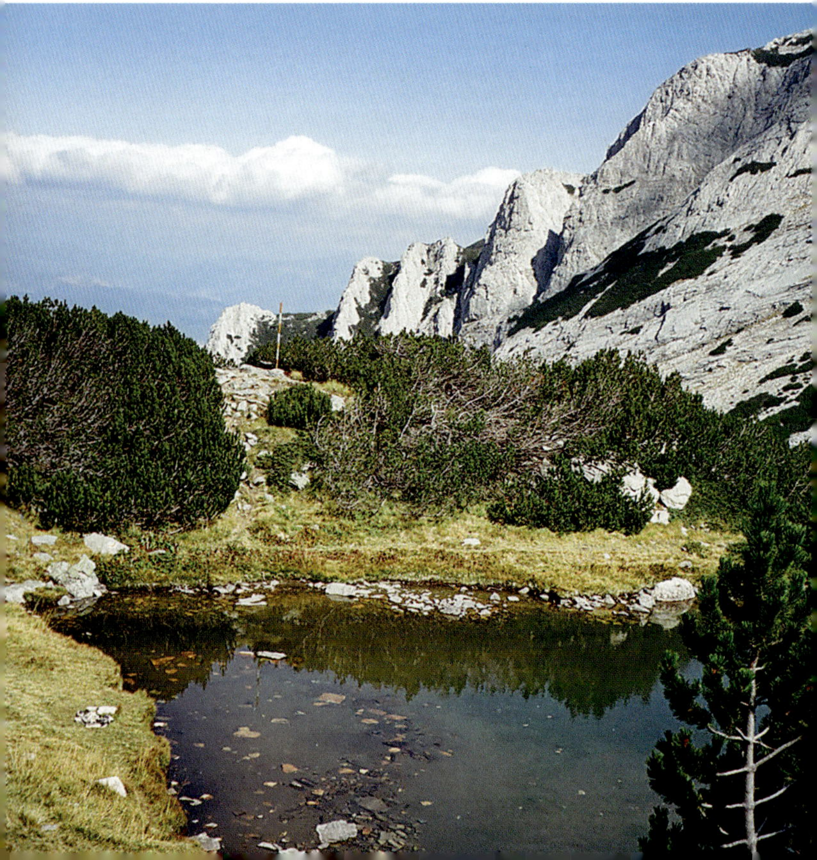

6.30 Std.

Vichren, 2914 m

23 TOP

Auf die höchste Spitze des Pirin-Gebirges

Der Marmorgigant Vichren, 2914 m, ist der höchste Berg des Pirin. In Bulgarien gehört ihm der zweite Platz nach dem Musala im Rila-Gebirge, 2925 m (Näheres siehe Tour 45), und auf dem ganzen Balkan der dritte Platz hinter dem Mytikas, 2917 m, in dem das berühmte Massiv des griechischen Olymps gipfelt. Und gerade den Olymp kann man angeblich vom Vichren aus bei besonders ausgezeichneter Sicht erblicken – in südsüdwestlicher Richtung in einer Entfernung von etwa 200 km. Unter normalen Bedingungen sind wenigstens die benachbarten Gebirge Rila und Rhodopen und selbstverständlich auch die meisten Gipfel des Pirin zu sehen. Ein Vorteil der beschriebenen Tour ist ihr Rundwegcharakter und damit auch die Möglichkeit, sie mit leichter Ausrüstung zu absolvieren.

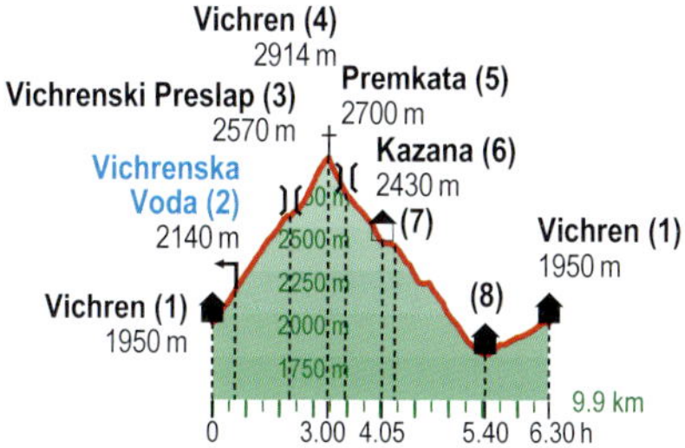

Ausgangspunkt: Hütte Vichren, 1950 m. Zugang mit Pkw oder Bus zumindest bis 3 km vor der Hütte, siehe Tour 21. Direkt an der Hütte am Ende der Straße befinden sich der Parkplatz und die Wanderwegweiser.

Anforderungen: Physisch verhältnismäßig schwere Tour mit großer Höhendifferenz. An einigen Stellen ist zum Vorwärtskommen Unterstützung mit den Händen notwendig; die Wegemarkierung ist sehr gut. Antritt früh am Morgen und nur bei günstigem Wetter.

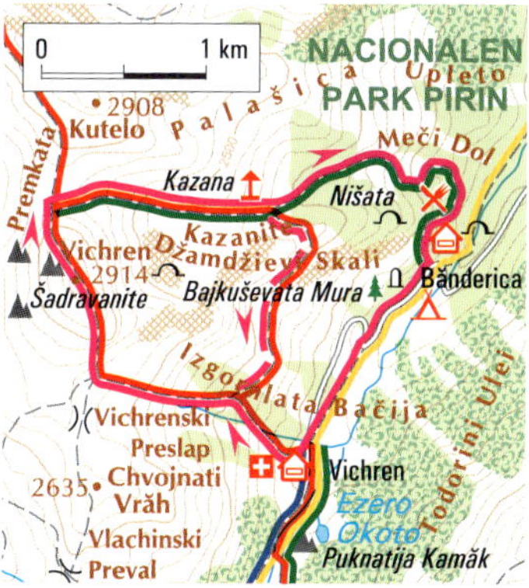

Höchster Punkt: Vichren, 2914 m.

Höhenunterschied: 1170 m (einschließlich des letzten Abschnitts ab der Hütte Bănderica).

Übernachtung/Einkehr: Hütte Vichren, Hütte Bănderica. Imbiss ist auch am Imbissstand am Parkplatz unterhalb der Hütte Bănderica möglich.

Variante: Von der Schutzhütte Kazana kann man auch mit der roten Markierung über die Felsen Džamdžievi Skali (entgegen der Richtung der Tour 24) direkt zur Hütte Vichren absteigen. Die Variante ist insgesamt um ca. 1.00–1.30 Std. kürzer, die Höhendifferenz beträgt etwa 1000 m.

Von der **Hütte Vichren (1)** brechen wir mit der roten Markierung nach Nordwest auf einem gut erkennbaren Weg auf, der praktisch gleich von Anfang an zwischen Knieholz und Felsen steil ansteigt. Nach knapp einer halben Stunde überqueren wir den Bach Vichrenska Voda, und an der **Weggabelung (2)** gehen wir schräg links, ständig steil aufwärts weiter (nach rechts führt ein ebenfalls rot markierter Pfad zur Schutzhütte Kazana – siehe Variante und auch Tour 24). Wir bezwingen eine Menge kurzer Serpentinen, und nach einer weiteren runden halben Stunde gelangen wir auf eine kleine grasbewachsene Hochebene, von wo man zum ersten Mal interessante Ausblicke zurück ins Tal, zum gegenüberliegenden Todorin Vrăh, 2746 m, und nach Südwest zum Chvojnati Vrăh, 2635 m, genießen kann. In der Nähe befinden sich die unauffällige Quelle des Baches Vichrenska Voda und auch das erste von einer leider ziemlich großen Anzahl von kleinen Denkmälern für die Opfer des Vichren, die uns am Weg als ständiges Memento begleiten werden. Der weitere Aufstieg führt durch das trockene verkarstete Kar Vichrensko Stăpalo bis zum Sattel **Vichrenski Preslap (3)**, 2570 m, oder auch Kabata, ca. 2.00 Std., im Hauptkamm des Pirin. Gerade hier endet der südlich liegende Granitteil des Gebirges und es beginnt der strahlend weiße Marmor. Der Übergang zwischen beiden Gesteinen ist scharf und sehr gut sichtbar. Vom Sattel aus sind auch die Vlachinski-Seen auf der Westseite des

Der Berg Vichren erhebt sich direkt über der gleichnamigen Hütte.

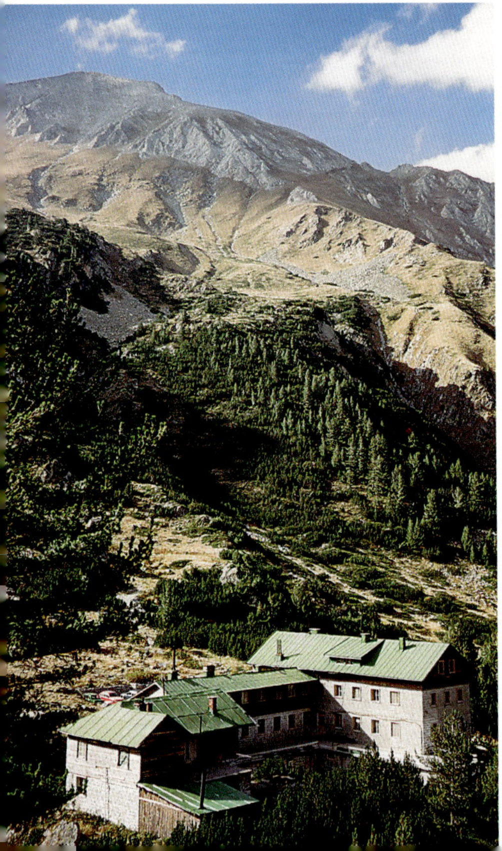

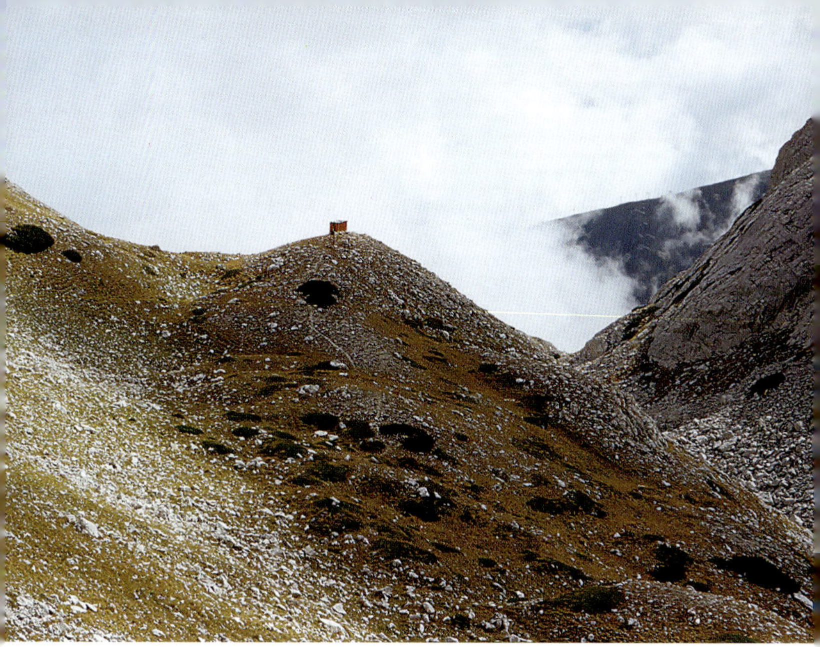

Die Schutzhütte Kazana.

Kamms sowie die südlich dominierenden Gipfel Graniten, 2669 m, und Gredaro, 2605 m, gut zu sehen. Uns erwartet allerdings nun der lang gezogene Aufstieg auf die mächtige Gipfelpyramide des **Vichren (4)**, 2914 m, die nördlich vom Sattel aufragt. Die rote Markierung führt uns auf dem schier unendlichen felsigen Hang zuverlässig in ca. 0.45–1.00 Std. bis auf den höchsten, mit einem kleinen Steinmal markierten Punkt. Wenn uns hier nicht gerade Wolken verhüllen, ist das Gipfelpanorama wirklich faszinierend. In südwestlicher bis südöstlicher Richtung sehen wir u.a. die Berge Sini Vrăh, Graniten, Bănderiški Čukar, Momin Dvor, Samodivski Vrăh, Todorin Vrăh und Stražite. Im Nordosten erhebt sich hinter dem Tal mit dem Städtchen Bansko das ausgedehnte Rila-Gebirge und im nordwestlichen Segment des Aussichtspanoramas lässt sich links von dem Doppelgipfel Kutelo der exponierte Kamm Končeto herrlich studieren, über den die Route der Tour 24 führt. Beim Abstieg folgen wir dem Hauptkamm weiter nach Nordwesten bis zum Sattel **Premkata (5)**, 2690 m, unter dem Kutelo. Hier biegen wir dann nach rechts ab und steigen der grün-rot kombinierten Markierung folgend noch knapp 300 Höhenmeter in den monumentalen Gletscherkessel Goljam Kazan ab (vom Gipfel ca. 1.00–1.30 Std.), in dem auf einer kleinen Erhöhung

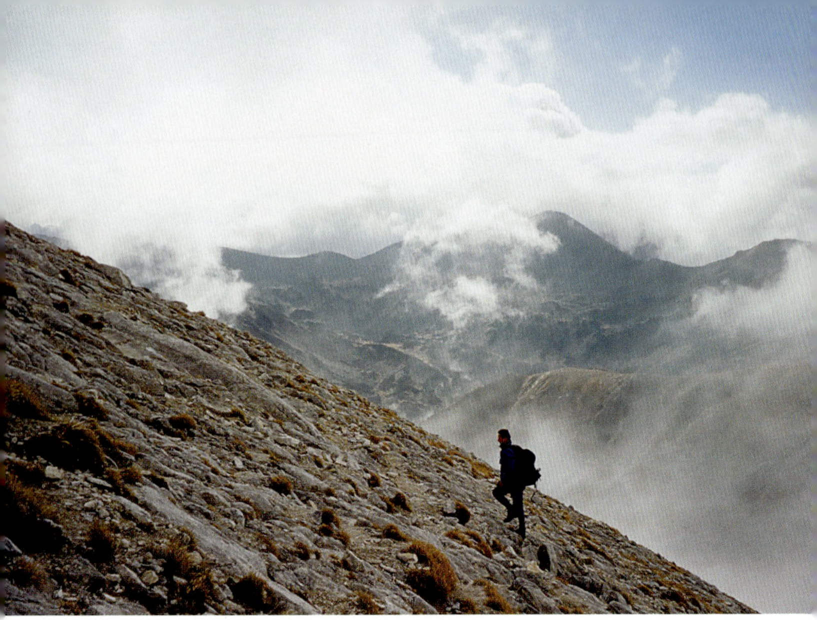

Der letzte Abschnitt des Aufstiegs.

die **Schutzhütte Kazana (6)**, 2455 m, errichtet worden ist, die bereits aus der Ferne gut zu sehen ist. Diese kleine Biwakhütte hat im Jahre 1957 die Bulgarische Akademie der Wissenschaften errichtet, ursprünglich zum Zwecke der Forschung und Langzeitbeobachtung des am unweiten Fuß der 500 m hohen Nordostwand des Vichren liegenden kleinen Gletschers bzw. eher ständigen Schneefeldes. Die Ausmaße dieses Firngebiets bleiben auch im Hochsommer rund 80 x 90 m. Die umliegende Szenerie erinnert stark an die italienischen Dolomiten, sodass es kein Wunder ist, dass diese Stelle häufiges Ziel von Bergsteigern ist. Die Nordostwand des Vichren selbst hat zum ersten Mal im September 1934 das deutsche Duo Mosel / Auer bezwungen. Unterhalb der Schutzhütte verlassen wir die rote Markierung (Variante) und steigen mit der grünen Markierung durch den Kessel Malăk Kazan ständig weiter in den Knieholz- und Waldgürtel ab, über dessen Obergrenze zahlreiche interessant verkrümmte Solitärkiefern stehen.
Der lange steile Abstieg durch die Schlucht **Meči Dol (7)** endet erst im Tal an der **Hütte Bănderica (8)**, 1770 m, die eine sehr interessante Umgebung hat. Ein Stück unterhalb der Hütte, am Anfang des sogenannten Bănderica-Canyons, befindet sich eine der größten Klufthöhlen im Pirin mit fünf Wasserfällen und einer Reihe von Marmorfelsformationen. Über der Straße durch

das Tal aufwärts, etwa 10 Min. Fußweg von der Hütte, steht – mithilfe einer Holztreppe und Besichtigungsplattform erreichbar – die älteste Pirinkiefer, die Bajkuševata Mura, deren Alter auf 1200–1300 Jahre geschätzt wird. Ihren Namen hat sie nach dem Förster Kostadin Bajkušev erhalten, der sie im Jahre 1897 entdeckt hat. In der Nähe steht ein Denkmal für drei bulgarische Bergsteiger, die in der Ost- bzw. Nordostwand des Vichren umgekommen sind. Der verbleibende Abschnitt des Weges zur **Hütte Vichren (1)** kann entweder auf der Straße oder überwiegend links unterhalb von ihr auf dem gelb markierten Wanderweg absolviert werden (ca. 3 km, 1.00 Std.).

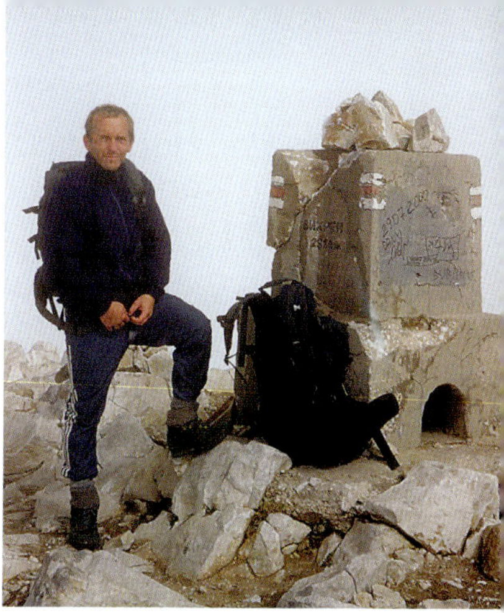

Auf dem Gipfel des Vichren steht ein kleines Steinmal.

Die Gipfelpyramide des Vichren vom Sattel Kabata aus.

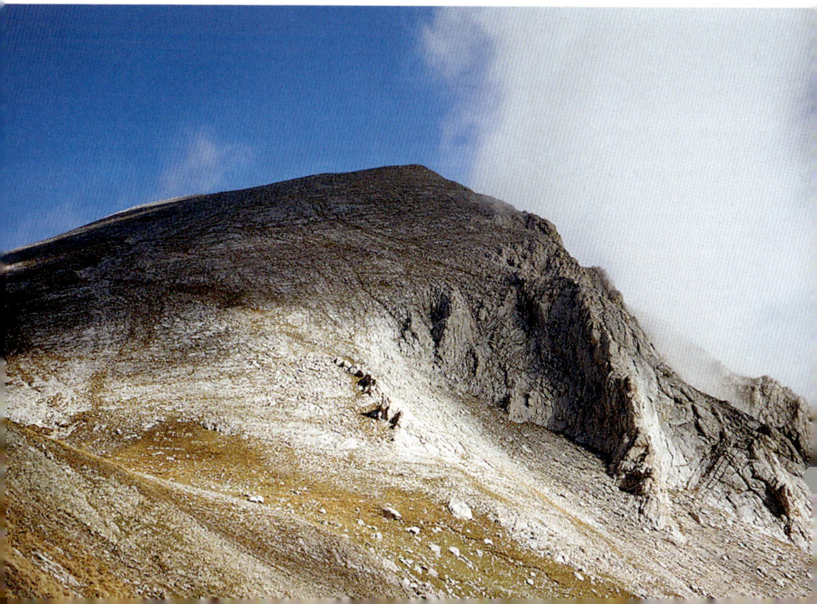

TOP 24

Von der Hütte Vichren auf dem Kamm Končeto zur Hütte Javorov

8.30 Std.

Ein unvergessliches Hochgebirgserlebnis auf scharfem Marmorkamm

Die Wanderung auf dem scharfen Marmorkamm Končeto stellt im Pirin-Gebirge ein Spitzenerlebnis dar, das sich viele nicht entgehen lassen. Und es ist wirklich faszinierend, auf der künstlich gesicherten Felskante über der viele Hundert Meter betragenden Tiefe zu schreiten, die einem stellenweise eine Gänsehaut verursacht, und die großartigen Ausblicke, sozusagen wie aus dem Flugzeug in die Umgebung zu genießen. Zum Abschluss der Tour wird die Höhendramatik durch die ruhige Idylle des Suchodolsko-Sees abgelöst.

Ausgangspunkt: Hütte Vichren, 1950 m. Zugang mit Pkw oder Bus zumindest bis 3 km vor der Hütte, siehe Tour 21. Am Ende der Straße Parkplatz/Wanderwegweiser.

Endpunkt: Hütte Javorov, 1740 m. Evtl. Rückweg über Razlog, Bansko und Hütte Banderica (nach Übernachtung). Anschlusstour: 25.

Anforderungen: Eine physisch ziemlich schwere Wanderung mit großer Höhendifferenz. An mehreren Stellen muss man die Hände zu Hilfe zu nehmen. Die exponiertesten Partien sind durch fixe Drahtseile gesichert. Gute Markierung. Antritt früh am Morgen und nur bei günstigem Wetter.

Höchste Punkte: Kamm Končeto, ca. 2800 m, der Gipfel des Banski Suchodol, 2884 m, bzw. die Gipfel Kutelo I, 2908 m, und Kutelo II, 2907 m.

Höhenunterschied: 1050 m im Aufstieg, 1260 m beim Abstieg.

Übernachtung/Einkehr: Hütte Vichren, Hütte Javorov. In der Schutzhütte Končeto Notbiwak möglich; eine Übernachtung dort einzuplanen, ist aber nicht empfehlenswert!

Varianten: 1. Vom Sattel Premkata Aufstieg auf unmarkiertem Weg zu den Kutelo-Gipfeln: Der steile Pfad mündet auf dem Kamm zwischen Kutelo II (rechts) und Kutelo I (links); hinter Kutelo I exponierter Abstieg entlang fixer Drahtseile auf den Kamm Končeto (Anschluss an die Hauptroute); ca. 1 Std. mehr.

2. Vom Sattel Kamenitiški Preval ohne Markierung direkt auf dem Kamm über die Gipfel Kamenitica und Razložki Suchodol in den Sattel Suchodolski Preval (Anschluss Hauptroute); ca. 1 Std. mehr.

3. Vom Sattel Kamenitiški Preval Abstieg auf dem mit Stangen und blauen Streifen markierten Winterweg nach Norden, später Nordosten in das Kar Kamenitica; von der Verzweigung der Täler vor einem ausgeprägten kleinen Felskamm auf den linken Weg und von der Wiese Pogledec links hinab in den Wald und zur Hütte Javorov. Ca. 30 Min. länger als die Hauptroute.

4. Aufbruch von der Hütte Bănderica zur Schutzhütte Kazana mit grüner Markierung (entgegen der Richtung von Tour 23); ca. 200 m größere Höhendifferenz.

5. Im Falle unsicheren Wetters kann der Končeto-Kamm ausgelassen und die Wanderung wie folgt absolviert werden: von der Hütte Vichren über den Sattel Vlachinski Preval, Kessel Vlachinski Cirkus und die Almwiese Černata Voda in den Sattel Suchodolski Preval, auf die Hauptroute (siehe Touren 21 u. 22); der Abschnitt Chvojnato Ezero – Vlachinski Preval – Černata Voda ohne Markierung, Zeitbedarf insgesamt 10.00–11.00 Std., Höhendifferenz insgesamt ca. 1400 m. Die Route ist jedoch viel weniger exponiert.

Hinweis: Im Abschnitt des Bachs Vichrenska Voda (oberhalb der Hütte Vichren) bis zum See Suchodolsko Ezero steht kein Wasser zur Verfügung!

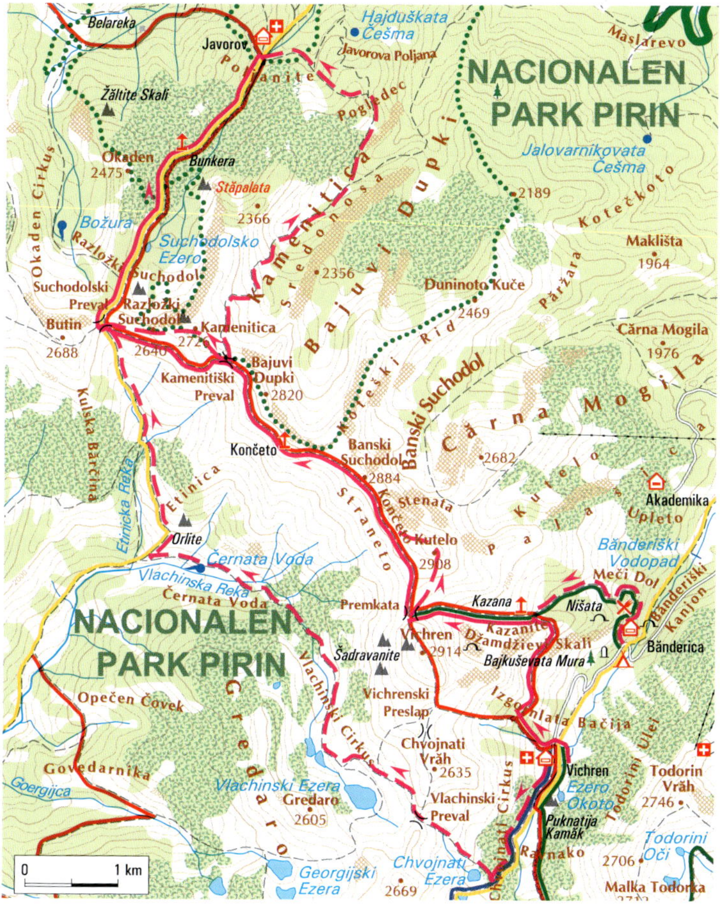

Von der **Hütte Vichren (1)** aus gehen wir zunächst gleichlaufend mit der Route der Tour 23 (Richtung zum Sattel Kabata) bergauf, an der Weggabelung **(2)** über dem Tal biegen wir jedoch nach rechts ab und folgen der roten Markierung auf einer lang gezogenen Traverse im östlichen Hang des Vichren-Massivs. Wir überqueren den Seitenkamm **Džamdžievi Skali (3)**, dessen schöne Marmorfelsen den Namen des bulgarischen Botanikers Atanas

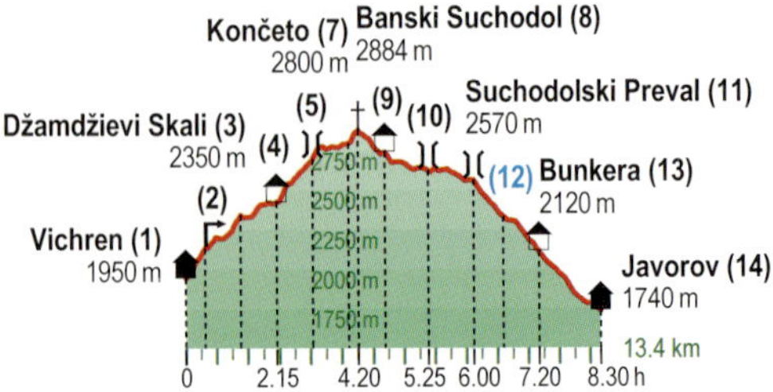

Džamdžiev tragen, der hier beim Sammeln von Enzianen tödlich verunglückt ist, und gehen abwärts unter die Nordostwand des Vichren in den Kessel Goljam Kazan, in dem auf einer kleinen Anhöhe die **Schutzhütte Kazana (4)**, 2455 m, steht (Näheres dazu siehe Tour 23). Hier verbindet sich mit unserem Weg von rechts die von der Hütte Bănderica kommende grüne Markierung (Variante 4). Zusammen mit ihr steigen wir in einer knappen Stunde in westlicher Richtung bis auf den Pirin-Hauptkamm auf, und zwar in den Sattel **Premkata (5)** in Höhe von 2690 m zwischen den Gipfeln Vichren, 2914 m, links, und Kutelo, 2908 m, rechts. Vom Sattel bietet sich eine eindrucksvolle Aussicht weiter nach Westen ins Tal des Vlachinska-Flusses (siehe Tour 22) und zu den Bergmassiven hinter ihm. Nach einer Rast können wir schon in nordwestlicher Richtung zum schönsten Abschnitt der heutigen Tour aufbrechen. Die rote Markierung traversiert durch den südwestlichen Hang des Kutelo (rechts Variante 1), wo wir bald auf die ers-

Auf dem Marmorgrat Končeto im Pirin. Im Hintergrund von links Kutelo I und Vichren.

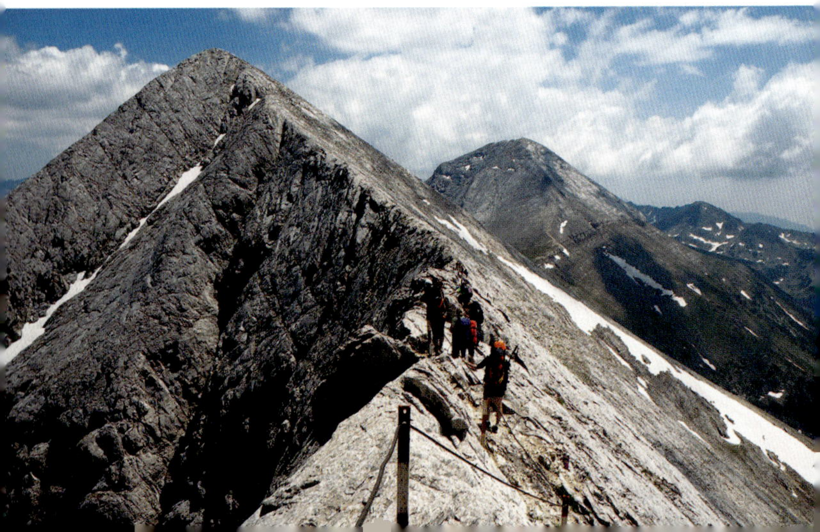

ten künstlich gesicherten Passagen mit fixen Drahtseilen treffen. Das an massiven Eisenprofilen befestigte Seilgeländer kommt hauptsächlich bei Nässe oder Vereisung gerade recht. Wenn die Marmorfelsen trocken sind, bleibt diese Sicherung eher ein zuverlässiger Anzeiger der Wegrichtung bzw. ein psychologisches Hilfsmittel. Das zeigt sich besonders in dem Moment, wenn wir uns erneut, bereits hinter dem Gipfel **Kutelo (6)**, der Kante des Kamms nähern (von rechts Variante 1) und sich rechts unter uns der Schlund der nordöstlichen senkrechten Wände in seiner scheinbar bodenlosen Tiefe öffnet. Nun muss die exponierteste Partie der Tour bezwungen werden, der etwa 200 m lange Grat des Marmorkamms **Končeto (7)**, der auch zur südwestlichen Seite (Straneto) ziemlich steil abfällt. Hinter ihm kann man sich schon weiter links von der Kante halten. Es folgt die Überschreitung des Gipfels **Banski Suchodol (8)**, 2884 m, und ein fast nicht erkennbarer Abstieg in einen kleinen Sattel unterhalb des Vorgipfels der Spitze Bajuvi Dupki, 2820 m, wo mit starken Seilen die **Notbiwakhütte Končeto (9)** verankert ist. Der rot markierte Pfad traversiert weiter links unterhalb des Kamms und fällt nach und nach ab in den flachen Sattel **Kamenitiški Preval (10)** auf 2630 m vor dem Gipfel Kamenitica, 2726 m (Variante 2; rechts Variante 3). Die rote Markierung führt von hieraus wiederum in eine Traverse links unter den Kamm, über die wir in ca. 45 Min. den Sattel **Suchodolski Preval (11)** auf der Höhe von 2570 m erreichen, der zwischen den Gipfeln Razložki Suchodol, 2640 m (im Rücken hinter uns) und Butin, 2688 m (vor uns), liegt. Von links verbindet sich mit unserem Weg die aus dem Tal des Vlachinska-Flusses (Tour 22) kommende gelbe Markierung. Wir verlassen zusammen mit ihr den Hauptkamm des Pirin und gehen nach Norden abwärts in den Kessel Razložki Suchodol (in der Ferne ist im Tal die Stadt Razlog zu sehen) zu dem malerischen See **Suchodolsko Ezero (12)**, wo man angenehm Rast machen kann. Der weitere Abstieg führt durch ein Tal zwischen dem Massiv des Okaden, 2475 m, links, und den schönen Marmorfelsen Stăpalata (rechts) zur **Schutzhütte Bunkera (13)**, die ursprünglich eine 1943 errichtete Erdhütte der Partisanen gewesen ist. Etwa 50 Meter westlich von hier befindet sich die sehenswerte solitäre Kiefer Partizanskata Mura, die 25 m hoch ist. Im verbleibenden Teil des Abstiegs (ca. 45 Min.) schreiten wir durch einen sehr schönen Nadelwald bis auf eine ausgedehnte Almwiese auf 1740 m, wo auf der linken Seite des Weges die **Hütte Javorov (14)** steht.

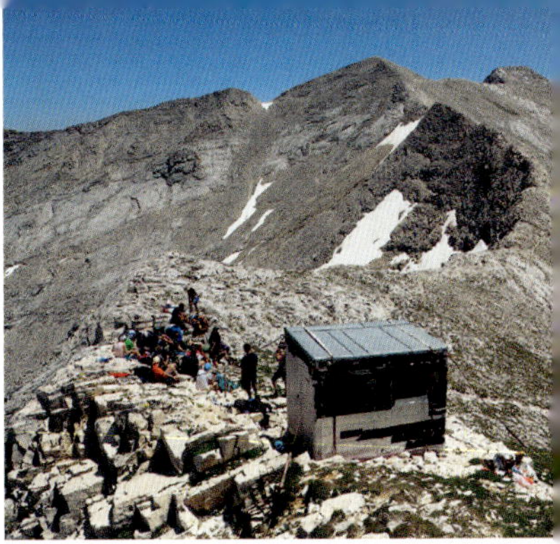

Die Schutzhütte Končeto.

25 Von der Hütte Javorov zum Sattel Predel

6.30 Std.

Quer durch das Naturreservat Bajuvi Dupki-Džindžirica

Die Tour führt durch den äußersten nordwestlichen Teil des Pirin durch das Naturreservat Bajuvi Dupki-Džindžirica. Dieses kleinflächige Schutzgebiet zeichnet sich vor allem durch ein vielfältiges Relief aus, dessen Hauptbaustein Marmor ist. An den hiesigen Karstuntergrund ist eine reiche seltene Flora und Fauna gebunden. Wirklich einzigartig sind die Kiefernwälder, in denen das Alter vieler Bäume (überwiegend Rumelische Kiefern – »bjala mura«, auch Weißrindenkiefer) 250–300 Jahre übersteigt und einige Exemplare sogar über 500 Jahre alt sind. Die Tierwelt vertreten u. a. Braunbär, Wildkatze, das gemeine Reh, Wildschwein, Auerhahn und Steinadler. Hinter dem Sattel Predel schließt sich schon das Rila-Gebirge an.

Ausgangspunkt: Hütte Javorov, 1740 m. Bis zur Hütte aus der Stadt Razlog mögliche Anreise mit dem Auto: zunächst etwa 3 km auf der Hauptstraße Richtung Predel und Simitli, dann nach links auf einer Nebenstraße durch das Bela-Reka-Tal (Weißer Fluss) zu den Almhütten Betalovoto und von dort auf einer steilen befestigten Straße links unterhalb des Kamms Okadenski Rid hinauf zur Hütte (insgesamt 17 km). Der Zugang zu Fuß von Razlog mit der gelben Markierung folgt der oben genannten Straße im Bela-Reka-Tal bis zum Brunnen Varbovec. Von dort steigt die Markierung links in den Wald auf und führt später entlang eines Bachs, um zum Schluss wieder auf der Straße zu verlaufen (von Razlog ca. 4.00–4.30 Std., Höhendifferenz 900 m). Zugang zu Fuß aus dem Gebiet des Vichren von der Hütte Vichren bzw. der Hütte Bănderica siehe Tour 24.

Endpunkt: Hütte Predel, 1050 m (Bus, Übernachtungsmöglichkeit). Evtl. Rückweg über Razlog (Bus), dann auf dem gelb-markierten Javorov-Zustieg.

Anforderungen: Relativ lange Tour mit erheblichem Höhenunterschied beim abschließenden Abstieg. Nur spärliche Markierung. Zwischen dem Bela-Reka-Tal und dem kleinen Sattel Ušicite kann es Orientierungsprobleme geben.

Höchster Punkt: Der kleine Sattel Ušicite, 2230 m, bzw. der kleine See Sălzica, 2370 m.

Höhenunterschied: 630 m im Aufstieg, 1320 m beim Abstieg.

Übernachtung/Einkehr: Hütte Javorov, Hütte Predel. Im Sattel Predel auch Gaststätten und Imbisstuben (hauptsächlich direkt an der Bushaltestelle) sowie weitere private Unterkunftsmöglichkeiten.

Variante: Von der Almwiese Padinata ohne Markierung westl., später am linken Ufer des Bachs Ezerski Dol hinauf in einen malerischen kleinen Kessel unterhalb der südöstl. Abhänge des Berges Gărbec, wo sich der kleine See Sălzica, der am nördlichsten gelegene See des Pirin, befindet. Er hat eine annähernd rundliche Form, ca. 100 x 80 m, und eine Tiefe von 2 m. Er sammelt Wasser aus dem Schnee und den Regenfällen; im Sommer trocknet er manchmal aus. Vom See gehen wir weiter nach Nordosten auf einem deutlich sichtbaren Trampelpfad, der zwischen Knieholz zunächst die Flanke des Gărbec traversiert und dann zu dem kleinen Sattel Ušicite hin abfällt, zurück auf der rot markierten Hauptroute.

Hinweis: In entgegengesetzter Richtung ist 1.00–2.00 Std. zusätzlich einzuplanen.

Die **Hütte Javorov (1)** ist nach dem bulgarischen Dichter und Revolutionär Pejo Javorov benannt. Von hier gehen wir ständig mit der roten Markierung. Zuerst steigen wir nach Nordwesten auf den bewaldeten Kamm **Okadenski Rid (2)**, dann fällt der Pfad westlich ins **Bela-Reka-Tal (3)** ab. Wir gehen jedoch nicht gleich zum Wasser hinunter, sondern halten uns mehr links (unauffällige Weggabelung), auf einem zunächst etwas höher gelegenen Weg im rechten, südlichen Hang des Tals, bis der Zusammenfluss des **Bela Reka (4)** mit dem Nebenfluss erreicht wird. Kurz oberhalb wendet sich unser Weg nach rechts und steigt allmählich über ein kleines Tal weiter in Richtung Nordosten auf die Almwiese **Padinata (5)**. Von der Padinata folgt dann ein lang gezogener Aufstieg durch offenes Gelände, später auch über Knieholz durch den Kessel Konjarnika zum kleinen Sattel **Ušicite (6)** östlich vom Gipfel Gărbec, 2597 m. Hinter uns eröffnet sich ein schöner Blick auf die Marmorkämme und Gipfel des nordwestlichen Pirin. Von dem kleinen Sattel aus ist nördlich bereits der Pass Predel zu sehen, der 1100 m niedriger liegt. Der Abstieg führt stellenweise steil durch das Waldrevier **Malka Džindžirica (7)**. Auf rund 1440 m kommen wir an einem breiten Waldweg heraus, gehen darauf links und gelangen nach ca. 30 Min. zu einer Asphaltstraße am Forsthaus **Kulinoto (8)**. Die Straße mündet später an der Stelle, wo einst ein Wachturm stand – deshalb **Kulata (9)**, kula = Turm – auf den Hauptstraßenzug Razlog – Simitli. Von hier nach links, nun sind es ca. 20 Min. bis zur Bushaltestelle im Sattel Predel (Ziel auch für Tour 41), zur **Hütte Predel (10)** sind es 1,5 km.

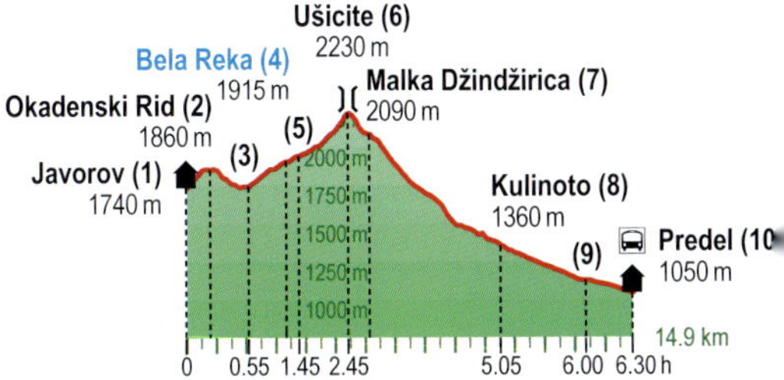

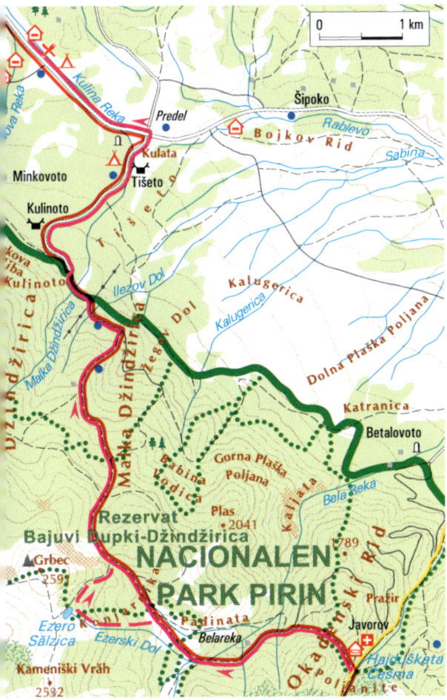

Rila

Das Rila-Gebirge erstreckt sich in Südwestbulgarien, per Luftlinie etwa 60 km südlich von der Hauptstadt Sofia. Im Westen ist es vom Tal des Flusses Struma begrenzt, im Norden durch die Flüsse Džerman und Klisurica sowie durch den Kessel von Samokov, im Nordosten durch das Tal des Flusses Marica. Im Osten wird das Rila von den Rhodopen durch die Täler der Flüsse Mesta, Ablanica und Banska Bistrica abgetrennt. Im Süden schließt im Sattel Predel das Pirin-Gebirge an. Insgesamt nimmt das Rila eine Fläche von 2629 km^2 ein. Der höchste Berg Musala, 2925 m, ist der höchste Berg Bulgariens und gleichfalls des ganzen Balkans. Gegenüber dem Pirin hat allerdings das Rila viel mehr abgerundete grasbewachsene Rücken und ausgedehnte Hochplateaus. Nur einige Partien (insbesondere das Gebiet der Maljovica) sind von ausgesprochen alpinem Charakter mit scharfen felsigen Kämmen und Gipfeln. Markant ist der häufige Kontrast flach abfallender Südhänge und steiler Nordwände, unter denen tiefe Gletscherkessel mit schönen Seen liegen. Die geologische Grundmasse des Gebirges bilden außer klassischem Granit auch kristalline Schiefer (Glimmerschiefer und Glimmer). Das Rila hat keinen typischen Hauptkamm, sondern ist in mehrere relativ selbstständige Massive gegliedert. Im Grunde gliedert sich das Gebirge in vier Hauptteile: den nordwestlichen, mittleren, südwestlichen und östlichen.

Das **nordwestliche Rila** (mitunter auch das Maljovica-Rila genannt) hat einen ausgeprägt alpinen, felsigen Charakter. Zu den bedeutendsten Gipfeln gehören hier die Maljovica, 2729 m, der Orlovec, 2685 m, der Zlija Zăb,

Über Hochplateaus zum Gipfel Kovač.

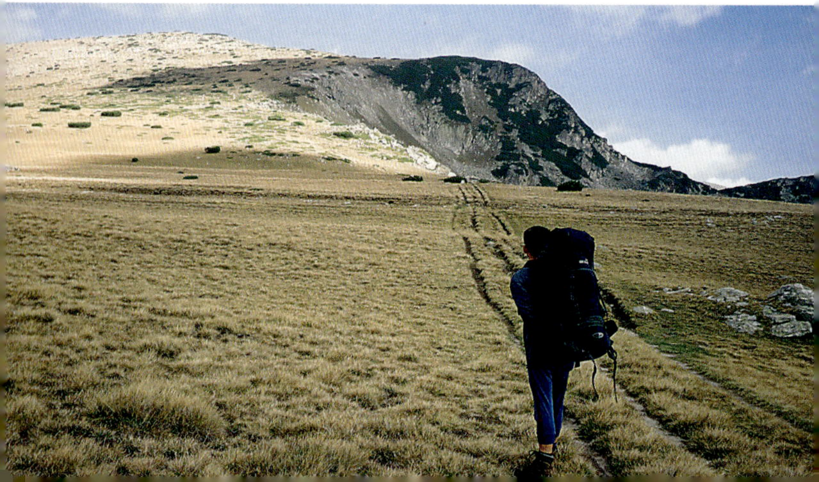

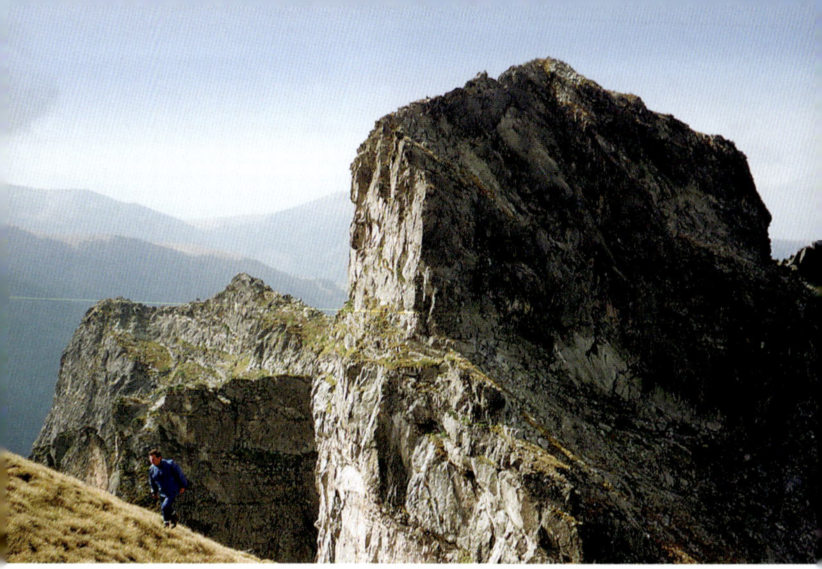

Anstieg auf die Lovnica, hinten links der Dvuglav, rechts der Zlija Zăb, ganz rechts die für Wanderer nicht zugängliche Felsnadel Iglata Ušicite.

2678 m, die Lovnica, 2695 m, der Goljam Kupen, 2731 m, der Kabul, 2531 m, die Damga (auch Vazov Vrăh genannt), 2669 m, und die Chajduta, 2465 m. Die touristisch reizvollsten Gebiete sind die Sieben-Rila-Seen (Sedemte Rilski Ezera) und das Maljovica-Tal. Das Netz von markierten Wegen und Berghütten ist ausreichend dicht.

Das **mittlere Rila** ist von dem nordwestlichen durch das untere Tal des Rila-Flusses, den Bach Suchoezerni Potok und den Sattel Kobilino Branište abgetrennt. Es hat eine verhältnismäßig kleine Fläche, wobei seine Kämme ungefähr eine hufeisenförmige Form um den Abschluss des Tals des Rila-Flusses mit dem zentralen Gipfel Kanarata, 2691 m, bilden, unter dem die melancholischen Fischseen (Ribni Ezera) mit der gleichnamigen Hütte liegen. Weitere markante Gipfel sind Rilec, 2713 m, Josifica, 2696 m, Šiškovica, 2669 m, Vodni Vrăh, 2683 m, und Goljam Skakavec, 2705 m.

Das **südwestliche Rila** schließt kontinuierlich an das mittlere an und ist von allen Teilen des Gebirges der am wenigsten besuchte. Sein überwiegend abgerundeter und grasiger Kamm fällt allmählich zum Sattel Predel ab. Ungefähr in einem Drittel seiner Länge wird er von der Hütte Makedonija touristisch versorgt. Von den wichtigen Gipfeln seien Angelov Vrăh, 2643 m, Ezernik, 2485 m, Ravnik, 2410 m, Skačkovec, 2351 m, und Kapatnik, 2170 m, genannt.

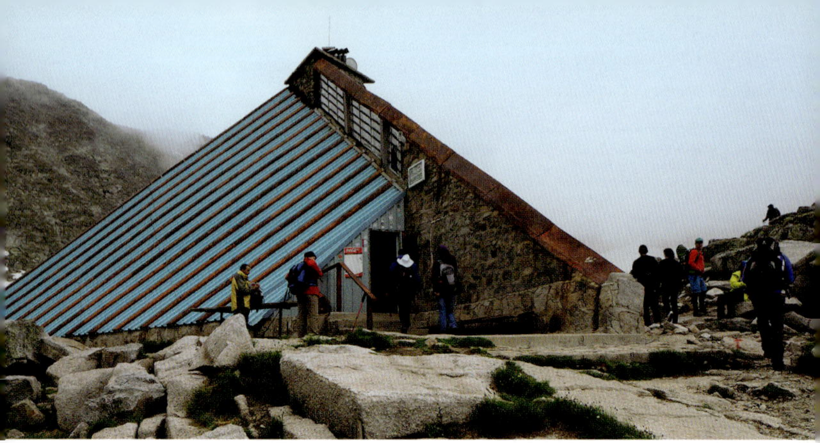

Kleine Alpinhütte Everest am Hochgebirgssee Ledenoto Ezero unterhalb des Musala.

Das **östliche Rila** schließt an das mittlere im Sattel Gorni Kuki über dem Abschluss des Tals Beli Iskăr an und erreicht seine größte Höhe mit dem schon erwähnten höchsten bulgarischen Berg Musala, 2925 m, in dessen Umgebung man auch die meisten hiesigen Hütten findet. Der östliche Teil ist abgelegen und durch ausgedehnte Hochebenen gekennzeichnet, die etwas an die Steppen in der Mongolei erinnern. Von den felsigen Gipfeln im Musala-Teil des

Wichtigste Pirin-Unterstands-/Schutzhütten

Everest, 2709 m: 30 Betten, fest gebautes, gut thermisch isoliertes Prefabrikat-Objekt, im Sommer (Hauptsaison) funktioniert es als normale Hütte mit einem Verwalter, sonst Selbstbedienungs-Betrieb, zur Verfügung ein Radiotelefon, sowie auch direkte Telefonverbindung mit der Meteostation auf dem Musala-Gipfel, +359 888 590 342, +359 889 881 814.
Kobilino Branište, 2145 m: 20 Betten, einfacher Holzbau mit stabilen Pritschen
Ledenoto Ezero, 2710 m: 6 Betten, einfacher Steinbau, nur für extreme Notfälle
Levija Dol, 2050 m: 4 Betten, einfacher Notbau im Gebiet von Pomočena Poljana
Musala, 2925 m: 2 Betten, kleiner Anbau der Meteostation, keine Pritschen, nur Matratzen, Trinkwasser nur auf Zuteilung, im schlimmsten Notfall kann man auch direkt in der Meteostation übernachten, ein Radiotelefon, auch direkte Telefonverbindung mit der Everest-Schutzhütte, im Sternwarte-Objekt ein Betkom-Telefon +359 48 929 382
Orlovec (BAK), 2520 m: 10 Betten, einfacher Steinbau mit stabilen Pritschen, mit Hubschrauberlandeplatz, strategische Lage auf einer kleinen Anhöhe im mächtigen Hochgebirgskessel unter den Gipfeln von Orlovec, Zlija Zab und Lovnica, normalerweise vollständiger Selbstbedienungs-Betrieb ohne direkte Telefon-Verbindung, Telefonkontakt eventuell nur über Maljovica-Hütte oder über Sportzentrum-Bergsteigerschule/CMS Kompleks Maljovica: +359 71 252 270, +359 888 293 907, +359 885 241 403 (BAK = Bulgarischer Alpinistischer Klub)
Strašnoto Ezero, 2465 m: 20 Betten, einfacher Steinbau mit stabilen Pritschen

Hütten im Rila

Name	Betten	Einkehr	Anfahrt	Telefon (Vorwahl +359)
Belmeken, 2224 m	40	x	-	879 461 899, 897 925 421
Čakalica, 1850 m	40	x	x	889 077 229
Čakar Vojvoda, 1930 m	50	x	x	897 400 452, 896 715 926
Dobarsko, 1750 m	45	x	x	895 729 187
Grančar, 2187 m	150 (Winter: meist SB)		x	898 466 388, 889 475 761
Gurgulica, 1110 m	80	x	x	899 555 370, 899 921 306
Christo Smirnenski 1860 m	83	x	x	879 055 002, 877 055 585, 879 055 156, 879 055 002
Ivan Vazov, 2300 m	98	x	-	887 727 772, 888 595 771
Jastrebec, 2350 m	32	x	x	896 715 923, 888 355 796
Lovna, 1655 m	65	x	x	888 059 172, 884 956 666
Makedonija, 2166 m	42	x	x	889 077 228
Maljovica, 2050 m	125	x	x	885 232 325, 888 147 911
Marica, 1820 m	50	x	x	887 170 585, 896 715 199
Mečit (Medarnika) 1740 m	92	x	x	886 225 576, 896 766 167, 888 123 236
Musala, 2389 m	70	x	x	896 661 454
Otovica, 1420 m	44	x	x	878 755 545, 898 755 545
Pionerska, 1510 m	108	x	x	888 600 489, 888 960 001
Ribni Ezera, 2230 m	120 (Winter: meist SB)	x	x (nah darunter)	887 939 316, 899 103 275, 898 718 205
Rilski Ezera, 2100 m	200	x	x	886 509 409, 885 510 509
Sedemte Ezera, 2206 m	92	x	-	882 506 060
Semkovo, 1750 m	55	x	x	898 594 538
Skakavica, 1876 m	110	x	x	882 966 396, 878 706 531, 895 568 253
Trešt enik, 1764 m	77 (Hotel)	x	x	887 523 242, 886 799 600
	50 (Hütte)	x	x	7442 2531, 889 371 508
Vada, 1465 m	36	x	x	888 234 170, 877 430 181
Venetica, 1400 m	30	x	x	878 356 766
Zavračica, 2178 m	80	x	x	887 841 220, 889 713 245

Gebirges fesseln die Aufmerksamkeit der Touristen zum Beispiel noch Aleko, 2713 m, Ireček, 2852 m, Deno, 2790 m, Mariški Vrăh, 2765 m, Ovčarec, 2768 m, und Suha Vapa, 2638 m. Im Osten sind die Zavračica, 2633 m, der Ibăr, 2666 m, und der Belmeken, 2626 m, verhältnismäßig häufige Ziele.

Die einzigartige alpine Natur des Rila ist als Nationalpark geschützt, fünf kleinere Reservate wurden eingerichtet: im Nordwesten Skakavica, im Südwesten Parangalica, im mittleren Teil Rilomanastirska Gora und Centralen Rilski Rezervat, und schließlich im Osten das Reservat Ibăr. Das Gebiet der Musala-Seen (Musalenski Ezera) ist Weltnaturerbe der UNESCO. Weltkulturerbestätte ist das bedeutende Rila-Kloster (Rilski Manastir), das berühmteste Baudenkmal Bulgariens.

Talzentren im Rila

Dupnica – eine Stadt mit ca. 40.000 Einwohnern, die (per Straße) 68 km südlich von Sofia am Nordwestrand des Rila-Gebirges liegt. Direkte Bus- und Bahnverbindung mit Sofia, Hauptstraßenzug nach Griechenland; die Fernbusse in Richtung Blagoevgrad – Sandanski halten gewöhnlich auf der westlichen Umgehungsstraße, von wo es bis ins Zentrum noch ca. 15 Min. zu Fuß sind. Die ersten schriftlichen Nachrichten über die Stadt stammen aus dem 15. Jahrhundert. In der Zeit der Bulgarischen Volksrepublik hieß sie Stanke Dimitrov nach dem hier gebürtigen Mitarbeiter der Arbeiterbewegung, der im Jahre 1922 an der Spitze der sogenannten Kommune von Dupnica stand. Das günstige warme Klima hat die Stadt zum Zentrum eines fruchtbaren Landwirtschaftsgebiets gemacht (Wein-, Obst- und Tabakanbau).

Sapareva Baňa – ein Vorgebirgskurort am nordwestlichen Fuß des Rila, 12 km östlich von Dupnica (Busverbindung). Hier befinden sich die wärmsten Mineralquellen in Bulgarien. Ein Sprudel mit einer Temperatur von 103 °C schießt wie ein Geysir in die Höhe von 6–7 m. Die übrigen Quellen haben Temperaturen von 40–90 °C. Diese Quellen nutzten schon die älteren Thraker (erhaltene Reste von Bauten). Heute wird das Wasser des Sprudels u.a. auch zur Beheizung von Treibhäusern benutzt. Thermalwasserbad. Touristischer Ausgangspunkt zum See Paničište, zu den Wasserfällen an der Hütte Skakavica und ins Gebiet Sedemte Ezera (Sieben Seen) und Maljovica.

Govedarci – ein großer Vorgebirgsort auf der Nordseite des Rila, 18 km südwestlich von Samokov (Busverbindung). Ausgangspunkt ins Gebiet Sedemte Ezera, ins Maljovica-Tal und zur Hütte Medarnika.

Samokov – eine Stadt (25.000 Einwohner), die 62 km südsüdöstlich von Sofia an der Mündung der Musalenska Bistrica in den Fluss Iskăr am Nordrand des Rila liegt. Direkte Busverbindung mit Sofia. Lange Tradition des Abbaus und der Verarbeitung von Erzen, seit dem 19. Jahrhundert gleichfalls wichtiges Kultur- und Bildungszentrum. Orthodoxe Kirchen St. Nikola und Hl. Gottesmutter mit wertvollen Wandmalereien, muslimische Moschee Bajrakli mit hohem Minarett, Geschichtsmuseum.

Borovec – das größte Bergsport- und Ferienzentrum in Bulgarien. Es liegt in einer Höhe von 1230–1390 m, 10 km südlich von Samokov (Shuttlebusse) am nördlichen Fuß des Rila. Wie schon der Name besagt (bor = Kiefer), ist das Städtchen von ausgedehnten Kiefernwäldern umgeben. Im Winter ausgezeichnete Bedingungen zum Skifahren, Pisten, Seilbahnen, Lifte. Kurort – Behandlung von Erkrankungen der oberen Atemwege. Touristischer Ausgangspunkt ins Gebiet des Musala und Zavračica, Kabinenseilbahn auf den Jastrebec, 2369 m, Sessellift auf den Sitňakovo, 1780 m.

Kurort Sapareva Baňa, im Hintergrund der Kessel von Dupnica und das benachbarte Verila-Gebirge.

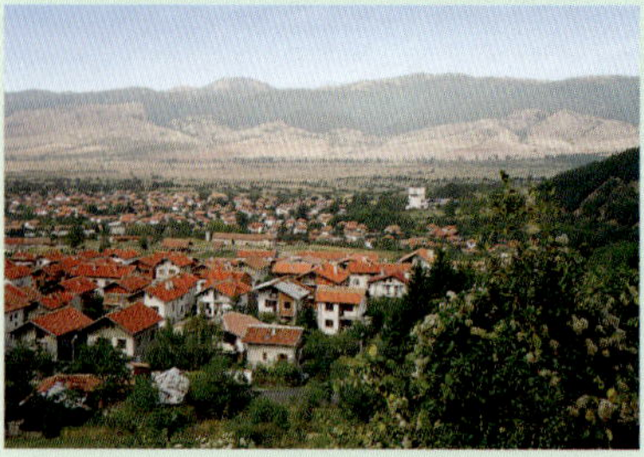

Dolna Baňa – ein Kurort 8 km westlich von Kostenec (Busverbindung) im Tal des Flusses Marica unter den nordöstlichen Hängen des Rila. Die hiesigen Mineralquellen erreichen Temperaturen bis 56 °C. Nördlich der Stadt, über dem linken

Ufer der Marica, die Kapelle Sveta Petka. Südlich führt eine Straße ins Gebirge zur Hütte Venetica – Ausgangspunkt für Touren im Gebiet des Ibăr und des Belmeken.

Kostenec – eine Industriestadt 75 km südöstlich von Sofia (direkte Bus- und Bahnverbindung – Richtung Plovdiv) im Tal der Marica am nordöstlichen Rand des Rila. In 9 km Entfernung per Straße südwestlich von hier der balneologische und Klimakurort Kostenec (auch Goren Kostenec, früher Georgi Dimitrov) – Ausgangspunkt ins Gebirge ins Gebiet des Belmeken.

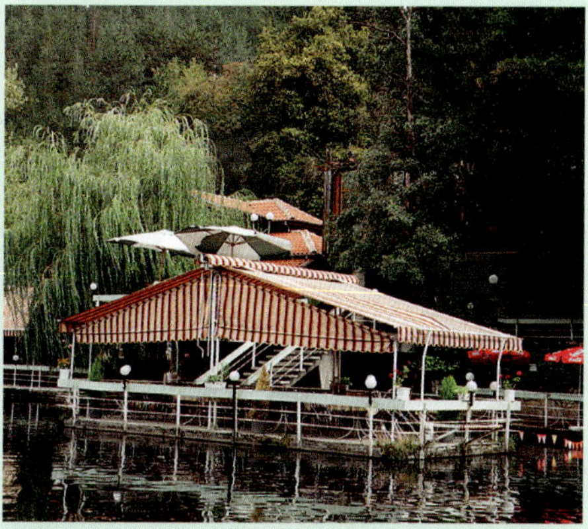

Velingrad.

Septemvri – wichtiger Eisenbahnknotenpunkt an der Schnellzugstrecke Sofia–Plovdiv ca. 30 km südöstlich von Kostenec. Hier beginnt die Schmalspurbahn in Richtung Velingrad – Avramovi Kolibi – Jakoruda – Belica – Razlog – Bansko – Dobrinište.

Velingrad – ein netter Kurort im Tal des Flusses Banska Bistrica an der Scheide zwischen dem Rila-Gebirge und den Rhodopen ca. 140 km (per Straße) südöstlich von Sofia. Bus- und Bahnverbindung in Richtung Norden (Septemvri, Kostenec) und Westen (Razlog). Im nördlichen Teil des Stadtzentrums ein Thermalwasserbad, am Südrand im Viertel Čelino der heiße Sprudel Kleptuza (71 °C).

Avramovi Kolibi – Haltestelle der Schmalspurbahn Septemvri – Dobrinište, am höchsten gelegene Bahnstation, 1240 m, in Bulgarien. Auf der Straße (8 km, auch Busverbindung) von hier Zugang zum Gebirgsort Jundola, der schon unmittelbar unter den südöstlichen Hängen des Rila liegt – Ausgangspunkt ins Gebiet des Belmeken.

Jakoruda – ein Städtchen mit ca. 7.000 Einwohnern im Tal des Flusses Mesta an der Scheide zwischen dem Rila-Gebirge und den Rhodopen, 43 km westlich von Velingrad. Bahn- und Busverbindung. Ausgangspunkt zur Hütte Grănčar.

Belica – ein Städtchen im Tal der Mesta, 19 km südwestlich von Jakoruda. Straße, Eisenbahn, Ausgangspunkt zu einer Feriensiedlung und zur Hütte Semkovo.

Razlog, Predel, Simitli – siehe Talzentren des Pirin.

Blagoevgrad – eine Stadt (50.000 Einwohner) im Tal des Flusses Struma am westlichen Rand des Rila ca. 90 km südlich von Sofia (direkte Bahn- und Busverbindung). Busverbindung auch mit Razlog – über den Sattel Predel. Moderne Bebauung, Industrie, in der Umgebung entwickelte Landwirtschaft (u. a. Tabakanbau). Mineralquellen, zwei Museen. Ausgangspunkt zur Hütte Makedonija (Zugang durch das Tal des Flusses Blagoevgradska Bistrica ca. 27 km) und auch zum Rila-Kloster (mit dem Bus über die Orte Kočerinovo und Rila ins Tal des Rila-Flusses, ca. 35 km).

Rila-Kloster – siehe folgende Doppelseite.

Rila-Kloster

Das Rila-Kloster (Rilski Manastir) ist das größte und berühmteste bulgarische Kloster und das bedeutendste Kulturdenkmal Bulgariens. Es liegt im Herzen des Rila-Gebirges, im engen Tal des Rila-Flusses (Rilska Reka) auf 1147 m. Es hat direkte Busverbindung mit Sofia (123 km), Dupnica (55 km) und Blagoevgrad (35 km), wobei man unterwegs (ca. 3 km östlich vom Tal der Struma) bei der Ortschaft Stob auf der linken Seite des Tals des Rila-Flusses noch die sehenswerten Sandsteingebilde der Pyramiden von Stob (Höhe 6–12m) besichtigen kann. In der Nähe des Rila-Klosters ist die gleichnamige Ansiedlung mit Geschäften, Restaurants, einem Postamt, einer Touristenunterkunft, einem Campingplatz und einem Hotel entstanden.

Das Kloster wurde im 10. Jh. von dem Einsiedler Ivan Rilski gegründet und entwickelte sich zu einem bedeutenden Zentrum der bulgarischen Kultur. Zu Beginn des 14. Jh. wurde es durch eine Lawine zerstört, anschließend in etwas niedrigerer Lage an der heutigen Stelle an der Mündung der Drušljavica in den Rila-Fluss wieder aufgebaut. Im Jahre 1335 ließ es Chreljo, damaliger Herrscher von Struma-Mazedonien, in eine Festung umbauen und um die Marienkirche ergänzen. Aus dieser Zeit hat sich der mächtige vierseitige, 25 m hohe steinerne Wachtturm Chreljovata Kula (Chreljo-Turm) erhalten.

Während des zweiten bulgarischen Reiches (1185–1396) erfreute sich das Rila-Kloster meist des Schutzes der Zaren. Nach der Eroberung Bulgariens durch die Türken verödete es jedoch und wurde erst Mitte des 15. Jh. erneuert. Obwohl auch die türkischen Sultane seine herausragende Stellung anerkannten, wurde es während der späteren Wirren im Osmanischen Reich dreimal (1765, 1768 und 1778) gebrandschatzt, bis es 1833 ein weiterer Brand fast zerstörte. 1833–1847 wurde es dann aus dem Erlös einer gesamtnationalen Sammlung endgültig in die heutige Form im Stil der orthodoxen Klöster der griechischen Halbinsel Athos erneuert. Das jetzige Bauwerk mit massiven Umfassungsmauern ist das Werk einheimischer Architekten (Pavel, Debrlija und Rilec), Maler und Holzschnitzer der Schule von Samokov, Razlog und Debro (u. a. Dimitr von Bansko, Dimitr und Zachari Zograf). Ihre ausgezeichneten Arbeiten sind vor allem in der zentralen Kirche zu bewundern. Am wertvollsten sind hier die Fresken von Zachari Zograf. Wertvoll ist auch die reich geschnitzte und vergoldete Hauptikonostase.

Das eingerichtete Museum erinnert an die traditionelle Rolle, die das Rila-Kloster bei der Bewahrung des Nationalbewusstseins und in den Anfängen des neuzeitlichen bulgarischen Schrifttums gespielt hat. Zu den Zöglingen des Klosters gehörten zahlreiche Schriftsteller und Erneuerer des Nationalbewusstseins, etwa Neofit Rilski (1793–1881), Paisij Chilendarski oder Josif Bradati. Ausgestellt sind u. a. historische Pergamente, Ikonen, einzigartige Handschriften, alte Evangelien, Geschenke der Sultane, alte Waffen und Pressen, eine Bulle des Zaren Ivan Šišman, der Thron des Chreljo, der erste bulgarische Globus von Neofit Rilski oder ein Kreuz mit Miniaturschnitzerei

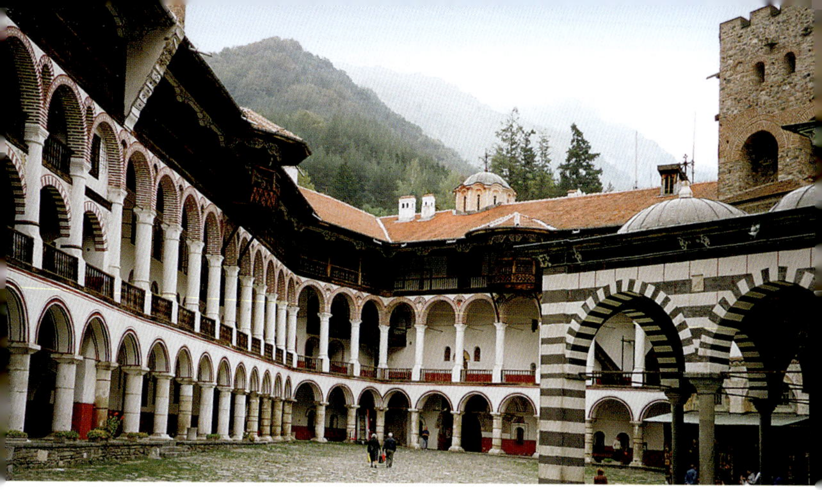

Auf dem Hof des Rila-Klosters.

des Mönchs Rafail aus Radomir (32 biblische Szenen mit 600 Gestalten). In der Klosterbibliothek werden um die 16.000 Bände sowie Handschriften, Lebensläufe von Heiligen, Evangelien, die Privilegien des Klosters u. a. aufbewahrt. Der Eintritt in den Hof, die Umfassungsarkaden, den Chreljo-Turm und die Kirche ist kostenlos, ins Museum gegen Gebühr. Nachts wird der Klosterkomplex abgeschlossen. Man kann direkt im Kloster in Ordenszellen übernachten (Zahlung gewöhnlich in Euro oder Dollar, relativ hohe Preise).
In der Umgebung stehen mehrere kleine Kirchen und Kapellen aus dem 15.–17. Jh. Eine interessante Wanderung kann man zum Beispiel zum Kirchlein des hl. Lukas (Sveti Luka) unternehmen, wo der ursprüngliche Standort des Klosters gewesen sein soll (den rot markierten Weg an den Südosthängen des Bergrückens Dălgija Rid entlang des Tals des Rila-Flusses bergan). Wesentlich weiter oben befindet sich im südlichen Hang des Maljovica-Massivs die völlig abgelegene Einsiedelei des hl. Sebastian (Sevastijanova Postnica). Der Aufstieg auf einem steilen Pfad von dem Kirchlein Sveti Luka dauert etwa eine Stunde, Höhendifferenz 300 m. An der Straße weiter im Tal, etwa 2 km vom Kirchlein Sveti Luka, befindet sich eine Kapelle mit dem Grab des hl. Ivan Rilski. Rund 4 km unterhalb des Rila-Klosters, rechts über dem Tal des Rila-Flusses, liegt das kleinere Pčelino-Kloster und oberhalb von ihm das Kirchlein der hl. Gottesmutter. Von den Bergtouren lässt sich der Übergang zur Hütte Ribni Ezera (Tour 37) oder der Aufstieg zum See Suchoto Ezero, eventuell bis zur Schutzhütte Kobilino Branište (Tour 38) empfehlen. Der Aufstieg auf die Maljovica (Gegenrichtung Tour 36) ist angesichts der Höhendifferenz (ca. 1600 m) ziemlich anstrengend.

26 Sapareva Baňa – Paničište

5.15 Std.

Von Nordwesten ins Rila-Gebirge

Die Tour ermöglicht den schnellsten Zugang zu dem malerischen Gebiet der Sieben-Rila-Seen (Sedemte Rilski Ezera), die zu den landschaftlichen Kleinoden gehören. Der Weg hat mehrere Alternativen, von denen die meisten nicht einmal in den offiziellen Karten eingetragen sind. Alle sind zum Glück im Gelände gut mit Wegweisern gekennzeichnet.

Ausgangspunkt: Sapareva Baňa, 750 m. Busverbindung von Dupnica (12 km).
Endpunkt: Hütte Rilski Ezera, 2100 m. Evtl. Rückweg auf derselben Route bzw. über Variante (nach Übernachtung). Anschlusstour: 27.
Anforderungen: Stellenweise ziemlich steiler Aufstieg, überwiegend durch Wald, erhebliche Höhendifferenz, gute und dicht aufeinanderfolgende Markierung.
Höchster Punkt: Hütte Rilski Ezera, 2100 m.
Höhenunterschied: Ca. 1430 m.
Übernachtung/Einkehr: Sapareva Baňa (auch Privatquartiere), Restaurant Valjavica, Ferienobjekte in Paničište, Hütte Rilski Ezera, Hütte Pionerska, Hütte Skakavica.
Variante: Von der Weggabelung Zeleni Preslap weiter auf der schmalen Straße zur Hütte Pionerska, danach Aufstieg in südlicher Richtung (rote Markierung) durch den Wald und später durch Knieholz bis zur Hütte Rilski Ezera; Gesamtzeit etwa wie bei der Hauptroute. Zwischen den Hütten Pionerska und Rilski Ezera verkehrt neuerdings ein Sessellift.
Hinweis: Bis zur Hütte Pionerska kann man auch mit dem Auto fahren.

Von der Bushaltestelle in der Mitte des Kurortes **Sapareva Baňa (1)** folgen wir der ansteigenden Straße in Richtung Paničište und stoßen bald auf die ersten roten Markierungszeichen. Die Markierung kürzt hinter der Ortschaft die lang gezogene Straßenkurve ab und führt durch das schöne, bewaldete Tal des Flüsschens **Valjavica (2)**. Hier und da kann man zwischen den Bäumen größere Felsen und Felsvorsprünge erblicken. Nach etwa 30 Min. ständig steiler werdenden Aufstiegs überqueren wir die Straße in einer scharfen Linkskurve beim **Ausflugsrestaurant Valjavica (3)**. Hier können wir rasten und aus der gefassten Quelle die Wasservorräte ergänzen. Wir steigen weiter auf einem schmalen steinigen Pfad an der linken Talseite auf. Der Niederungslaubwald wird zu Mischwald, mit zunehmender Höhe dominieren Nadelbäume. Oberhalb von 1000 m kürzen wir eine doppelte Kurve der Straße ab und kommen in die Gebirgsferiensiedlung Paničište. Im Wald links von der Straße (Abstecher ca. 5 Min.) liegt der gleichnamige Bergsee.

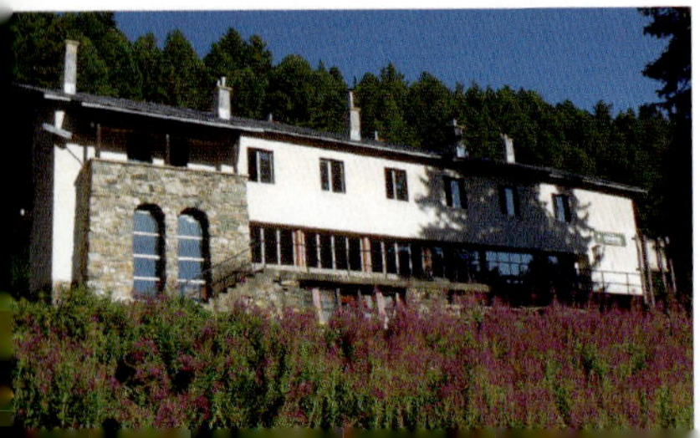

Die Hütte Skakavica.

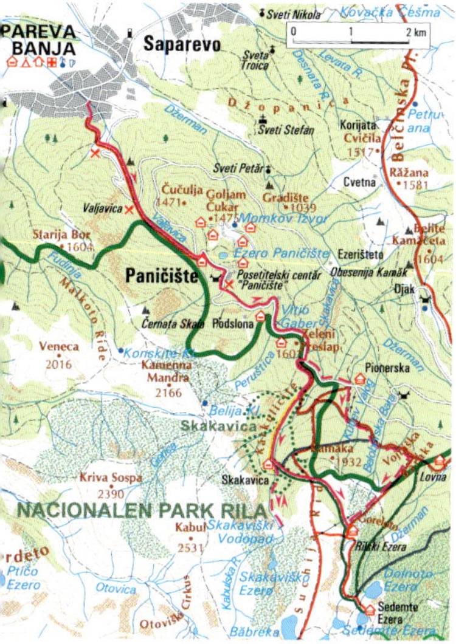

An der Kreuzung gehen wir nach rechts zum Besucherzentrum **Paničište (4)** (Posetitelski centr »Paničište«). Wir biegen auf dem Weg nach links in den Wald ab, und hinter einer weiteren Feriensiedlung mit dem Namen Podslona (Hütten) betreten wir das Schutzgebiet des Nationalparks Rila. Wir kehren auf die weniger gute Asphaltstraße zurück, überqueren auf ihr den Bach Peruštica, der links unten einen schönen Wasserfall bildet, und traversieren an der nördlichen Seite den Höhenpunkt Zeleni Preslap, 1601 m. Nicht lange danach verlassen wir dann die Straße (Variante) und folgen den Wegweisern und der roten Markierung nach rechts **(5)** steil bergauf durch das wilde Tal des Flüsschens Skakavica (kleinflächiges Naturreservat). Rechts über uns zieht sich das mächtige Band der Felswände Karkulicite hin.

Nach ca. 1.40 Std. führt uns die rote Markierung durch das Tal bis zur **Hütte Skakavica (6)**, 1870 m, einer der modernsten im Rila, Übernachtungsmöglichkeit. Von der Hütte kann man mit leichter Ausrüstung entlang der Skakavica stromaufwärts schon ohne Markierung bis zu den schönen Skakavica-Wasserfällen gehen, die von den Felsabhängen unter dem Berg Kabul, 2531 m, herabstürzen (ca. 2000 m, 45 Min., Rückkehr auf demselben Weg). In südöstlicher Richtung steigt dann über den Seitenkamm **Suchija Rid (7)** ein grün markierter, zunächst steiler, später mehr im Travers führender Weg, allmählich im offenen Gelände mit immer schöneren Ausblicken zurück, hoch in den Kessel der Sieben-Rila-Seen zur **Hütte Rilski Ezera (8)**, 2100 m (ca. 1.15 Std., Höhendifferenz knapp 250 m). Von hier sind es noch 45 Min. bis zur Hütte Sedemte Ezera (siehe Tour 27).

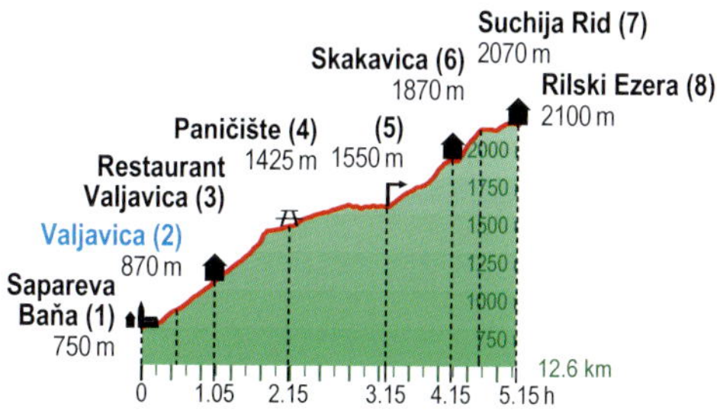

TOP

27 Der Kessel Sedemte Rilski Ezera

3.00 Std.

Rundwanderung durch das schönste Seengebiet des Rila

Der durch Gletschertätigkeit ausmodellierte Kessel der Sieben-Rila-Seen (Cirkus Sedemte Rilski Ezera) gehört zu den landschaftlich schönsten Gebieten des Rila. Dank dem verhältnismäßig leichten Zugang und zwei modern ausgestatteten Hütten wird er oft von Bergwanderern besucht. Die im Folgenden beschriebene Rundwanderung kann bequem mit leichter Ausrüstung absolviert werden – sei es nun von der Hütte Rilski Ezera aus, welche die größere Übernachtungskapazität hat, oder von der Hütte Sedemte Ezera, die etwas höher und näher zum attraktiven Abschluss des Kessels liegt.

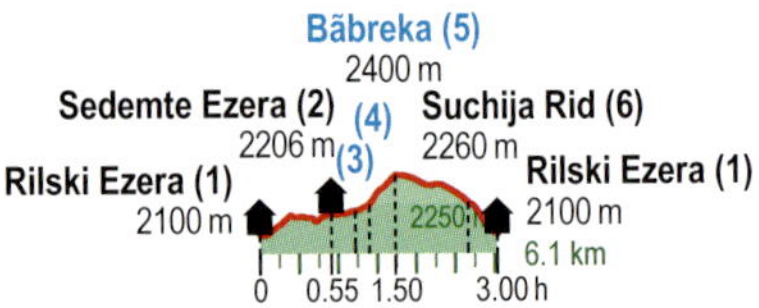

Ausgangspunkt: Hütte Rilski Ezera, 2100 m. Zugang vom Kurort Sapareva Baňa, 750 m (Busverbindung von Dupnica, 12 km; von Samokov, 18 km); s. Tour 26. Zugang ins Gebiet Sedemte Rilski Ezera von der Gemeinde Govedarci: Zuerst auf einer Bergstraße durch das Tal des Flusses Černi Iskăr bis zur Hütte Vada, 1410 m (10 km, zu Fuß ca. 2.30–3.00 Std.), von dort etwa 20 Min. bergan mit der roten Markierung, dann auf einem blau markierten Weg nach links auf die Wiese Bărzanska Poljana und weiter durch Wald, später durch Knieholz über einen steilen Bergrücken zwischen den Tälern der Flüsschen Džerman (der Name erinnert an die einstige Besiedlung durch das Volk der Thraker – Germantia) und Prav Iskăr bergan zur Hütte Sedemte Ezera (von der Hütte Vada ca. 2.30–3.00 Std., Höhendifferenz 800 m), wo wir uns an die Rundwanderroute der Tour anschließen können (zur Hütte Rilski Ezera rechts 45 Min.); eine andere Möglichkeit von der Hütte Vada aus ist der Aufstieg ständig mit der roten Markierung in einem lang gezogenen Bogen links durch das Tal des Džerman und über die steile Geländestufe Goreloto direkt zur Hütte Rilski Ezera (ca. 3.00 Std., Höhendifferenz 700 m). Der rot markierte Weg von der Hütte Vada zur Hütte Rilski Ezera führt vorbei an der malerisch gelegenen Hütte Lovna, wo »Lelja Fidanka«, eine fast märchenhafte Großmutter lebte, deren Gastfreundschaft im ganzen Rila bekannt war (s. Tour 31).

Anforderungen: Verhältnismäßig kurze Rundtour mit mäßiger Höhendifferenz, ohne größere Orientierungsprobleme.

Höchster Punkt: Băbreka-See, 2400 m.

Höhenunterschied: 350 m.

Übernachtung/Einkehr: Hütte Rilski Ezera, Hütte Sedemte Ezera, ggf. Almhütte am See Trilistnika.

Von der **Hütte Rilski Ezera (1)** folgen wir der roten und grünen Markierung zuerst ein Stück abwärts zu einem Bach, dann kurz bergan durch Knieholz und weiter auf einer mäßig steigenden Traverse am östlichen Hang des felsigen Kamms Suchija Rid. Schon von diesen Stellen aus bieten sich schöne Blicke in den Abschluss des Kessels mit dem markanten zerklüfteten Gipfel Chajduta (Tour 28). Rechts von ihm liegt der Sattel Razdela, über den der markierte Wanderweg zur Hütte Ivan Vazov (Tour 29) beziehungsweise über den benachbarten Gipfel Damga (siehe auch Vazov Vrăh, 2669 m) nach Süden zum Rila-Kloster führt. Oberhalb des am niedrigsten gelegenen der Sieben-Rila-Seen, dem Dolnoto Ezero, schließt sich unserem Weg von links der blau markierte Weg von der Wiese Bărzanska Poljana an, und nicht lange danach gelangen wir schon zu dem malerischen »Fischsee«, Ribnoto Ezero, an dem die **Hütte Sedemte Ezera (2)**, 2206 m, steht. Hier können wir eine Weile in Ruhe die ganze Szenerie des Abschlusses des Kessels genießen. Dann gehen wir ca. 10 Min. zurück zur Weggabelung oberhalb des Sees Dolnoto Ezero, von wo nach links (in südlicher bis südwestlicher Richtung) ein gut sichtbarer, neuerdings grün markierter Pfad über eine Felsschwelle auf die höher liegende Terrasse zum See **Trilistnika (3)** hinaufführt. Der See wird von links umgangen, in der Nähe des Steingebäudes einer Almhütte, wo die hiesigen Schäfer und Ziegentreiber übernachten. Wir bezwingen noch eine weitere Schwelle des Kessels und befinden uns an dem lang gezogenen See **Bliznaka (4)**, über dem sich imposant die schon erwähnte Chajduta, 2465 m, einer der am wildesten aussehenden Berge im ganzen Rila (Tour 28), erhebt. Vom Nordufer des Sees beginnt nun der Aufstieg in den höchsten Teil des Kessels, wo unter steilen Felsen ein weiterer großer See, **Băbreka (5)**, benannt nach seiner nierenförmigen Gestalt (băbreka = Niere), liegt. Hier stoßen wir auch auf die rote Markierung. Nach links ist es nicht mehr weit zu den Seen Okoto und Sălzata (Tour 29). Unsere Rundwanderroute biegt jedoch nach rechts ab, und weiter geht es auf dem flachen Kamm **Suchija Rid (6)** in nördlicher Richtung (links schöne Aussicht in den Abschluss des Skakavica-Tals und zum Berg Kabul). An der Bergstation des Skilifts biegen wir erneut nach rechts ab und steigen ziemlich steil hinunter zurück zur **Hütte Rilski Ezera (1)**.

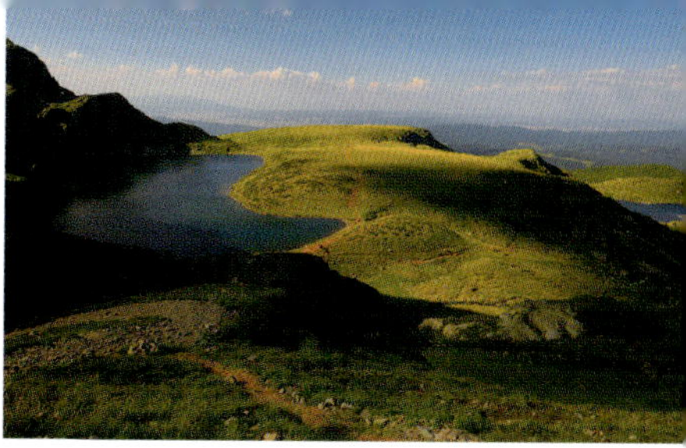

Der nierenformige Băbreka-See.

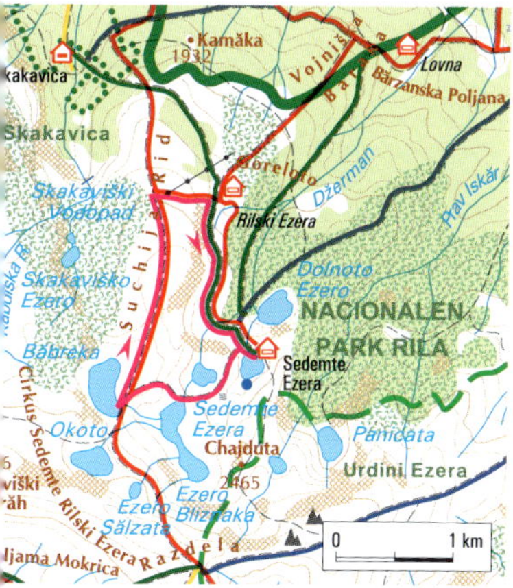

28 Chajduta, 2465 m

2.30 Std.

Überraschend leichter Aufstieg auf einen scheinbar unerreichbaren Gipfel

Die Chajduta, auch Charamijata, ist ein markanter felsiger Gipfel im mächtigen Kamm, der von Ost bis Südost den Kessel der Sieben-Rila-Seen abschließt und die Hauptwasserscheide des Balkans zwischen dem Schwarzen und dem Ägäischen Meer bildet. Von der nördlichen, nordwestlichen und westlichen Seite sieht der Gipfel fast unzugänglich aus, und diese Partien bleiben wirklich nur Top-Bergsteigern vorbehalten. Ohne Bergsteigerausrüstung ist gleichfalls der vom Sattel Razdela (Tour 29) ausgehende Südwestkamm nicht gangbar. Allerdings gibt es eine Aufstiegsmöglichkeit für Bergwanderer, die wenigstens über durchschnittliche physische Kondition und Hochgebirgserfahrungen verfügen: jene Stelle ist die Nordostseite – der Anlaufkamm und die Hänge der Gipfelpyramide. Zu den wichtigen den Erfolg bedingenden Faktoren gehören das Wetter und der Zustand des Geländes. Unter ungünstigen oder vielleicht auch nur unsicheren Witterungsbedingungen ist die Tour ausgeschlossen! Ebenso riskant ist der Aufstieg ohne gehörige Ausrüstung bei einer Schneedecke oder sogar Vereisung!

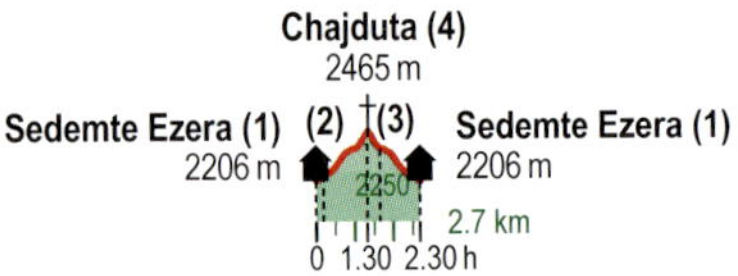

Ausgangspunkt: Hütte Sedemte Ezera, 2206 m. Zugang vom Kurort Sapareva Baňa, 750 m (Busverbindung von Dupnica, 12 km) oder Govedarci, 1160 m (Busverbindung von Samokov, 18 km). Zur Hütte Rilski Ezera nach der Beschreibung von Tour 26, restlicher Abschnitt siehe Tour 27 (ca. 7.00–8.00 Std., Höhendifferenz knapp 1500 m). Zugang aus der Ortschaft Govedarci, siehe Tour 27 (ca. 5.00–7.00 Std. je nach Wegvariante, Höhendifferenz knapp 1100 m).

Anforderungen: Physisch und technisch mittelschwere Tour mit steiler Steigung erst im Schlussabschnitt unter dem Gipfel. Die Route ist ohne Markierung, grundlegender Orientierungssinn notwendig. Nur bei gutem Wetter!

Höchster Punkt: Gipfel der Chajduta, 2465 m.

Höhenunterschied: 270 m.

Übernachtung/Einkehr: Hütte Sedemte Ezera.

Variante: Von der Hütte Sedemte Ezera auf dem durch Stangen markierten Winterweg entlang des westlichen Fußes des Kamms und später schräg links bergan durch eine breite Gras- bzw. Geröllrinne in einen flachen Sattel auf dem Kamm nordöstlich vom Gipfel, wo wir uns der Hauptroute des Aufstiegs anschließen. Zeitlich fast identisch.

Von der **Hütte Sedemte Ezera (1)** steigen wir auf einem unmarkierten aber ausreichend sichtbaren Pfad zuerst in östlicher Richtung bergauf, bis wir den leicht gewellten **Nordostkamm (2)** erreichen, der vom Gipfel der Chajduta abfällt. Der Pfad setzt sich jetzt nach Süden bis Südwesten fort, teils zwischen Knieholz, teils traversiert er nahe unterhalb des Kamms. Auf beiden Seiten des Weges bieten sich schöne Aussichten – nach Westen in den Kessel der Sieben-Rila-Seen, nach Osten in das benachbarte Gletscherkar Panicata mit zwei Seen. Nach einer guten halben Stunde gelangen wir in einen flachen **Sattel (3)** unter den Nordosthang der Gipfelpyramide. Hier überschreitet den Kamm der mit Stangen markierte Winterweg, der von der Hütte Sedemte Ezera zur Hütte Ivan Vazov führt (Variante). Wir verlassen bald die Stangenmarkierung und beginnen schon ziemlich steil auf einem gut sichtbaren unmarkiertem Pfad am felsigen und steinigen Nordosthang der **Chajduta (4)** direkt zum Gipfel aufzusteigen, den wir nach 40–50 Min. ausdauernden Kraftaufwands erreichen. Die höchste Partie bildet eine kleine grasig-steinige Plattform, von der sich vor uns ein faszinierendes Panorama eröffnet: Im Norden bis Nordosten ist die ganze Aufstiegsroute, die Hütten Sedemte Ezera und Rilski Ezera sowie auch das entferntere bewaldete Vorgebirge und der Kessel von Dupnica zu sehen. Westlich liegen uns alle Sieben-Rila-Seen zu Füßen. Über ihnen erheben sich die Berge Otoviški Vrăh, 2696 m, und Kabul, 2531 m. Im Südwesten dominieren die Felswände unter den grasbewachsenen Hochplateaus des zum Sattel Razdela und zum Gipfel Damga, 2669 m (auch Vazov Vrăh), führenden Kamms. Im Süden und Südosten zieht sich der lange Kamm Zeleni Rid mit dem felsigen Gipfel Zeleni Kamăk, 2592 m, entlang, hinter dem der Kessel Urdin Cirkus mit zahlreichen Seen liegt (Variante Tour 31). Im Osten erstreckt sich schließlich der Kessel Panicata (auch Čanakgol), aus dessen zwei Seen der linksseitige Quellfluss des Flusses Prav Iskăr herausfließt. Abstieg auf demselben Weg; vom **Sattel (3)** unter dem Gipfel evtl. links mit der Variante zurück zur **Hütte Sedemte Ezera (1)**.

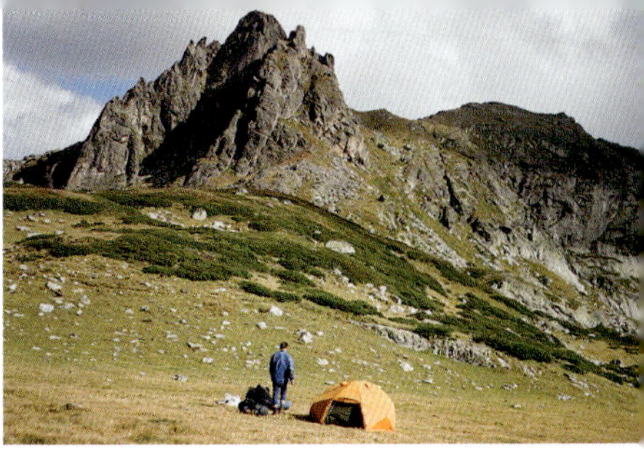

Zelten unter der Nordostwand der Chajduta.

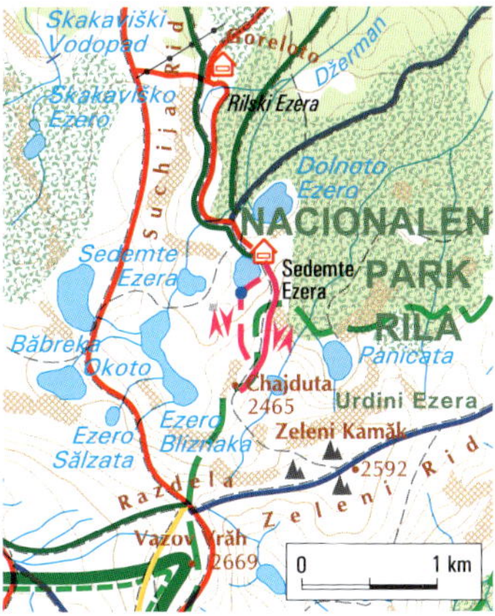

29 Von der Hütte Sedemte Ezera zur Hütte Ivan Vazov

3.45 Std.

Über den Hauptkamm des nordwestlichen Rila

Die Tour ermöglicht unter günstigen Witterungsbedingungen einen im Ganzen problemlosen Übergang von der Nordseite zur Südseite des Hauptkamms des nordwestlichen Rila. Bei Nebel muss hauptsächlich im Umfeld des Sattels Razdela ganz besonders auf die Orientierung geachtet werden.

Ausgangspunkt: Hütte Sedemte Ezera, 2206 m. Zugang vom Kurort Sapareva Baňa, 750 m (Busverbindung von Dupnica, 12 km) oder auch von Govedarci, 1160 m (Busverbindung von Samokov, 18 km). Zur Hütte Rilski Ezera nach der Beschreibung von Tour 26, für den restlichen Abschnitt siehe Tour 27 (ca. 7.00–8.00 Std., Höhendifferenz knapp 1500 m). Zugang von der Ortschaft Govedarci siehe Tour 27 (ca. 5.00–7.00 Std. je nach Wegvariante, Höhendifferenz knapp 1100 m).

Endpunkt: Hütte Ivan Vazov, 2300 m. Evtl. Rückweg auf derselben Route oder über Variante (nach Übernachtung). Anschlusstour: 30.

Anforderungen: Je weniger schwer diese Hochgebirgswanderung in körperlicher und technischer Hinsicht auch ist, hier können – trotz Markierung – Orientierungsprobleme auftreten. Auf dem ausgedehnten flachen Kamm im Gebiet des Sattels Razdela müssen konsequent die Wegrichtung und vor allem die Stangenmarkierung kontrolliert werden. Eine Bussole bzw. ein GPS-Gerät kann nützlich sein. Bei schlechtem Wetter ist die Tour ausgeschlossen!

Höchster Punkt: Sattel Razdela, 2620 m.

Höhenunterschied: 430 m im Aufstieg, 340 m im Abstieg.

Übernachtung/Einkehr: Hütte Sedemte Ezera, Hütte Ivan Vazov.

Variante: Am See Okoto rechts, auf dem teils markierten Weg über das grasig-steinige Plateau in den Sattel unter dem Nordostkamm des Berges Otoviški Vrăh, 2696 m; von dort schräg nach rechts (nordwestlich) auf dem breiten grasbewachsenen Kamm bergan auf den Gipfel Kabul, 2531 m, mit Fernsicht; Rückkehr auf demselben Weg in den Sattel (auf der rechten Seite eindrucksvoller Blick in den Kessel Otoviški Cirkus mit zwei Seen), von dort steiler Aufstieg auf dem Kamm auf den Otoviški Vrăh; Abstieg nach rechts (Südwesten) in den grasbewachsenen Sattel zwischen dem Otoviški Vrăh und der Skalica, 2666 m (auch Sejmenski Kamăk genannt, möglicher Aufstieg), dann steiler Abstieg nach Süden zur Hütte Ivan Vazov. Insgesamt ca. 6.00–7.00 Std., körperlich anstrengender als die Hauptroute – Gesamthöhendifferenz ca. 600 m; eher für erfahrenere Bergwanderer und nur bei gutem Wetter geeignet.

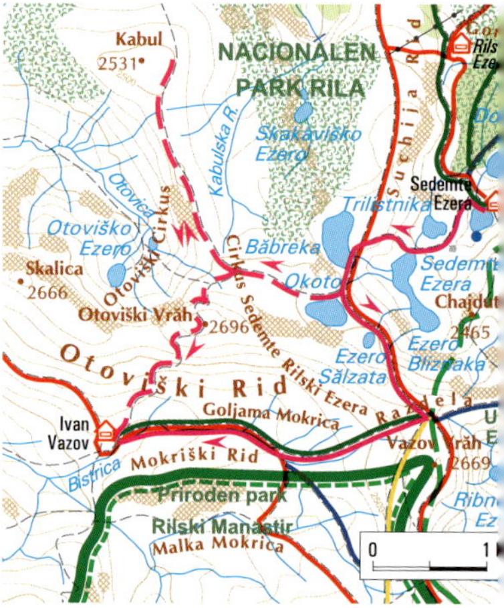

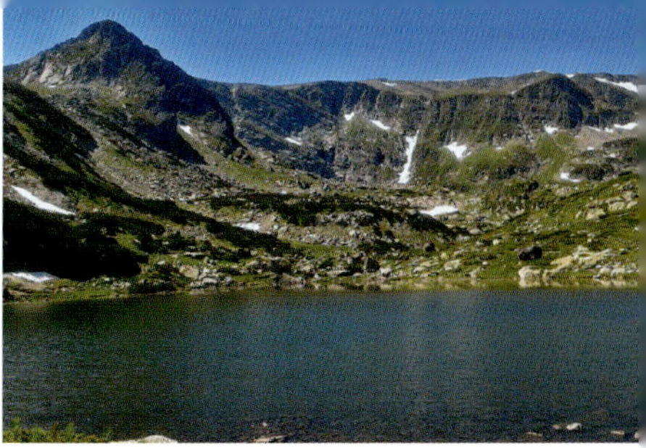

Im Hochkessel Sedemte Rilski Ezera.

Von der **Hütte Sedemte Ezera (1)** gehen wir zuerst ein Stück mit der roten und grünen Markierung in Richtung Hütte Rilski Ezera und dann auf einem grün markierten Weg links bergauf vorbei an den Seen **Trilistnika (2)** und **Bliznaka (3)** bis zum See **Băbreka (4)** im oberen Teil des Kessels der Sieben-Rila-Seen gleichlaufend mit Tour 27. Am Băbreka-See schließen wir uns dem rot markierten Pfad an, der vom Kamm Suchija Rid kommt, und gehen Richtung Süden über eine relativ niedrige Geröll- und Felsschwelle. Nach etwa 15 Min. sind wir am See **Okoto (5)**, mit 37,5 m der tiefste im Rila, über dessen Ufer sich mächtige Felswände erheben, die den hintersten Abschluss des Sieben-Seen-Kessels (Cirkus Sedemte Rilski Ezera) bilden. Der weitere Aufstieg führt schräg links zum kleinen See **Sălzata (6)**, 2520 m, dem höchstgelegenen der Sieben-Rila-Seen, der sich schon nahe unter dem steilen Hang des Kamms Otoviški Rid befindet. Der Pfad steigt in diagonaler Richtung nach Südosten an und führt hinaus auf die ausgedehnte grasige Hochebene des Sattels **Razdela (7)**, 2620 m. Bei guter Sicht bieten sich weite Aussichten – u. a. nördlich Chajduta, 2465 m, östlich Zeleni Kamăk, 2592 m, südöstlich die Seen Urdini Ezera, der Ušite, 2547 m, und die Maljovica, 2729 m, südlich die nahe Damga, 2669 m, auch Vazov Vrăh genannt (Aufstieg ca. 20 Min.), südwestlich der felsige Kamm Mokriški Rid, westlich der Kessel **Goljama Mokrica (8)** mit der Hütte Ivan Vazov (unsere Abstiegsroute) und nordwestlich der lang gezogene Kamm Otoviški Rid mit dem höchsten Punkt des Otoviški Vrăh, 2696 m. Im dichten Nebel bleibt das einzige zuverlässige Orientierungshilfsmittel eine Bussole. Die Streichwinkel von der mitten auf dem Sattel Razdela stehenden Hauptstange sind: Hütte Ivan Vazov – 220°, Kamm Zeleni Rid – 40°, Gipfel Damga (Vazov Vrăh) – 120°, Abstieg zurück zur Hütte Sedemte Ezera (auf dem Sommerweg) – 330°. An der zentralen Stange sind Metallglocken, deren Klang bei Nebel und Wind Orientierung bietet. Vom Sattel Razdela steigen wir auf dem grün markierten Weg südwestlich in den Kessel Goljama Mokrica ab, in dem der Bach Bistrica oft mitunter unangenehme Verrieselungen bildet und das Gelände versumpft. Im Kessel schließt sich von links die vom Rila-Kloster kommende rote Markierung an (Tour 30). Nach ca. 30 Min. gelangen wir zur **Hütte Ivan Vazov (9)**.

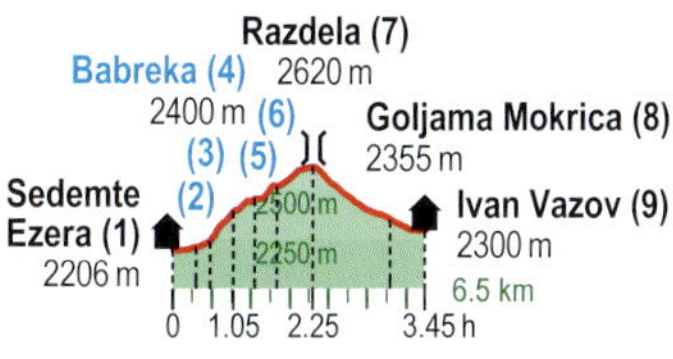

30 Von der Hütte Ivan Vazov zum Rila-Kloster

6.45 Std.

Auf einem schönen langen Seitenkamm ins Tal des Rila-Flusses

Die Route stellt eine nordwestliche Alternative des Zugangs zum Rila-Kloster (Rilski Manastir) dar, landschaftlich interessant und reich an Ausblicken. Außer den typischen abgerundeten und lang gezogenen Bergrücken wird auch ein relativ exponierter Grat überklettert, der für etwas Nervenkitzel sorgt.

Ausgangspunkt: Hütte Ivan Vazov, 2300 m. Zugang von der Ortschaft Bistrica, 700 m, im Tal des Flusses Dupniška Bistrica, 5 km südöstlich von Dupnica (Bus), mit der roten Markierung, die im Wesentlichen auf der Nordseite des Tals der Dupniška Bistrica verläuft und den Černi Vrăh, 2355 m, von Norden umgeht. Der Weg ist lang (ca. 10.00–11.00 Std.) und hat eine erhebliche Höhendifferenz (etwa 1700 m, höchster Punkt ca. 2400 m), weshalb wir empfehlen, so früh wie möglich aufzubrechen. Achtung! Die in einigen älteren Karten oberhalb der Bistrica eingezeichnete Hütte Bel Kladenec (oder auch Komsomolec genannt) gibt es nicht mehr! Ebenso ist es nicht sehr günstig, zur Hütte Vazov direkt durch das Tal des Flusses Dupniška Bistrica zu gehen. Im oberen Teil, oberhalb der Grenze von 1700 m, droht nämlich Steinschlaggefahr, und der unmarkierte Weg ist stellenweise stark durch Erosion und Erdrutsche beeinträchtigt.
Endpunkt: Rila-Kloster (Rilski Manastir), 2300 m. Evtl. Rückweg über Variante (nach Übernachtung). Anschlusstour: 37, 38.
Anforderungen: Ziemlich lange Tour, die überwiegend bergab führt. Im ersten Drittel der Route können bei verschlechterter Sicht Orientierungsprobleme auftreten. Die einzige technisch schwierigere Stelle ist ein exponierter felsiger Abschnitt am Anfang des Kamms Černi Rid hinter dem Berg Vărla.
Höchster Punkt: Vărla, 2593 m.
Höhenunterschied: 300 m im Aufstieg, 1450 m im Abstieg.
Übernachtung/Einkehr: Hütte Ivan Vazov, Rila-Kloster.
Variante: Von unterhalb des Gipfels der Vărla auf einem unmarkierten Weg nach Südosten ins Tal des Flüsschens Drušljavica, der bis zum Rila-Kloster führt. Ca. 2.00 Std. kürzer als die Hauptroute, etwas geringere Höhendifferenz.

Von der **Hütte Ivan Vazov (1)** gehen wir mit der roten und grünen Markierung ca. 40 Min. entgegen der Richtung der Tour 29 entlang eines Bachs bis zur Weggabelung im Kessel **Goljama Mokrica (2)**. Hier zweigt die grüne Markierung links zum Sattel Razdela ab, wir folgen jedoch weiter der roten Markierung. Der anfangs blau markierte Sommerweg geht direkt über den **Mokriški Rid (3)**, der Flanke der Damga (des Vazov Vrăh), und durch den Abschluss des benachbarten kleinen Kessels Malka Mokrica in die flache, lang gezogene Niederung **Topilata (4)** weiter, die zwischen dem Verbindungskamm Damga – Dodov Vrăh im Osten und dem markanten ausladenden Berg Vărla, 2593 m (der unmarkierte Aufstieg dauert ca. 20 Min.), im Westen liegt. Der mit roten Streifen und Stangen markierte Winterweg verläuft rechts (westlich). Unterhalb der Vărla verbindet er sich wieder mit dem Sommerweg. Ein Stück

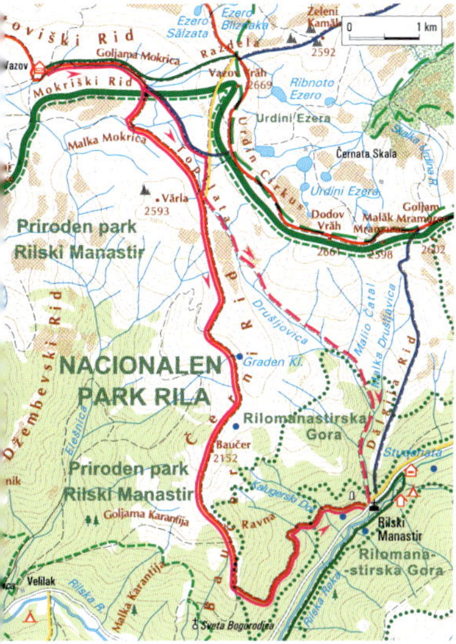

weiter biegt scharf links der Winterweg (Stangen, gelbe Markierung) auf die Damga und in den Sattel Razdela ab. Schräg links biegt ein unmarkierter Weg ins Tal des Flüsschens Drušljavica (Variante). Wir gehen allerdings weiter mit der roten Markierung direkt zum Anfang des Kamms **Černi Rid (5)**, auch Karabunar genannt). Gleich zu Beginn wird ein exponierter felsiger Grat überwunden. Unter Winterbedingungen kann diese Partie sehr gefährlich sein, wovon eine Gedenktafel für zwei Wanderer zeugt. Der weitere Teil des Kamms ist leichter. Der markierte Weg biegt allmählich nach rechts und führt bergab auf die Südwestseite des Kamms zur ehemaligen Viehtränke **Graden Kladenec (6)**. Diese bleibt jedoch den größten Teil des Jahres ohne Wasser. Die einzige zuverlässige Quelle auf dem ganzen Kamm befindet sich etwa 20 Min. weiter an einer alten **Almhütte (7)** östlich unter einem tiefen Sattel, hinter dem der kegelförmige Berg **Baučer (8)**, 2152 m, folgt. Der Höhenpunkt hat seinen Namen nach dem englischen Publizisten und Naturwissenschaftler James Boucher bekommen, Korrespondent der Londoner »Times« Anfang des 20. Jahrhunderts. Vom Baučer geht der rot markierte Weg steil bergab ins Tal des Rila-Flusses. Nordöstlich von der Almwiese **Ravna (9)** bietet sich ein schöner Blick auf den Maljovica-Kamm. An der letzten Stange der Wintermarkierung biegen wir links (geradeaus unmarkierter steiler Abstieg zum Kloster Pčelino) und steigen noch rund 270 Hm scharf abwärts. Dann links auf eine lang gezogene **Traverse (10)** über dem Tal, die uns durch zwei kleine Seitentäler, das zweite heißt **Kalugerski Dol (11)**, und vorbei am Grab von James Boucher in rund 1.00 Std. bis zum **Rila-Kloster (12)** führt.

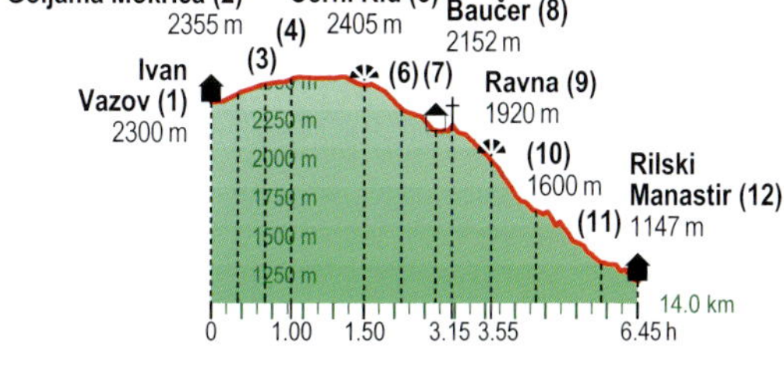

31 Von der Hütte Sedemte Ezera zur Hütte Maljovica

5.30 Std.

Übergang in den wildesten Teil des Rila-Gebirges

Die beschriebene Route stellt den leichtesten und sichersten Übergang aus dem Gebiet der Sieben-Rila-Seen ins Gebiet der Maljovica dar, das allgemein durch seine spitzen Felsgipfel von beinahe alpinem Charakter bekannt ist.

Ausgangspunkt: Hütte Sedemte Ezera, 2206 m. Vom Kurort Sapareva Baňa, 750 m (Busverbindung von Dupnica, 12 km) oder auch Govedarci, 1160 m (Busverbindung von Samokov, 18 km) zur Hütte Rilski Ezera nach Tour 26, restlicher Abschnitt s. Tour 27 (7.00–8.00 Std., knapp 1500 m). Zugang von Govedarci s. Tour 27 (je nach Wegvariante ca. 5.00–7.00 Std., Höhendifferenz knapp 1100 m).
Endpunkt: Maljovica, 2050 m. Evtl. Rückweg auf derselben Route (nach Übernachtung) oder über Variante. Anschlusstouren: 32, 33, 34, 36.
Anforderungen: Recht einfache Wanderung in niedrigeren Lagen, auch bei weniger günstigem Wetter möglich.
Höchster Punkt: Hütte Sedemte Ezera, 2206 m.
Höhenunterschied: 700 m im Aufstieg, 850 m im Abstieg.
Übernachtung/Einkehr: Hütte Sedemte Ezera, Hütte Rilski Ezera, Hütte Lovna, Hütte Vada, Sportgelände Kompleks Maljovica, Hütte Maljovica.
Variante: Von der Hütte Sedemte Ezera auf dem mit Stangen markierten Winterweg zuerst am Fuße des NO-Kamms der Chajduta entlang und dann über den flachen Sattel nordöstlich von diesem Berg (Tour 28) in den Abschluss des Kessels Panicata, von wo der Aufstieg in SO-Richtung auf den felsigen Gipfel Zeleni Kamăk, 2592 m, erfolgt, der im Kamm Zeleni Rid liegt, knapp 2.00 Std. Von hier mit der blauen Markierung kurz nach rechts in Richtung Sattel Razdela. Schon nach einer Weile verlassen wir aber die Markierung und gehen auf einem gut erkennbaren unmarkierten Pfad (Steinmänner) steil bergab in den Kessel Urdin Cirkus mit insgesamt zehn Seen (Urdinite Ezera). Zuerst kommen wir zum sogenannten Fischsee, Ribnoto Ezero, ca. 2320 m, direkt unter den steilen östlichen Abhängen der Damga (Vazov Vrăh), 2669 m. Von diesem See weiter südöstlich (ohne sichtbaren Weg), über eine markante Geländewelle und vorbei an einer kleinen Schäferhütte (hier ist der Weg wieder erkennbar) zum größten der Urdino-Seen, dem Goljamo Urdino Ezero, ca. 2290 m. Von hier bergab (Ostnordost) auf einem schmalen unmarkierten Pfad entlang eines Bachs in den unteren Teil des Kessels zum Zusammenfluss dreier Bäche, der den Beginn

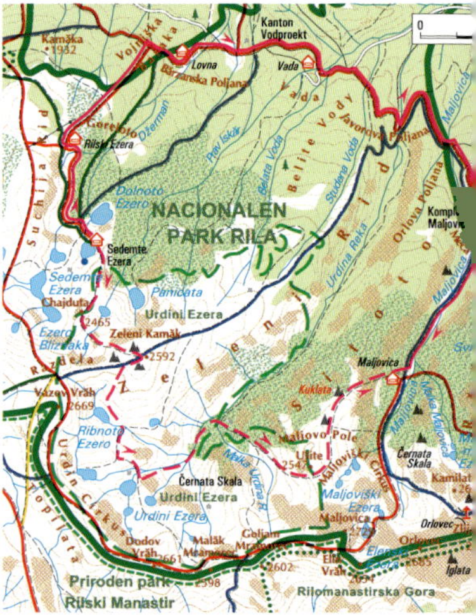

des Flusses Urdina Reka bildet. Diesem folgen wir noch ca. 20 Min. bis zu der Stelle, wo der Nebenfluss Malka Urdina Reka mündet. Hier rechts ab und auf einem unmarkierten Weg bergan, der anfangs in einem Seitental an einem Flüsschen, später direkt am Hang entlangführt (Steinmänner), hoch in den Sattel, der unter dem markanten felsigen Doppelgipfel Ušite, 2547 m, liegt (kurzer Linksabstecher möglich). Rechts ragt schon der Maljovica, 2729 m, in die Höhe. Der unmarkierte Weg geht weiter nach Nordost bis Nord über die Fläche Maljovo Pole und führt steil bergab vorbei an den Felsen Kuklata in das Maljovica-Tal zur Hütte Maljovica, ca. 7.00–8.00 Std., Höhendifferenz ca. 1000 m beim Aufstieg und 1100 m beim Abstieg. Nur für erfahrene Bergwanderer

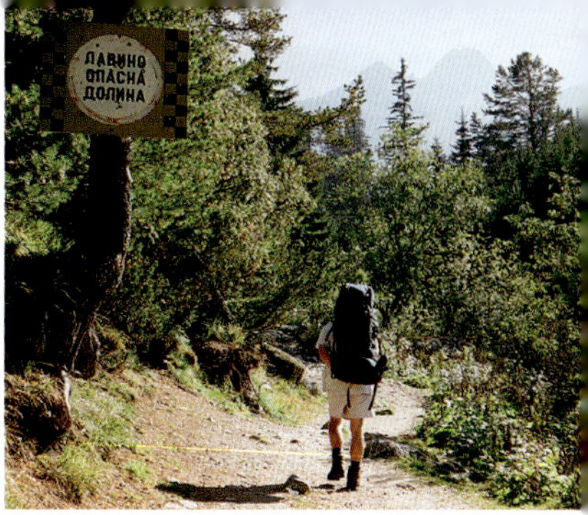

Am Anfang des Maljovica-Tals.

mit Orientierungssinn geeignet, da der größte Teil ohne Markierung ist, und nur bei beständigem Wetter und guter Sicht.

Von der **Hütte Sedemte Ezera (1)** gelangen wir mit der roten und grünen Markierung (Tour 27 in der Gegenrichtung) zur **Hütte Rilski Ezera (2)**. Weiter halten wir uns an der roten Markierung, über die steile Geländestufe **Goreloto** in einen Waldgürtel, wo auf etwa 1700 m auf einer malerischen Lichtung die **Hütte Lovna (3)** steht. Ihre ehemalige Verwalterin, die märchenhaft wirkende Großmutter »Lelja Fidanka«, gehörte jahrlang zu den nicht wegzudenkenden Originalen des Rila. Die rote Markierung führt dann auf Waldwegen bis zur von der Hütte Pionerska kommenden schmalen Straße. Dem befestigten Fahrweg folgend vorbei an der **Hütte Vada (4)** bis auf rund 1430 m. Hier biegt die Markierung rechts ab und führt durch das Tal des Bachs Studena Voda auf die Wiese **Javorova Poljana (5)** unter dem Nordostfuß des Kamms Zeleni Rid (von rechts blaue Markierung vom Sattel Razdela und dem Zeleni Kamăk kommend). Weiter überschreiten wir mit der roten Markierung den Fluss Urdina Reka, umgehen in einer Traverse einen nördlichen Ausläufer der Felsen **Orlovi Skali (6)**, und von einer Holzbrücke aus erblicken wir erstmals den Wildbach **Maljovica (7)**. Es folgt ein steilerer Aufstieg zu der Straße, die am nahen Sportgelände **Kompleks Maljovica (8)** endet. Von hier führt der blau markierte Weg über die **Meča Poljana (9)**, die sogenannte Bärenwiese, durch das Maljovica-Tal hinauf zur strategisch sehr wichtigen **Hütte Maljovica (10)**, 2050 m.

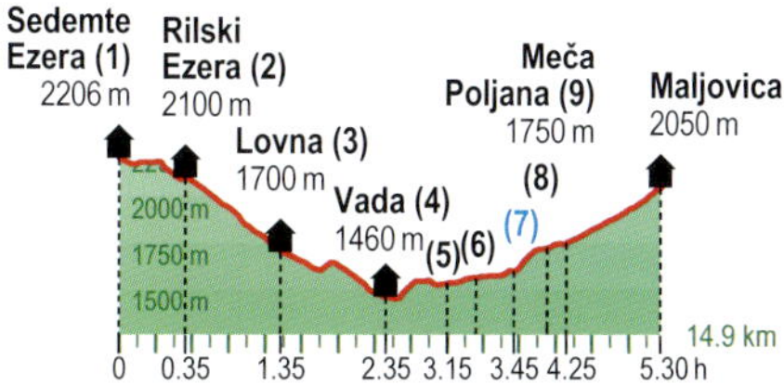

TOP

32 Strašnoto Ezero

6.00 Std.

Zum wunderschönen, keineswegs »schrecklichen« Hochgebirgssee

Strašnoto Ezero bedeutet »Schrecklicher See« – dabei ist er ein wirkliches Kleinod des nordwestlichen Rila. Bei günstigem sonnigen Wetter, wenn sich in seinem smaragdgrünen Wasser die an die Dolomiten erinnernden spitzen Gipfel Bezimenen, Malăk und Sreden Kupen spiegeln, macht der See in keiner Weise einen »schrecklichen« Eindruck. Ganz im Gegenteil: An diesem Ort möchte man lange verweilen und genießen.

Ausgangspunkt: Hütte Maljovica, 2050 m. Vom Sportgelände Kompleks Maljovica, 1740 m, Parkplatz, mit blau markierten Weg im Maljovica-Tal (knapp 1 Std., Höhendifferenz 310 m). Die Rundwanderung kann selbstverständlich auch vom Sportgelände starten. Anfahrt von Govedarci auf guter Asphaltstraße (13 km, Bus). Zugang zu Fuß von Govedarci möglich auf der blau markierten schmalen Straße vorbei an der Kapelle Sveta Bogorodica zur Touristenbasis Ovnarsko und weiter auf Waldwegen mit roter Markierung zum Sportgelände (ca. 3.00–4.00 Std., Höhendifferenz ca. 600 m).
Anforderungen: Rundwanderroute mit erheblicher Höhendifferenz; eine Passage leicht exponiert, meist sehr gut markiert.
Höchster Punkt: Schutzhütte Strašnoto Ezero, 2445 m.
Höhenunterschied: 840 m.
Übernachtung/Einkehr: Hütte Maljovica, Sportgelände Kompleks Maljovica. Notfalls Übernachtung in der Schutzhütte Strašnoto Ezero möglich.
Varianten: 1. Vom See Jončevo Ezero auf einem unmarkierten Pfad im Knieholz in nordwestlicher bis westlicher Richtung über den Kamm Golečica ins Tal des Baches Gorna Preka Reka und zum See Svinskoto Ezero, der in einem romantischen kleinen Kessel unterhalb der Felsen des Kamms Raždavica liegt; weiterer Abstieg auf einem unmarkierten Weg nach Norden – nach ca. 30 Min. stoßen wir im Tal zwischen den Kämmen Golečica (rechts) und Raždavica (links) auf die grüne Markierung (Hauptroute). Insgesamt ca. 30 Min. länger.
2. Von der Schutzhütte Strašnoto Ezero Rückkehr zur Hütte Maljovica auf demselben Weg (ca. 5.00–5.30 Std., Höhendifferenz 400 m).

Von der **Hütte Maljovica (1)** folgen wir der rot-gelben Markierung. Zuerst überqueren wir das Flüsschen Maljovica, und am Hang auf der Ostseite des Maljovica-Tals gehen wir noch ein Stück weiter nach Norden, woraufhin wir dann beginnen, nach rechts steil bergan in das vom Bach Malka Maljovica durchflossene enge Seitental aufzusteigen. Nach etwa einer Stunde betre-

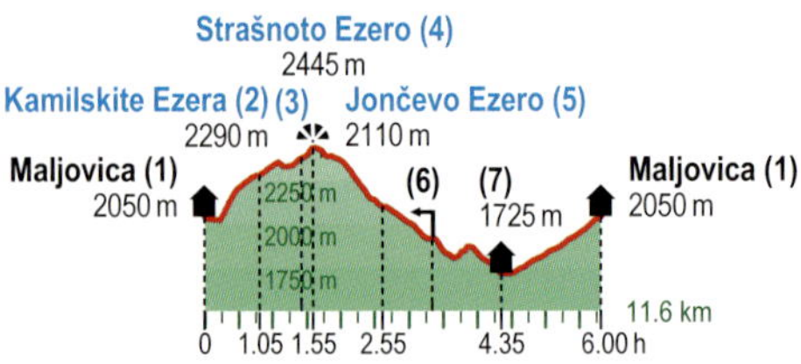

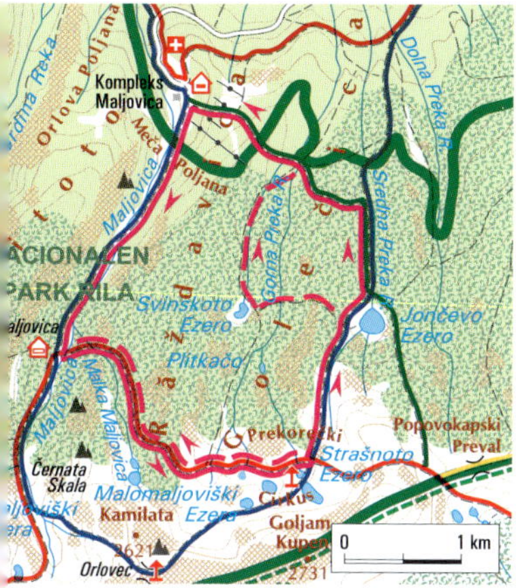

ten wir einen felsigen Kessel unterhalb der Nordhänge der Kamilata, 2621 m, wo die zwei Seen **Kamilskite Ezera (2)** liegen. Wir überschreiten den Kamm Raždavica und gelangen in den Abschluss des Tals Gorna Preka Reka mit weiteren drei Seen mit dem Namen **Malomaljoviški Ezera (3)**. Dieser Kessel heißt Prekorečki Cirkus. Auf der rechten Seite sind der ausladende Gipfel Goljam Kupen, 2731 m, und der gegliederte Verbindungskamm Iglite mit vielen Felsnadeln und Türmchen, der in südwestlicher Richtung zur benachbarten Spitze Lovnica, 2695 m (s. Tour 34) führt, schön zu sehen. Es folgt ein steiler Aufstieg über eine mächtige Felsschwelle in den höchsten Teil des Kessels, wo sich vor uns die wunderschöne Szenerie der Nordwände des Kupenite eröffnet, die den **Strašnoto Ezero (4)** umgeben. Weiter geht es mit der blauen Markierung nach Norden. Über eine leicht exponierte kleine Wand (Vorsicht geboten) steigen wir zum Bach Sredna Preka Reka ab und gehen an diesem entlang etwa 45 Min. bergab bis zum romantischen See **Jončevo Ezero (5)**. Hier schließen wir uns der grünen Markierung an. Die blauen Wegzeichen werden uns noch ca. 30 Min. begleiten, um dann direkt durch das Tal Richtung Ovnarsko und Govedarci zu führen. Wir biegen jedoch an dieser Stelle links ab und gehen mit der grünen Markierung über den Seitenkamm **Golečica (6)**, das Tal des Baches Gorna Preka Reka (von links Variante 1) und nachfolgend den Kamm Raždavica zum Sportgelände **Kompleks Maljovica (7)** (aus dem Tal Sredna Preka Reka ca. 1.30 Std.). Hier biegen wir nach links, nach Süden ins Maljovica-Tal ab und gelangen auf dem blau markierten Weg (Tour 31) in einer knappen Stunde zurück zur **Hütte Maljovica (1)**.

Strašnoto Ezero, hinten der Kupenite.

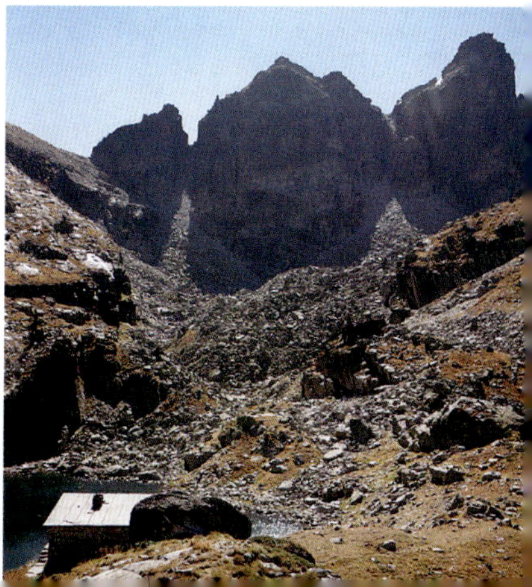

33 Orlovec, 2685 m

7.00 Std.

Schöner, aber anspruchsvoller Aufstieg mit Klettereinlage

Die Spitzen Orlovec und Zlija Zăb liegen im Maljovica-Kamm des nordwestlichen Rila unmittelbar nebeneinander. Die Umgebung ist eine der attraktivsten in den bulgarischen Bergen, sowohl für Wanderer als auch für Hochleistungsbergsteiger. Für Notfälle ist eine Schutzhütte errichtet worden aus Stein und Beton mit Landefläche für Hubschrauber. Der Orlovec (orel = Adler) heißt so, weil seine Form aus einem bestimmten Winkel an einen Adler mit leicht entfalteten Flügeln erinnert. Der Zlija Zăb (zăb = Zahn) hat die Form eines großen Zahns, wobei sein abschreckendes Attribut Zlija (böse) wohl den Schwierigkeitsgrad des Aufstiegs und hauptsächlich die große Zahl der Opfer (Gedenktafeln) ausdrückt.

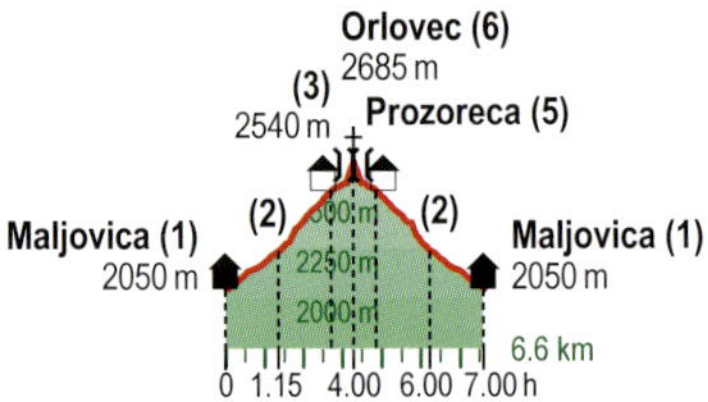

Ausgangspunkt: Hütte Maljovica, 2050 m. Zugang vom Sportgelände Kompleks Maljovica, 1740 m, Parkplatz (Anfahrt und Zugang s. Tour 32), auf blau markiertem Weg im Maljovica-Tal (knapp 1.00 Std., Höhendifferenz 310 m).

Anforderungen: Der Aufstieg auf den Orlovec, 2685 m, wie auch die 30 Min. längere Variante auf den Zlija Zăb, 2678 m, sind schwere Gipfeltouren. Im Abschluss ohne Markierung, nur für sehr erfahrene, fitte Hochgebirgswanderer und ausschließlich bei perfektem Wetter geeignet. Unbedingt notwendig ist Schwindelfreiheit! Achtung: Der abschließende Abschnitt des Aufstiegs auf den Orlovec hat den I. Schwierigkeitsgrad. Ziemlich unangenehm ist eine steile Fels- und Geröllrinne unterhalb des Sattels Prozoreca, besonders beim Abstieg. Wenn die geringsten Zweifel über die Wetterentwicklung herrschen, ist es besser, von der Schutzhütte unter dem Orlovec den leichteren Aufstieg auf die Lovnica (Tour 34) bzw. auf die Kamilata, 2621 m, zu wählen. Dieser Gipfel, der an den Rücken eines Kamels erinnert (kamila = Kamel), ist über einen gut erkennbaren Pfad über den Sattel Lovniški Preval zugänglich.

Höchster Punkt: Orlovec, 2685 m.

Höhenunterschied: 640 m.

Übernachtung/Einkehr: Hütte Maljovica. Im Notfall Übernachtung in der Schutzhütte unter dem Orlovec möglich.

Variante: Der Aufstieg auf den Zlija Zăb hat den Schwierigkeitsgrad I–II, an drei Stellen II. Wir empfehlen ein 40 m langes Sicherungsseil (osiguritelno važe), das ggfs. in der Hütte Maljovica ausgeliehen

Links Zlija Zăb, rechts Orlovec.

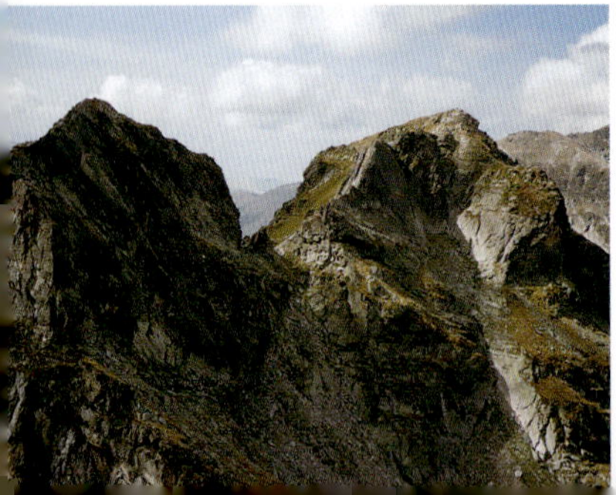

werden kann. Aufstieg auf den Zlija Zăb vom Sattel auf einem Pfad nach Osten bis zum Rand der fast 1200 m hohen Südwand. Hier der erste schwere Aufschwung, eine ca. drei Meter hohe Felswand, in deren unmittelbarer Nähe ein scheinbar bodenloser Abgrund klafft. Etwas weiter oben folgen zwei ähnliche Stellen. Tritte und Griffe gibt es hier, es ist daher nur notwendig, Ruhe zu bewahren. Über der schwierigsten Felspassage ist ein eiserner Abseilring eingebohrt, um den Abstieg mit einem Hilfsseil zu erleichtern. Den abschließenden Abschnitt bildet ein felsig-grasiger Hang. Abstieg auf demselben Weg.

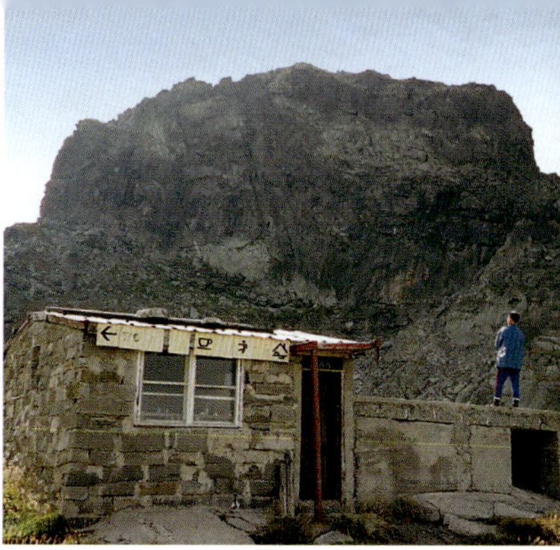

Schutzhütte, im Hintergrund der Zlija Zăb.

Von der **Hütte Maljovica (1)** steigen wir mit roter und blauer Markierung ins Maljovica-Tal über die sogenannte **erste Terrasse (2)** bis auf die zweite Terrasse auf, wo sich ein symbolischer Friedhof der Bergopfer befindet. Die durch Stangen ergänzte rote Markierung führt weiter in den Abschluss des Tals (Touren 35 u. 36); wir folgen jedoch der blauen Markierung nach links. Über einen Bach und dann steil in den Osthang des Tals unter die charakteristisch dunklen Wände des Černata Skala. Wir gewinnen schnell an Höhe, und von einer Stelle unter den Südwesthängen der Kamilata, 2621 m, eröffnet sich ein schöner Blick zurück auf das Massiv der Maljovica, 2729 m. Nach rund 2.30 Std. von der Hütte kommen wir in den Hochgebirgskessel mit der **Schutzhütte unter dem Orlovec (3)**. Der Aufstieg führt ohne Markierung zuerst über ein Geröllfeld und dann zum Beginn der **Flanke (4)** durch eine markante Fels- und Geröllrinne (Steinschlag!) direkt hoch in den Sattel **Prozoreca (5)** zwischen Orlovec, rechts, und Zlija Zăb, links.

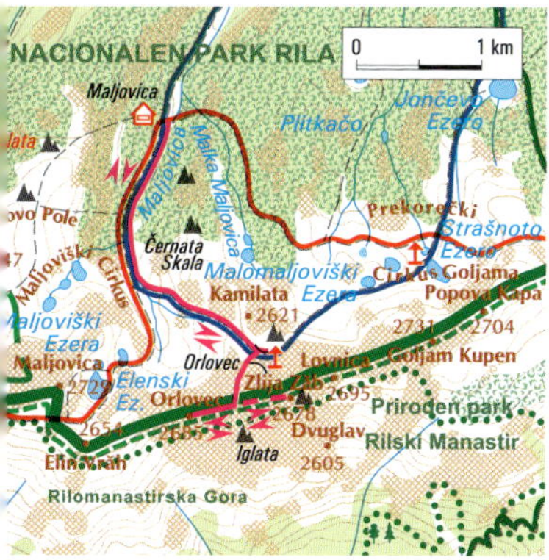

Vom Sattel auf einem kaum wahrnehmbaren Pfad nach Westen und über die Südseite des Kamms über steile Grasflächen und Felsen (stellenweise Steinmänner) bis auf den Gipfel des **Orlovec (6)**. Abstieg auf demselben Weg. (Die Fortsetzung auf dem Kamm entgegen Tour 35 empfehlen wir in keinem Fall. Gleich die einleitende Abstiegspassage ist ohne Seilsicherung und Bergsteigererfahrung sehr gefährlich!)

34 Lovnica, 2695 m

6.00 Std.

Leichter Aufstieg auf einen lohnenden Aussichtsgipfel

Die Lovnica ist ein verhältnismäßig leicht zugänglicher kuppenförmiger Gipfel, der im Hauptkamm des nordwestlichen Rila zwischen der Gruppe Orlovec–Zlija Zăb und der Kupen-Vierergruppe (»Kupenite«) liegt, von der ihn ein Gürtel spitzer Felstürme, die Iglite, trennt. Richtung Nordwesten tritt aus der Lovnica ein mächtiger Seitenkamm mit dem Gipfel Kamilata, der durch den Sattel Lovniški Preval abgetrennt ist. Die Nordseite bilden senkrechte Felswände, die in den Kessel Prekorečki Cirkus mit den Seen Malomaljoviški Ezera abfallen. Diese Steilhänge sind oft Ziel von Bergsteigern. Sehr steil und felsig sind auch die südlichen Hänge, die gut 1200 m in das Tal des Rila-Flusses abfallen – kein Wunder, dass die Panoramaaussicht von der Lovnica zu den eindrucksvollsten im Rila gehört.

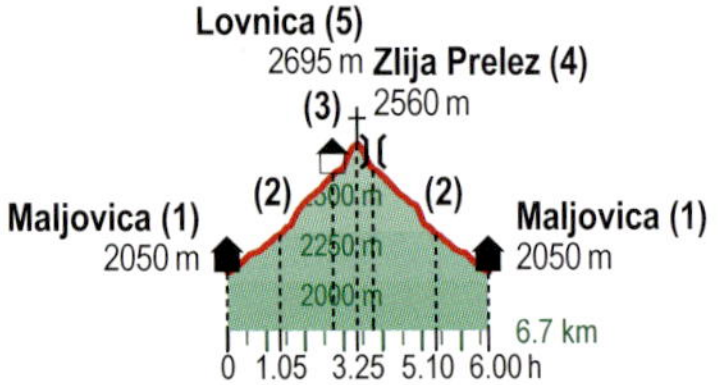

Ausgangspunkt: Hütte Maljovica, 2050 m. Zugang vom Sportgelände Kompleks Maljovica, 1740 m, Parkplatz (Anfahrt und Zugang siehe Tour 32), auf blau markiertem Weg im Maljovica-Tal (knapp 1.00 Std., Höhendifferenz 310 m).

Anforderungen: Schöne Gipfeltour mit erheblicher Höhendifferenz, zum Schluss ohne Markierung, bei guter Sicht orientierungsmäßig einfach. Technisch leicht, kann als weniger schwieriges Ersatzprogramm für Tour 33 empfohlen werden.

Höchster Punkt: Lovnica, 2695 m.

Höhenunterschied: 650 m.

Übernachtung/Einkehr: Hütte Maljovica. Notfalls Übernachtung in der Schutzhütte unter dem Orlovec möglich.

Varianten: 1. Von der Schutzhütte unter dem Orlovec kann man nach der Rückkehr vom Gipfel der Lovnica mit der blauen Markierung nordöstlicher Richtung in ca. 2.00 Std. zum See Strašnoto Ezero absteigen und sich Tour 32 anschließen. 2. Erfahrene Bergwanderer können bei perfektem beständigen Wetter eine Rundwanderung mit wunderschönen Aussichten wagen: Von der Lovnica ohne Markierung weiter nach Nordosten auf dem Verbindungsrücken Iglite (die Felsnadeln werden von der Südseite aus umgangen) auf den Goljam Kupen, 2731 m, höchster Gipfel des nordwestlichen Rila), von hier wieder auf der Südseite des Kamms an den Gipfeln Sreden, Malăk und Bezimenen Kupen vorbei auf die Goljama Popova Kapa, 2704 m, und Abstieg in den Sattel Popovokapski Preval, 2480 m; weiter nach links mit der rot-gelben Markierung zum See Strašnoto Ezero, 2445 m, und entgegen der Richtung von Tour 32 hinunter zur Hütte Maljovica. Gehzeit ca. 10.00 Std., Höhendifferenz rund 1400 m; man muss so früh wie möglich aufbrechen. Notfalls Rückzug möglich durch steile Fels- und Geröllrinnen aus den Sätteln zwischen dem Malăk Kupen und Bezimenen Kupen bzw. zwischen dem Bezimenen Kupen und der Goljama Popova Kapa – in beiden Fällen Richtung Norden zum See Strašnoto Ezero; erhöhte Vorsicht notwendig.

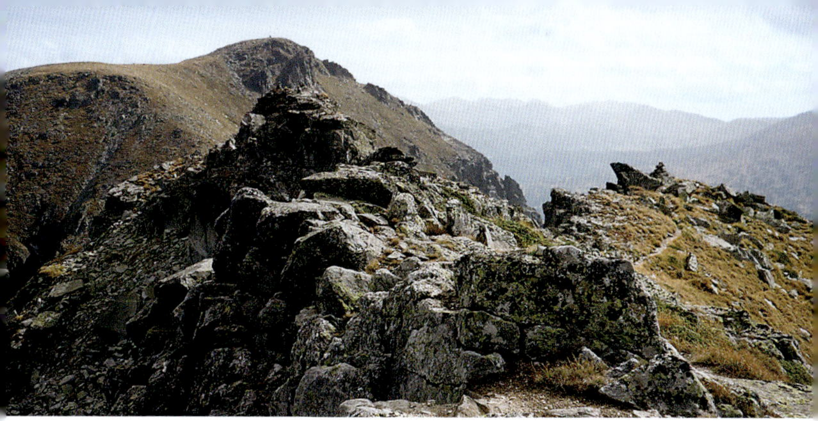

Auf dem Gipfel der Lovnica, dahinter der Goljam Kupen.

Der erste Teil des Aufstiegs von der **Hütte Maljovica (1)** über die sogenannte **erste Terrasse (2)** zur **Schutzhütte unter dem Orlovec (3)** mit der blauen Markierung ist identisch mit der Route der Tour 33. Dann geht er jedoch ohne Markierung (Steinmänner) weiter nach Südosten – auf einem gut erkennbaren Pfad über ein Geröllfeld direkt in den kleinen Sattel **Zlija Prelez (4)**, der von auf der rechten Seite durch die senkrechte Felswand des Gipfels Zlija Zăb, 2678 m, begrenzt ist. Diese imposante Wand verschwindet im Süden in der schier bodenlosen Tiefe des Tals des Rila-Flusses. An einem Felsen ist hier eine große Anzahl von Gedenktafeln angebracht, die davon zeugt, dass der »Böse Zahn« (so heißt Zlija Zăb auf Deutsch) in der Vergangenheit von allen Rila-Gipfeln offenbar bereits die meisten Opfer gefordert hat.
Wir steigen von dem kleinen Sattel nach links, nach Nordosten, auf einem überwiegend grasigen Hang auf einem gut erkennbaren Pfad bergan, zuerst auf einen flachen Vorgipfel im Südwestkamm, von wo sich ein wunderschöner Blick zurück bietet: Links läuft vom mächtigen Vierkant Zlija Zăb über das Tal des Rila-Flusses der auffallende Doppelgipfel Dvuglav, 2605 m, aus, rechts ragt der Orlovec, 2685 m, auf und weiter im Westen die Maljovica, 2729 m, an der der scharfe Kontrast zwischen der mäßigen Südseite und der steilen Nordseite schön zu sehen ist. Auf den höchsten Punkt der **Lovnica (5)** bleiben uns nur noch etwa 15 Min. Gehzeit (von der Schutzhütte unter dem Orlovec ca. 50 Min.). Rückkehr auf demselben Weg zur **Hütte Maljovica (1)**.

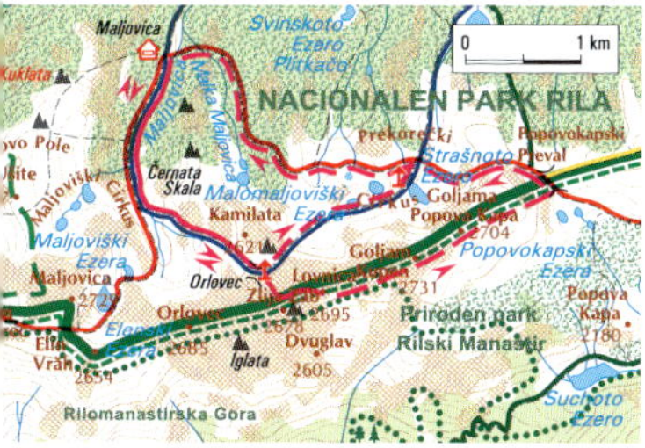

35 Der Kamm Petlite

9.00 Std.

Kamm-Leckerbissen für erfahrene Bergwanderer und Bergsteiger

Der gegliederte Kamm Petlite zieht sich zwischen dem Orlovec und dem Eleni Vrăh hin. Er wird durch zwei markante Gipfel (Malăk Petel und Goljam Petel) und vor allem eine Menge Felszähne, -türme und -nadeln, größere und kleinere Spalten gebildet, in denen die Orientierung keinesfalls einfach ist. Der luftige Weg bzw. die teils unwegsame Route wechselt ständig Richtung und Höhe und geht von einer Seite des Kamms auf die andere. Herrliche Aussichten ins Maljovica-Tal wechseln sich mit noch herrlicheren ins Tal des Rila-Flusses ab. Der Aufstieg auf den Orlovec von Südwesten stellt schon eine ordentliche Bergsteigerleistung dar. Insgesamt ist diese Tour nur den Erfahrensten und ausschließlich bei perfektem, trockenem Wetter zu empfehlen!

Ausgangspunkt: Hütte Maljovica, 2050 m. Zugang vom Sportgelände Kompleks Maljovica, 1740 m, Parkplatz (Anfahrt und Zugang siehe Tour 32), auf blau markiertem Weg im Maljovica-Tal (knapp 1.00 Std., Höhendifferenz 310 m).
Anforderungen: Sehr schwere und exponierte, aber wunderschöne Kammtour, die nur für wirklich erfahrene und fitte Bergfüchse geeignet ist. Absolute Schwindelfreiheit notwendig! Viele Passagen Schwierigkeitsgrad I, einige II. Überwiegend ohne Markierung, stellenweise Steinmänner. Möglichst früh aufbrechen, nur bei stabilem Wetter! Wegen des besonders schweren Aufstiegs von der Südwestseite auf den Orlovec empfehlen wir ein Sicherungsseil, das in der Hütte Maljovica ausgeliehen werden kann. Im Sportgelände bzw. in der Hütte Maljovica kann man auch die Begleitung durch einen Bergführer vereinbaren.
Höchster Punkt: Orlovec, 2685 m.
Höhenunterschied: 850 m.
Übernachtung/Einkehr: Hütte Maljovica. Notfalls Übernachtung in der Schutzhütte unter dem Orlovec möglich.
Hinweis: Bei sich verschlechterndem Wetter kann man noch vor dem Einstieg in den Kamm Petlite – von dem flachen grasigen Sattel zwischen dem Eleni Vrăh und dem Malăk Petel – notfalls durch eine breite Gras- und Geröllrinne nach Norden in das Maljovica-Tal absteigen. Zeitlich verkürzt sich damit die Tour um fast die Hälfte. Die Passage des Kamms Petlite in umgekehrter Richtung ist wegen des gefährlichen Abstiegs vom Orlovec keinesfalls zu empfehlen! Der Zeitbedarf hängt sehr von den technischen Fähigkeiten und der Orientierung ab.

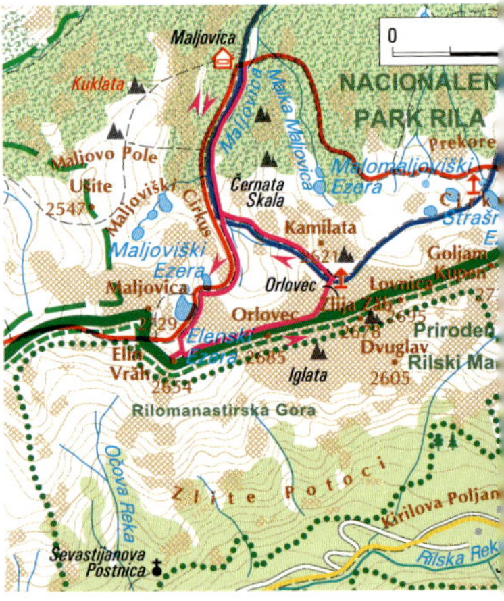

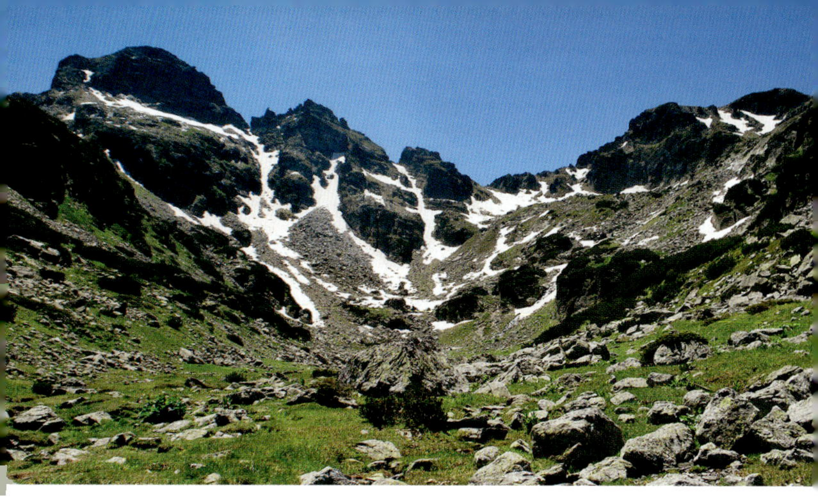

Der Kamm Petlite beim Blick aus dem Maljovica-Tal: von links nach rechts Orlovec, Goljam Petel, Malăk Petel und Eleni Vrăh.

Wir steigen gleichlaufend mit der Route der Tour 36 von der **Hütte Maljovica (1)** mit der roten Markierung durch das Maljovica-Tal über die **erste Terrasse (2)** und vorbei am See **Goljamo Elensko Ezero (3)** bis auf den **Maljovica-Kamm (4)** auf. Von einem kleinen Sattel auf dem Kamm, wo sich uns zum ersten Mal der Blick nach Süden ins Tal des Rila-Flusses eröffnet, gehen wir jedoch nicht mehr auf dem markierten Weg nach rechts weiter, sondern ohne Markierung nach links – auf einem erkennbaren Pfad, der leicht exponiert auf der Südwestseite des felsigen Kamms entlangführt. Bald teilt sich der Pfad: Nach links führt nach Südosten die Hauptroute in Richtung zum Kamm Petlite und zum Gipfel Orlovec, nach rechts führt ein kurzer Abstecher nach Südwesten auf den **Eleni Vrăh (5)**, 2654 m. Der Kamm windet sich dann oberhalb des Abschlusses des Maljovica-Tals allmählich nach Osten bis Nordosten und fällt ohne größere technische Schwierigkeiten (Weg stellenweise mit Steinmännern markiert) leicht in einen grasigen Sattel ab, hinter dem schon der eigentliche Kamm Petlite beginnt. Zuerst müssen wir den westlichen seiner zwei Gipfel, den **Malăk Petel (6)**, bezwingen. Wir gehen weiter abwechselnd auf der linken und rechten Seite des Kamms, umgehen

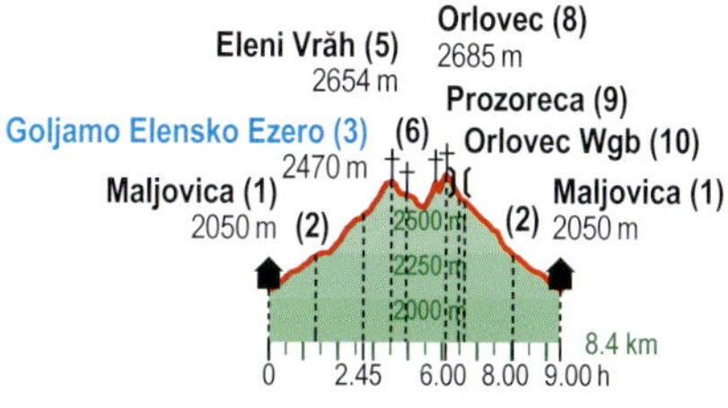

Felstürme und -nadeln, lassen uns in Spalten zwischen ihnen hinab und klettern wieder hinauf. Die gesamte Höhendifferenz ist erheblich, die Zuhilfenahme der Hände üblich. Aus dem Sattel hinter dem Malăk Petel erfolgt ein weiterer markanter Aufstieg, diesmal auf den **Goljam Petel (7)**. Der Kamm bleibt auch weiterhin sehr gegliedert und luftig. Die Aussichten wechseln sich schnell ab. Nach etwa 1.30 Std. vom Eleni Vrăh aus gelangen wir in einen tiefen Sattel vor dem Orlovec.

Der Aufstieg auf die mächtige Gipfelkuppel des **Orlovec (8)**, 2685 m, beginnt von hier aus über eine erheblich exponierte zwei Meter hohe Felswand, zu deren Bezwingung nicht nur Schwindelfreiheit, sondern auch klettertechnische Gewandtheit und Armkraft notwendig sind. Weiter oben befinden sich noch mehrere solcher schweren Stellen. Nach Bedarf kann hier auch ein Sicherungsseil benutzt werden. Die letzten Meter unterhalb des Gipfels führen über einen grasigen Hang auf der Südseite der Kuppel. Der ganze Übergang Eleni Vrăh – Orlovec nimmt ca. 2.00–3.00 Std. in Anspruch. Die Aussicht vom Orlovec ist wirklich fantastisch: Außer dem Kamm Petlite, den wir gerade überklettert haben, sind vor allem die Maljovica, 2729 m, und der nahe Zlija Zăb, 2678 m, schön zu sehen. Wir steigen auf der Route der Tour 33 ab – zuerst in den **Sattel Prozoreca (9)** und dann durch eine Rinne steil nach unten zur **Schutzhütte unter dem Orlovec (10)**. Hier stoßen wir schon auf die blaue Markierung, die uns in ca. 2.00–2.30 Std. zuverlässig ins Maljovica-Tal und zur **Hütte Maljovica (1)** geleitet.

Beim Abstieg mahnt der symbolische Friedhof der Bergopfer im Maljovica-Tal.

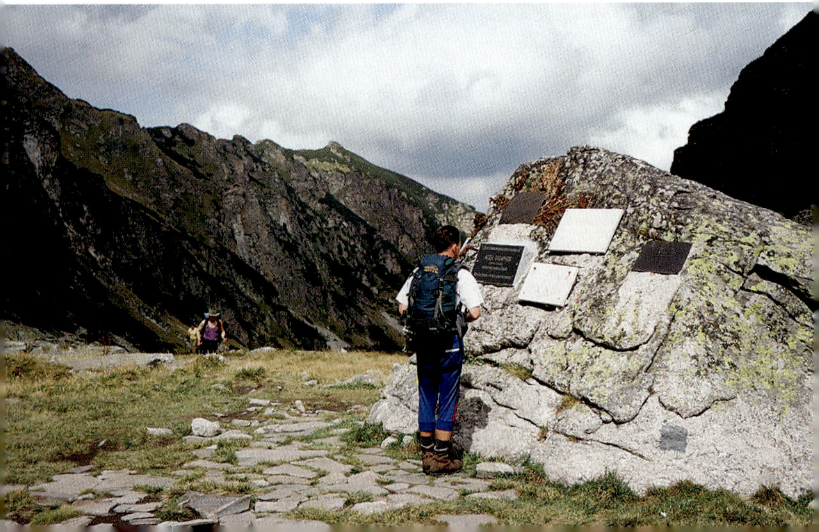

7.15 Std.

Von der Hütte Maljovica zum Rila-Kloster

36 TOP

Klassische Tour über einen Gipfel mit zwei ganz unterschiedlichen Gesichtern

Die beschriebene Tour führt quer durch das Herz des nordwestlichen Rila von der Nordseite auf die Südseite seines Hauptkamms, des Maljovica-Kamms. In der ersten Hälfte des Übergangs ist das Hauptziel die Maljovica, das inoffizielle Symbol des Rila und ein Berg mit zwei gegensätzlichen Gesichtern: Während er von Norden wie fast absolut unzugänglich aussieht, ist seine Südseite nur mäßig abgerundet, und auf dem flachen Berggipfel könnte man ganz gut auch Fußball spielen. Den zweiten Teil der Tour charakterisiert ein schier unendlicher Abstieg ins Rila-Tal zum Rila-Kloster (Rilski Manastir).

Ausgangspunkt: Hütte Maljovica, 2050 m. Zugang vom Sportgelände Kompleks Maljovica, 1740 m, Parkplatz (Anfahrt und Zugang siehe Tour 32), auf blau markiertem Weg im Maljovica-Tal (knapp 1.00 Std., Höhendifferenz 310 m).
Endpunkt: Rila-Kloster (Rilski Manastir), 1147 m. Evtl. Rückweg auf derselben Route (nach Übernachtung). Anschlusstouren: 37, 38.
Anforderungen: Verhältnismäßig langer und anstrengender Übergang mit erheblicher Höhendifferenz, besonders beim Abstieg, bei dem es darüber hinaus bei verschlechterter Sicht zu Orientierungsproblemen kommen kann.
Höchster Punkt: Maljovica, 2729 m.
Höhenunterschied: 750 m im Aufstieg, 1650 m im Abstieg.
Übernachtung/Einkehr: Hütte Maljovica, Rila-Kloster.

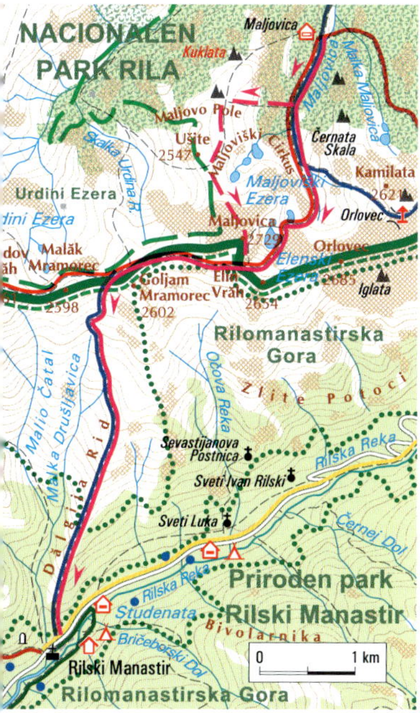

Von der **Hütte Maljovica (1)** folgen wir der roten und blauen Markierung und steigen identisch mit den Routen der Touren 33, 34 und 35 durch das Maljovica-Tal bergan. Nach 20 Min. gelangen wir an die sogenannte **erste Terrasse (2)**, von deren unterem Rand nach rechts, also in Richtung Westen, die steile Rinne Ovčarskijat Ulej nach oben steigt, durch die der unmarkierte

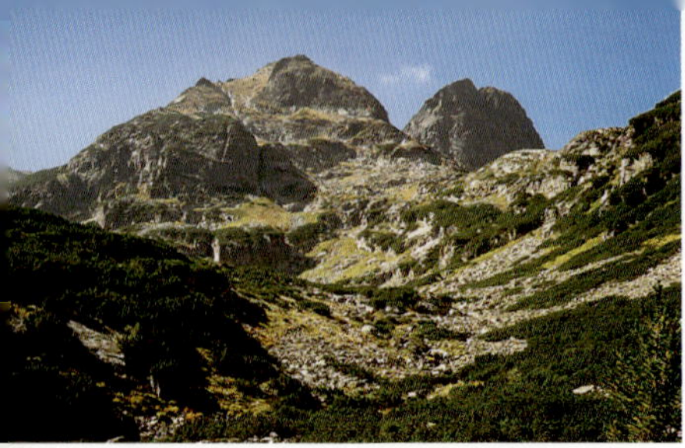

Von der Nordseite sieht der Berg Maljovica (rechts hinten) sehr abweisend aus ...

nördliche Weg zum Gipfel der Maljovica führt. (Über die Fläche Maljovo Pole und vorbei an den drei Maljovica-Seen auf den Sattel Maljoviški Preval zwischen der Maljovica und dem östlich von ihr liegenden Berg Orleto. Der ganze Aufstieg dauert ca. 3 Std. Zum Schluss gibt es ein verhältnismäßig anstrengendes Klettern über die Südostkante der Maljovica, was nur für Erfahrene und mit leichter Ausrüstung geeignet ist.)
Wir bleiben jedoch auf der markierten Hauptroute im Tal und nach weiteren rund 20 Min. gelangen wir an die zweite Terrasse (Vtora Terasa), wo sich der symbolische Friedhof der Bergopfer befindet. An einem großen Felsblock sind Gedenktafeln mit den Namen der Bergsteiger und Wanderer angebracht, die nicht nur im Rila, sondern auch in anderen Gebirgen der Welt umgekommen sind (etwa des bulgarischen Bergsteigers Ljudmil Jankov, dessen Leben am Mt. Everest im Himalaja endete). Nach links verlässt uns die blaue Markierung zur Schutzhütte unter dem Orlovec (Touren 33 u. 34), während die rote Markierung durch das Tal in südlicher Richtung weitergeht, um sich später nach Südwest zu winden und über eine mächtige Felsschwelle in den Kessel unter der Ostwand der Maljovica zum größten der hiesigen Seengruppe Elenski Ezera, dem **Goljamo Elensko Ezero (3)**, auch Elenino Ezero, aufzusteigen. Von hier kann man in einer Stunde ohne Markierung in nordwestlicher bis nördlicher Richtung auf die Malka Maljovica aufsteigen, die hier wirklich nahe erscheint. Die rote Markierung umgeht den See von links (Winterweg von rechts) und führt steil nach oben auf den Maljovica-Kamm. Aus einem kleinen **Sattel (4)** auf dem Kamm erblicken wir zum ersten Mal das Tal des Rila-Flusses mit dem Rila-Kloster. Nach links biegt die unmarkierte Route der Tour 35 ab, wir folgen jedoch weiter der roten Markierung: nach rechts, in westlicher bis nordwestlicher Richtung entlang der felsigen Kante des Kamms, und nach ca. 20 Min. stehen wir an einer Weggabelung in einem unauffälligen **Sattel (5)**, von wo nach rechts ein kurzer Abstecher (15 Min.) auf den höchsten Punkt des Bergs

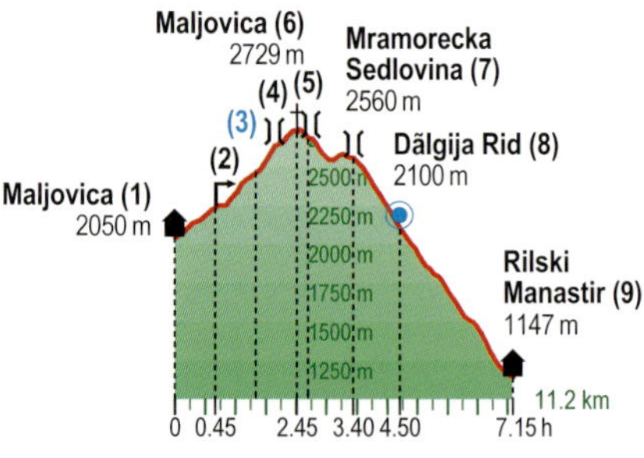

Maljovica (6), 2729 m, führt. Die Aussicht von hier ist wirklich eindrucksvoll: Im Nordwesten erheben sich hinter dem felsigen Doppelgipfel des Ušite und dem ausgedehnten Tal des Flusses Urdina Reka die Gipfel im Gebiet der Seen Sedemte Ezera, im Norden gähnt die mehrere Hundert Meter zählende Tiefe des Maljovica-Tals mit der Hütte Maljovica, von der wir losgegangen sind. Im Osten dominiert die Orlovec-Gruppe mit dem wild zerklüfteten Kamm Petlite, und in der Ferne ist im Süden das Pirin-Gebirge zu sehen. Nach der Rückkehr auf den Hauptkamm gehen wir weiter mit der roten Markierung noch etwa eine Stunde vorbei an dem Doppelgipfel Goljam Mramorec, 2602 m, in den Sattel **Mramorecka Sedlovina (7)**. Die rote Markierung und die Winter-Stangenmarkierung führen von hier aus weiter auf dem Kamm über den Malăk Mramorec, 2598 m, und den Dodov Vrăh, 2661 m, zum Sattel Razdela, wir biegen jedoch mit der blauen Markierung nach links ab und beginnen den langen Abstieg über die Südhänge ins Tal des Rila-Flusses. Nach etwa 45 Min. kommen wir an einer kleinen Quelle vorbei, im Sommer manchmal austrocknet, und gehen auf dem lang gezogenen Kamm **Dălgija Rid (8)** beständig und scheinbar unendlich weiter bergab. Der Pfad am steilen grasigen Hang ist unangenehm schmal, und mit größerer Last auf dem Rücken ist es gut, während des Abstiegs ab und zu Pausen zu machen. Der letzte Abschnitt führt durch einen schönen Balkanwald mit vielen interessant geformten alten Bäumen, und dann taucht unter uns schon aus idyllischem Grün das sehnlich erhoffte Ziel, das **Rila-Kloster (9)** auf.

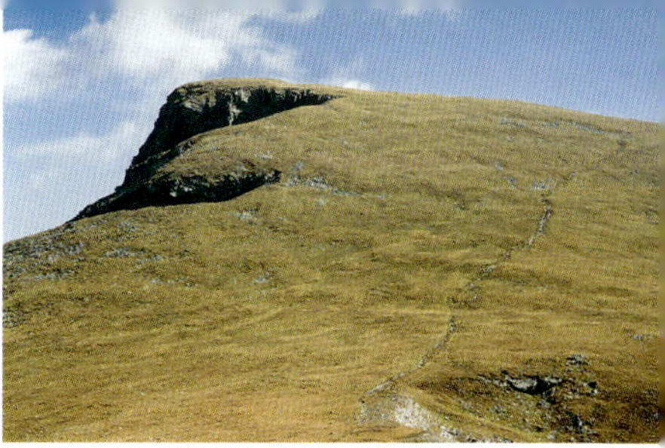

... von Süden und Südwesten ist er dagegen ziemlich leicht zugänglich.

Blick von der Gipfelfläche der Maljovica nach Osten zur Orlovec-Gruppe, unten die Seen Elenski Ezera.

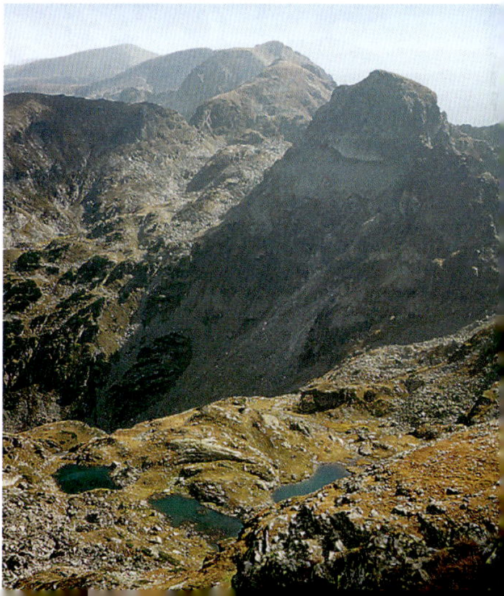

37 Vom Rila-Kloster zur Hütte Ribni Ezera

6.30 Std.

Durch das lange Tal des Rila-Flusses in ein Anglerparadies

Das Tal des Rila-Flusses ist oberhalb des Rila-Klosters noch ziemlich ausgedehnt und lang. Es windet sich nach und nach unterhalb der mächtigen Felswände der Orlovec-Gruppe und des Massivs des Vodni Vrăh (schon Bestandteil des mittleren Rila) nach Osten bis Südosten, um unterhalb der Josifica, 2696 m, definitiv in südlicher Richtung zu verlaufen und bis zu seinem vollständigen Abschluss zu gelangen, den der kranzförmige Kessel Ribnoezeren Cirkus mit der Seengruppe Ribni Ezera bildet. Wie schon der Name besagt (riba = Fisch), leben hier sehr viele Fischarten, besonders Forellen. Ein wahres Anglerparadies ist insbesondere der größte und am höchsten gelegene See Gorno Ribno Ezero, der sich unter die felsigen Nordwände der Kanarata, 2691 m, duckt. Die nahe Hütte Ribni Ezera ist ein optimal gelegener Stützpunkt für die Jäger mit Rute, Ködern und Kescher und für Wanderer.

Ausgangspunkt: Rila-Kloster (Rilski Manastir), 1147 m. Von der Staatsstraße 1/E-79 im Tal der Struma von der Ortschaft Kočerinovo (Bahnstation an der Strecke Sofia – Blagoevgrad – Sandanski – Thessaloniki) über die Dörfer Stob (Naturreservat Pyramiden von Stob) und Rila, 31 km, Busverbindung. Auch direkte Buslinien von Sofia (123 km), Dupnica (55 km) und Blagoevgrad (35 km). Großer Parkplatz am Kloster.
Endpunkt: Ribni Ezera, 2250 m. Rückweg auf derselben Route oder über eine der Varianten (nach Übernachtung). Anschlusstouren: 37, 39, 40, 41, 42.
Hinweis: Die Straße ist noch 6 km weiter nach oben bis zur Alm Kirilova Poljana (oder auch Partizanska Poljana, 1440 m), wo ebenfalls Parkmöglichkeiten sind, für den Autoverkehr freigegeben. Der Start von der Alm spart 1.30–2.00 Std. Vom Rila-Kloster gelingt es Wanderern oft, per Anhalter im Tal nach oben zu gelangen.
Anforderungen: Eine orientierungsmäßig einfache, aber verhältnismäßig lange Tour durch das Tal.
Höchster Punkt: Hütte Ribni Ezera, 2250 m.
Höhenunterschied: 1180 m, von der Alm Kirilova Poljana nur ca. 850 m.
Übernachtung/Einkehr: Rila-Kloster, Touristenbasis Kirilova Poljana, Hütte Ribni Ezera.
Varianten: 1. Erfahrene, trainierte und ausdauernde Bergwanderer mit gutem Orientierungssinn können von der gelb

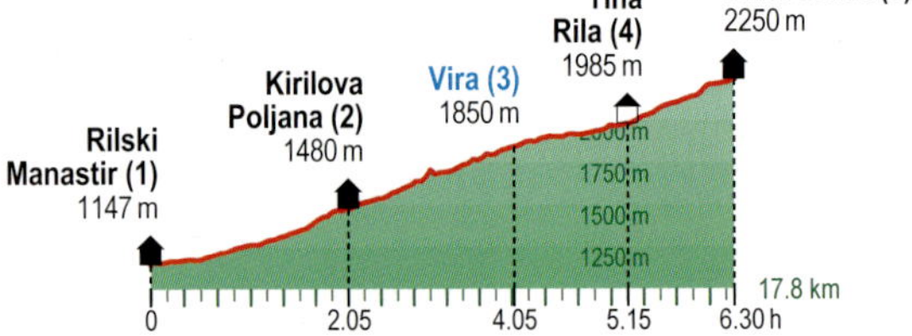

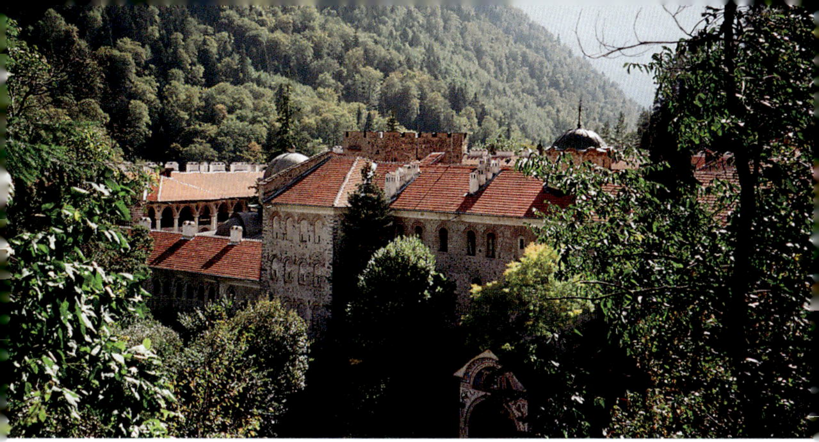

Rila-Kloster.

markierten Straße im Rila-Tal nach etwa 20 Min. hinter dem Campingplatz und dem Kirchlein Sveti Luka nach rechts auf einen unmarkierten Weg abbiegen, der steil in das Seitental Černej Dol aufsteigt. Im Knieholzgürtel geht man über den Sattel zwischen den Bergen Černej, 2358 m, und Baba, 2609 m. Es folgt ein kurzer Abstieg in den Kessel der Seen Manastirski Ezera. Noch vor diesen an einer Weggabelung nach links und durch das Tal der Vodnica und über einen vom Berg Teodosijevi Karauli, 2671 m, ausgehenden nördlichen Seitenkamm in das Tal des Flusses Djavolska Reka und dann hinauf zu den Seen Djavolski Ezera. Auf einer Traverse des Berges Rilec, 2713 m, zum See Černoto Ezero und Abstieg zum großen See Smradlivo Ezero (Tour 39). Schließlich über den Kamm Ostreški Rid, vorbei an mehreren kleineren Seen zur Hütte Ribni Ezera. 9.00–10.00 Std., Höhendifferenz ca. 1800 m (wiederholte Auf- und Abstiege).

2. Ein faszinierendes Erlebnis – allerdings nur für sehr erfahrene, leistungsfähige und geübte Bergfüchse – stellt der Übergang über den Aussichtskamm Bričebor dar, der südlich vom Rila-Tal liegt: Von der Siedlung Rilski Manastir ein kleines Stück mit der grünen Markierung zum Hotel Rilec, von dort nach rechts Richtung Osten auf einem unmarkierten Weg ins Tal des Bričebor-Baches (Bričeborski Dol); steil bergauf, später mehr rechts von dem erwähnten Tal (Achtung, Orientierung!), durch Knieholz und offenes Gelände bis auf den Kamm und Berg Bričebor, 2104 m; weiter ohne Markierung in östlicher Richtung auf einem übersichtlichen Kamm über die Gipfel Pădarska Čuka, 2574 m, Baba, 2609 m, Dăbrava, 2577 m, Teodosijevi Karauli, 2671 m, Rilec, 2713 m, Traverse von rechts, und Ostrec, 2612 m, in den Sattel Mramorecki Preslap in einer Höhe um 2500 m, von wo man auf einem rot markierten Weg nach links in den Kessel Ribnoezeren Cirkus und zur Hütte Ribni Ezera absteigen kann. Insgesamt ca. 10.00–11.00 Std., Höhendifferenz reichlich über 2000 m (wiederholte Auf- und Abstiege). Die Route wird öfter in umgekehrter Richtung gegangen. Auf dem Kamm ist das einzige und noch dazu unzuverlässige Wasservorkommen die Quelle Djadotodorova Češma nordöstlich vom Gipfel Dăbrava. Im Falle eine Wetterverschlechterung sind notfalls Abstiege nach Norden auf die Route der Variante 1 (Manastirski Ezera, Djavolski Ezera, Smradlivo Ezero) möglich. Die Tour grundsätzlich nur am Morgen und so früh wie möglich antreten!

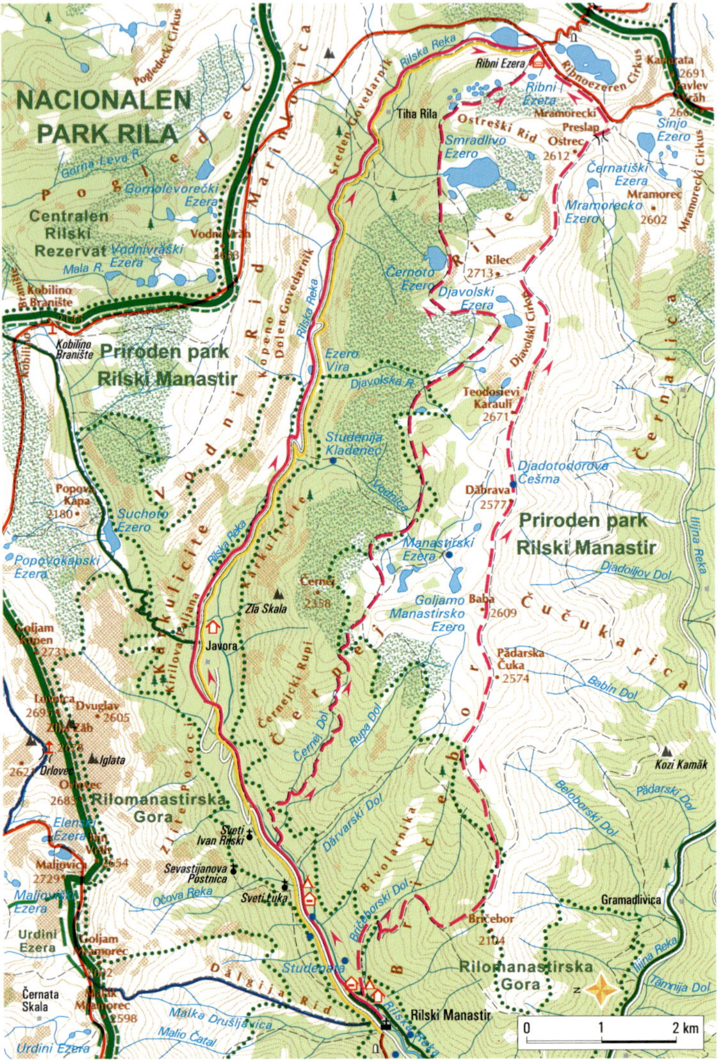
NACIONALEN PARK RILA
Centralen Rilski Rezervat
Priroden park Rilski Manastir
Priroden park Rilski Manastir
Rilomanastirska Gora
Rilomanastirska Gora
Ribni Ezera
Tiha Rila
Javora
Zla Skala
Rilski Manastir
Kobilino Branište
Rilska Reka
Smradlivo Ezero
Černoto Ezero
Djavolski Ezera
Studenija Kladenec
Djadotodorova Česma
Manastirski Ezera
Goljamo Manastirsko Ezero
Suchoto Ezero
Popovokapski Ezera
Rilec 2713
Dăbrava 2577
Baba 2609
Pădarska Čuka 2574
Bričebor 2104
Černec 2358
Popova Kapa 2180
Goljam Kupen 2731
Gramadlivica
Kozi Kamăk
Sveti Ivan Rilski
Sveti Luka
Sevastijanova Postnica
0 1 2 km

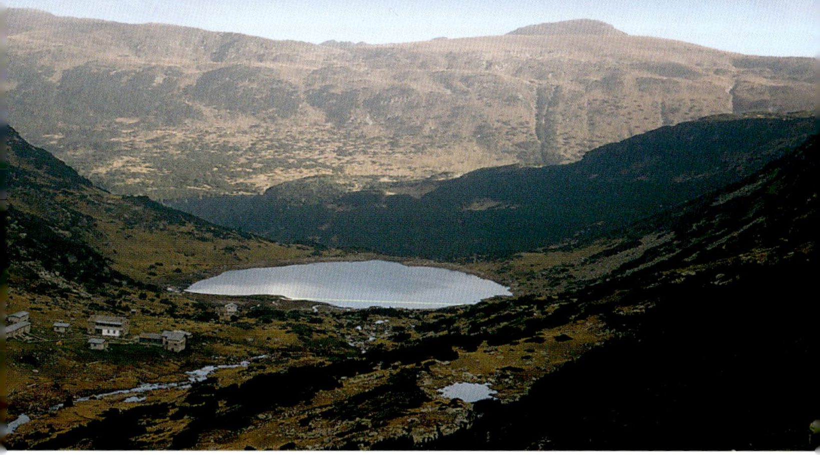

Gesamtansicht der Hütte Ribni Ezera und des Sees Dolno Ribno Ezero vom Hang des Kanarata-Kamms, im Hintergrund der Pogledec, 2690 m.

Der Abschnitt **Rilski Manastir (1)** – Alm **Kirilova Poljana (2)**, früher Partizanska Poljana, »Partisanenalm«, weil sich hier während des Zweiten Weltkriegs Partisanen versteckten, kann bequem mit dem Auto absolviert werden. Die befestigte Straße für Privatfahrzeuge führt zwar noch weiter, aber dann würden wir zu viele Eindrücke versäumen. Den ganzen Weg wird uns die gelbe Markierung begleiten, die stellenweise die Serpentinen der Straße abkürzt. Entlang des mächtigen Kamms Vodni Rid mit schönen Felspartien und vorbei am kleinen See **Vira (3)**, »Tümpel«, gelangen wir auf die Alm **Tiha Rila (4)**, wo die Straße endet und an ihrer Stelle ein unbefestigter Waldweg weitergeht, der bald in einen klassischen Bergpfad übergeht. Vom Rila-Fluss ist hier oben nur noch ein kleiner Bach übrig. Unter dem dominanten Berg Josifica wenden wir uns nach Süden und steigen vorbei am See Dolno Ribno Ezero bis zur **Hütte Ribni Ezera (5)** auf, die auf einer niedrigen Talschwelle auf einer Höhe von 2250 m erbaut ist.

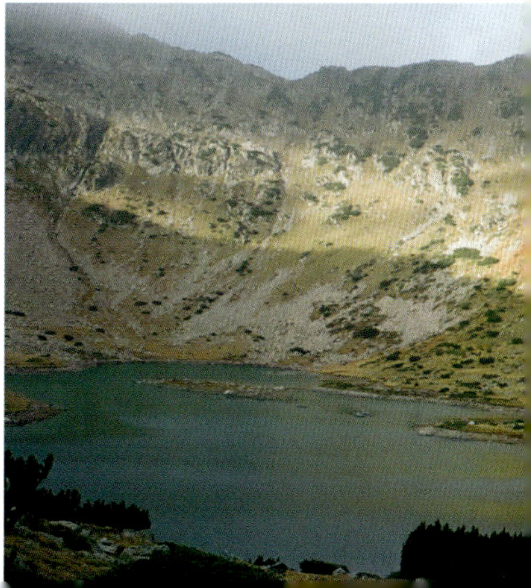

Morgendliches Spiel von Licht und Schatten über dem See Gorno Ribno Ezero.

38 Kobilino Branište

5.00 Std.

Vorbei an einem malerischen See zum traditionellen Sommerquartier der Schäfer

Der Kobilino Branište ist ein flacher Wiesensattel oder eher eine Senke, die zwischen der Gruppe des Lopuški Vrăh, 2698 m, und des Medarnik, 2567 m, auch Mečit, im Norden und dem Massiv des Vodni Vrăh, 2683 m, im Süden, in der Linie der Wasserscheide Ägäisches Meer (Suchoezeren Potok/Rilska Reka) – Schwarzes Meer (Levi Iskăr) an der Nahtstelle zwischen dem nordwestlichen und mittleren Rila liegt. Vom späten Frühjahr bis zum späten Herbst weiden hier Ziegen und Schafe, aber die strategische Lage des Ortes nutzen außer den Hirten auch die Wanderer, für die eine bescheidene Schutzhütte (zaslon) erbaut wurde. Auf dem Wege aus dem Tal des Rila-Flusses kommen wir am idyllischen See Suchoto Ezero vorbei, der einen unterirdischen Abfluss hat und über dessen nordöstlichem Ufer sich der über 200 m hohe felsige Abhang des Berges Popova Kapa, 2180 m, erhebt. Vom Kobilino Branište bieten sich den Wanderern verschiedene Möglichkeiten, wie sie weitergehen können. Es kommt nur darauf an, welcher Teil des Rila ihr Ziel ist.

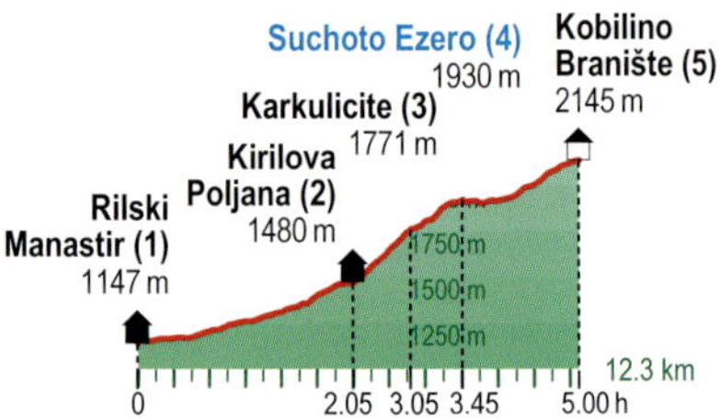

Ausgangspunkt: Rila-Kloster (Rilski Manastir), 1147 m, bzw. erst Kirilova Poljana, 1440 m. Anfahrten/Zugänge s. Tour 37.
Endpunkt: Kobilino Branište, 2145 m. Evtl. Rückweg auf derselben Route oder über Ribni Ezera (nach Übernachtung).
Anforderungen: Steiler Aufstieg über die Hänge des Karkulicite, orientierungsmäßig problemlos.

Höchster Punkt: Sattel Kobilino Branište, 2145 m.
Höhenunterschied: 1040 m, von der Alm Kirilova Poljana nur ca. 670 m.
Übernachtung/Einkehr: Rila-Kloster, Touristenbasis Kirilova Poljana; im Sattel Kobilino Branište gibt es im Sommer eine Almhütte mit improvisierter Imbissmöglichkeit. Man kann sich jedoch nicht darauf verlassen. Ansonsten steht nur die Schutzhütte für ca. 20 Personen zur Verfügung.
Varianten: Von der Schutzhütte Kobilino Branište gibt es außer der Rückkehr auf demselben Weg zum Ausgangspunkt noch vier Möglichkeiten der weiteren Fortsetzung, wobei es in allen Fällen besser ist, in der Schutzhütte zu übernachten und den zweiten Teil der alternativen Route erst am nächsten Tag zu absolvieren, sodass man ausreichend Zeit hat, die schöne Gebirgsnatur zu genießen.

Wer am **Rila-Kloster (1)** eine Mitfahrgelegenheit zur Alm **Kirilova Poljana (2)** bekommen kann, spart ein gutes Stück Fußweg. Aber auch zu Fuß ist die Strecke lohnenswert: Die landschaftliche Szenerie im Tal des Rila-Flusses ist

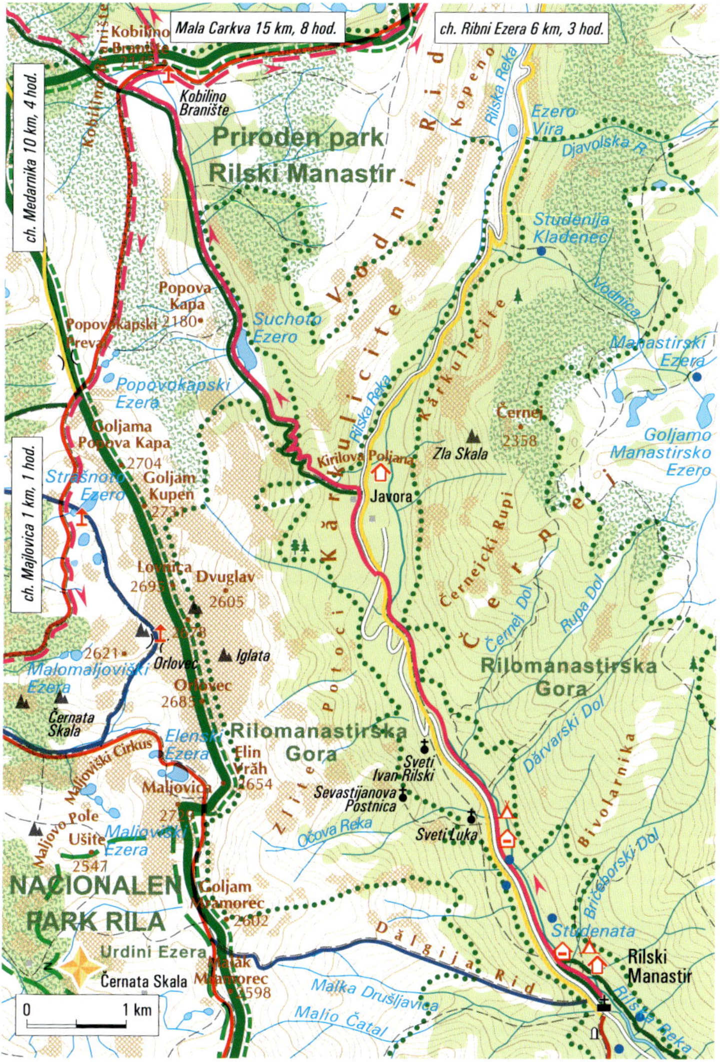
Mala Carkva 15 km, 8 hod.
ch. Ribni Ezera 6 km, 3 hod.
ch. Medarnika 10 km, 4 hod.
ch. Majlovica 1 km, 1 hod.
Kobilino Branište
Priroden park Rilski Manastir
Vodni Rid
Kopeno
Rilska Reka
Ezero Vira
Djavolska R.
Studenija Kladenec
Vodnica
Popova Kapa
Popovokapski Prevar
2180
Suchoto Ezero
Popovokapski Ezera
Kărkulicite
Manastirski Ezera
Černej
2358
Goljamo Manastirsko Ezero
Goljama Popova Kapa
2704
Strašnoto Ezero
Goljam Kupen
Kirilova Poljana
Zla Skala
Javora
Černejcki Rupi
Černej
Lovnica
2695
Dvuglav
2605
Černej Dol
Rupa Dol
Potoci
Iglata
Orlovec
2685
2621
Malomaljoviški Ezera
Černata Skala
Rilomanastirska Gora
Dărvarski Dol
Elenski Ezera
Elin Vrăh
2654
Maljoviški Cirkus
Maljovica
Sveti Ivan Rilski
Sevastijanova Postnica
Sveti Luka
Očova Reka
Bivolarnika
Maljovo Pole
Ušite
Maljoviški Ezera
2547
Zlite
NACIONALEN PARK RILA
Goljam Mramorec
2602
Bričeborski Dol
Studenata
Dălgija Rid
Urdini Ezera
Černata Skala
Malăk Mramorec
2598
Rilski Manastir
Malka Drušljavica
Malio Čatal
Rilska Reka
0
1 km

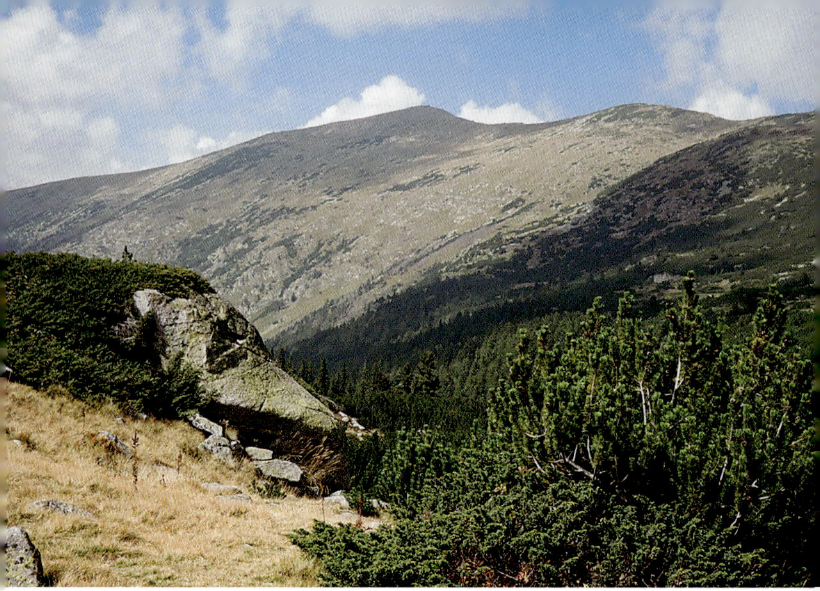

Der Vodni Vrăh vom Tal des Rila-Flusses (Rilska Reka) aus gesehen.

wunderschön und der Verkehr auf der Straße verhältnismäßig gering. Im oberen Teil unterhalb der Kirilova Poljana kürzt die gelbe Markierung die Serpentinen der Asphaltstraße ab, um schließlich wieder auf sie zu stoßen. Der weitere Aufstieg aus dem Tal nach Norden führt – jedoch schon auf einem grün markierten Bergpfad – eine gute Stunde zwischen verkarsteten Felsen am Hang des **Karkulicite (3)**, unter dem der im Untergrund verschwindende Bach Suchoezeren Potok fließt, sehr steil bergan. In der Höhe von rund 1900 m steigt das Gelände weniger an, und wir kommen zum See **Suchoto Ezero (4)**. Oberhalb von ihm folgt der Pfad schon dem Oberflächenlauf des Bachs Suchoezerni Potok, und unterhalb der Hänge der Popova Kapa und später des Lopuški Vrăh führt er andauernd bergan bis auf die Wiesen in der Nähe der **Schutzhütte Kobilino Branište (5)**, 2145 m, wo wir den späten Nachmittag und den Abend genießen können.

Möglichkeiten zur Fortsetzung (am besten am nächsten Tag):
1. Der roten Markierung folgend in südlicher bis südöstlicher Richtung über den Vodni Vrăh, 2683 m, den Kamm Marinkovica, durch das Marinkovica-Tal und die westliche Flanke der Josifica, 2696 m, zur Hütte Ribni Ezera, 2250 m. Ca. 4.30–5.00 Std., Höhendifferenz ca. 650 m im Aufstieg und 400 m im Abstieg; ideal als Übergang in den südwestlichen oder östlichen Teil des Rila.

2. Der roten und später auch gelben Markierung folgend in westlicher bis nordwestlicher Richtung über den Sattel Popovokapski Preval, 2480 m, und den See Strašnoto Ezero, 2455 m (Tour 32), zur Hütte Maljovica, 2050 m. Ca. 4.30–5.30 Std., Höhendifferenz ca. 600 m beim Aufstieg und 700 m beim Abstieg; Übergang in den zentralen Teil des nordwestlichen Rila.
3. Der grünen Markierung folgend nach Norden über den Goljam Medarnik (auch Goljam Mečit), 2567 m, und den Malăk Medarnik (auch Malăk Mečit), 2171 m, zur Hütte Medarnika (auch Mečit), 1470 m – ca. 5.00–6.00 Std., Höhendifferenz beim Aufstieg ca. 420 m und beim Abstieg 1100 m. Von hier führt die Straße oder der gelb markierte Weg (zu Fuß ca. 2.00 Std.) bergab bis zur Ortschaft Govedarci (1150 m); ideal als Abgang oder in umgekehrter Richtung als Einstieg ins Rila-Gebirge von der Nordseite aus.
4. Ohne Markierung auf einem gut erkennbaren Weg nach Nordosten ins Tal des Flusses Levi Iskăr, und in diesem immer weiter abwärts (ca. 8.00 Std.) bis ins Dorf Mala Cărkva, das an der Mündung des Levi Iskăr in den Černi Iskăr 5 km östlich von Govedarci und 12 km südwestlich von Samokov liegt (Busverbindung). Als Einstieg ins Gebirge (in umgekehrter Richtung) empfehlen wir diese Tour eher nicht.

Über der Kirilova Poljana ragt der felsige Doppelgipfel Dvuglav steil empor.

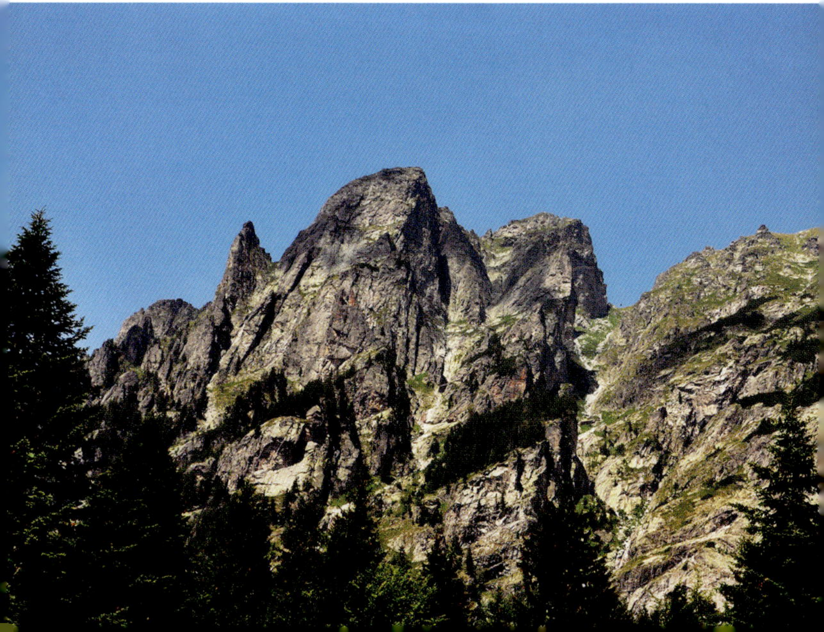

39 Smradlivo Ezero

2.30 Std.

Zum größten natürlichen See des ganzen Balkans

Der See Smradlivo Ezero, »Stinkender See« – auch wenn sein Name (offensichtlich vom Geruch der Wasserpflanzen in den seichten Partien in der Sonnenglut des Sommers abgeleitet) vielleicht nicht allzu angenehme Gefühle weckt – ist der größte natürliche See des Rila-Gebirges, Bulgariens und des ganzen Balkans. Die Fläche dieses birnenförmigen Gewässers, das knapp 2300 m hoch über dem oberen Teil des Rila-Tals in einem fast idealen Hufeisen zwischen den Massiven des Rilec (manchmal auch Džendema genannt) und des Ostrec eingebettet ist, beträgt 21,2 ha, was fast doppelt so viel ist, wie die Fläche des zweitgrößten Sees, des Popovo Ezero (12,4 ha) im Pirin (siehe Tour 12). An den Zuflüssen des Smradlivo Ezero im sogenannten Rila-Kessel liegen noch drei kleinere Seen. Der Abfluss an der Nordseite des Sees ist durch einen Betondamm gesichert. Zu dem See kann man auch von der Alm Tiha Rila vom Ende der befestigten Straße im Tal des Rila-Flusses aufsteigen (in Verbindung mit der weiter beschriebenen Route Möglichkeit eines alternativen Abschlusses der Tour 37). Vom Kessel Ribnoezeren Cirkus mit der Hütte Ribni Ezera ist der Smradlivo Ezero durch den Nordkamm des Ostrec, den sogenannten Ostreški Rid, abgetrennt.

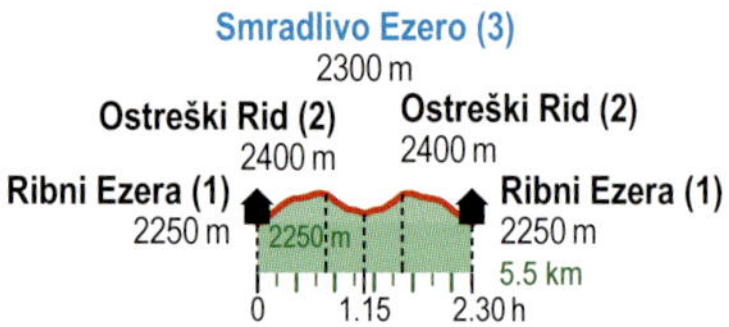

Ausgangspunkt: Hütte Ribni Ezera, 2250 m. Zugang vom Rila-Kloster (Rilski Manastir), 1147 m, bzw. Kirilova Poljana, 1440 m; ausführliche Beschreibung siehe Tour 37.
Anforderungen: Im Großen und Ganzen bequeme Tour (allerdings mit schwierigerem Zugang) auf einem unmarkierten Weg, Orientierung problemlos.
Höchster Punkt: Kamm Ostreški Rid, 2400 m.
Höhenunterschied: 270 m.
Übernachtung/Einkehr: Hütte Ribni Ezera.
Variante: Vom See Smradlivo Ezero Aufstieg ohne Markierung (und teilweise auch ohne sichtbaren Pfad) in westlicher Richtung auf den Kamm nördlich vom Gipfel Rilec, 2713 m; weiter nach Süden

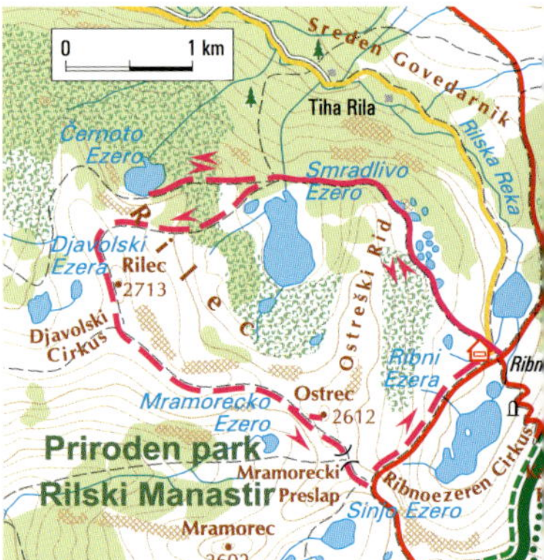

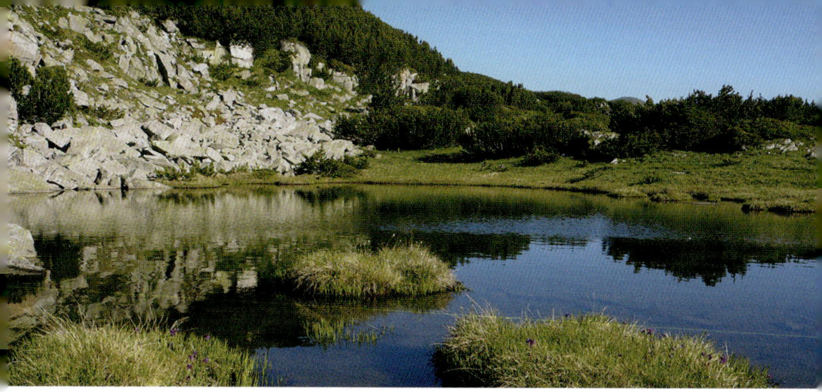

Der Smradlivo Ezero, der »Stinkende See«.

über den Gipfel Rilec (älterer Name: Džendema) auf den Bričebor-Hauptkamm (Variante 2 der Tour 37) und auf ihm auf einem unmarkierten schmalen Pfad (stellenweise Steinmänner) in südöstlicher Richtung auf den benachbarten Gipfel Ostrec (Kăravica), 2612 m. Unterwegs schöne Aussichten auf den See Smradlivo Ezero, ins Tal des Rila-Flusses und zum Massiv des Vodni Vrăh, 2683 m. Vom Ostrec bleiben noch etwa 15 Min. bis in den Sattel Mramorecki Preslap in der Höhe von rund 2500 m, wo wir uns dem rot markierten Weg anschließen und auf ihm nach links (entgegen der Richtung der Tour 41) in den Kessel Ribnoezeren Cirkus und zurück zur Hütte Ribni Ezera absteigen. Insgesamt ca. 6.00 Std., Höhendifferenz ca. 600–700 m beim Aufstieg (der Ostrec kann traversiert werden) und 600 m beim Abstieg. Eine Route nur für erfahrene Bergwanderer mit gutem Orientierungssinn! Nur bei gutem Wetter unternehmen! In den Gipfelpartien des Rilec lockeres Geröll – erhöhte Vorsicht notwendig.

Von der **Hütte Ribni Ezera (1)** brechen wir auf einem unmarkierten, aber gut ausgetretenen Weg auf, der allmählich in nordwestlicher Richtung zu einem Ausläufer des Kamms **Ostreški Rid (2)** ansteigt.
Noch bevor wir den höchsten Punkt der Route, ca. 2400 m, erreichen, kommen wir an einigen kleinen Seen vorbei. Unterwegs ist auch der ganze Abschluss des Tals des Rila-Flusses mit den dominanten Gipfeln Josifica, 2696 m (im Osten), Pogledec, 2690 m (im Norden), und Vodni Vrăh, 2683 m (im Nordwesten) zu sehen, die über dem Tal einen wirklich gigantischen Bogen von Bergriesen bilden. In einem Gürtel von Knieholz und Einzelbäumen beginnt dann ein verhältnismäßig kurzer Abstieg nach Westen zum See **Smradlivo Ezero (3)**. Wir gelangen zu ihm auf seiner Nordseite an dem Sicherungsdamm aus Beton. Wenn wir genügend Zeit haben, können wir auf einem unmarkierten Pfad noch etwa 40 Min. weiter nach Westen zum See Černoto Ezero gehen, der in einem romantischen kleinen Kessel unter einem nördlichen Ausläufer des Rilec liegt. Auf demselben Weg zurück zur **Hütte Ribni Ezera (1)**.

40 Josifica, 2696 m

5.45 Std.

Auf einen attraktiven Aussichtsgipfel im mittleren Rila

Die Josifica ist einer der markantesten Gipfel des mittleren Rila. Dank ihrer von dem hufeisenförmig gebogenen Šiškovica-Kamm nach Norden vorgeschobenen Lage eröffnen sich von ihr interessante Aussichten nach (Süd-) Westen in den Abschluss des Tals des Rila-Flusses (Rilska Reka) mit den Seen Ribni Ezera und dem Berg Kanarata, 2691 m, von dem Richtung Nordwesten/Westen der Rilec-Bričebor-Bergrücken abgeht. Südlich bis südöstlich von der Josifica, im Abschluss des Tals des Flusses Beli Iskăr, liegt der Kessel Kanarski Cirkus, hinter dem sich der mächtige Bogen des Hauptkamms (siehe Tour 42) vom Gipfel Skalec, 2678 m, über die Vapa, 2532 m, und den Sattel Gorni Kuki an der Grenze zwischen dem mittleren und östlichen Rila bis zum Kovač, 2634 m, und zur Suha Vapa, 2638 m, zieht. An der Ost-, Nordost- und Nordseite umfließt das Flüsschen Marinkovica, das im Gebiet des Tiha Rila in den Rila-Fluss mündet, das Massiv der Josifica. Über diesem Zusammenfluss dominiert das ausladende Massiv des Vodni Vrăh, 2683 m, und des Pogledec, 2690 m. Weiter rechts windet sich der Kamm über die Văzela, 2581 m, nach Süden zur Šiškovica, 2669 m, und zur benachbarten Veneca, 2600 m. In der Ferne ist hinter der Šiškovica der höchste Balkanberg, der Musala, 2925 m, mit Wetterstation und Observatorium zu sehen. Der Aufstieg ist nicht ausgesprochen schwer, sollte aber dennoch nicht unterschätzt werden.

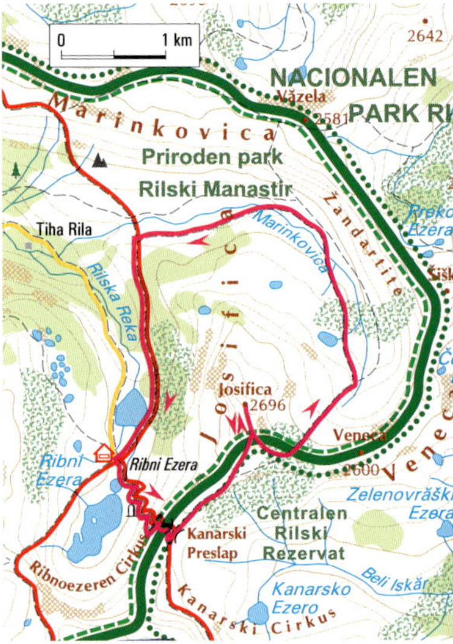

Ausgangspunkt: Hütte Ribni Ezera, 2250 m. Zugang vom Rila-Kloster (Rilski Manastir), 1147 m, bzw. Kirilova Poljana, 1440 m, durch das Tal des Rila-Flusses (Rilska Reka); ausführliche Beschreibung siehe Tour 37.
Anforderungen: Gipfel-Rundwanderung, größtenteils ohne Markierung, guter Orientierungssinn notwendig; kurz unter dem Gipfel einige technisch schwierigere Partien. Früh am Morgen losgehen und nur bei gutem Wetter!
Höchster Punkt: Josifica, 2696 m.
Höhenunterschied: 560 m.
Übernachtung/Einkehr: Hütte Ribni Ezera.

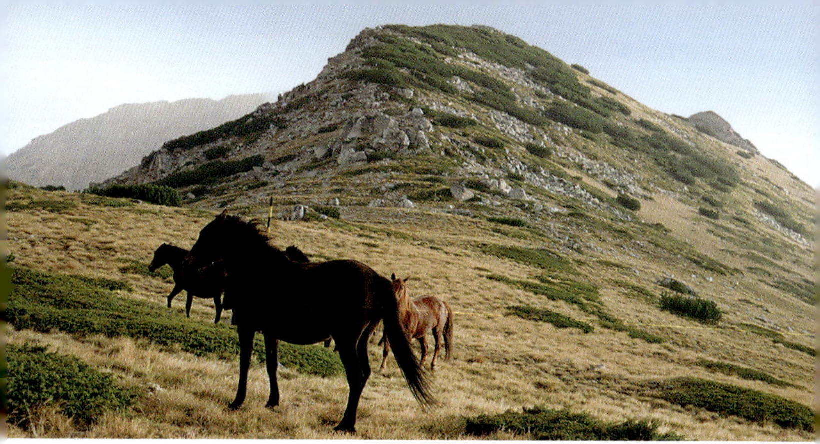

Der Vorgipfel der Josifica vom Sattel Kanarski Preslap aus gesehen.

Von der **Hütte Ribni Ezera (1)** gehen wir mit der roten Markierung nach Südosten (wie Tour 42) auf den Kamm in den Sattel **Kanarski Preslap (2)**. Hier biegen wir auf einem unmarkierten Pfad links ab. Dieser führt nordöstlich, anfangs in der Linie des Kamms, über einen Vorgipfel bis zu der Stelle, wo sich der Kamm nach Osten zum Gipfel Veneca, 2600 m, windet und sich nach Norden der mächtige **Seitenkamm (3)** der Josifica abteilt.

Auf den Gipfel führt von hier aus ein nur stellenweise erkennbarer Pfad, der hier und da mit Steinmännern markiert ist. Im felsigen Gelände müssen einige steilere und leicht exponierte Partien überwunden werden, doch schließlich gelangen wir auf den **Josifica-Gipfel (4)**, 2696 m. Der Abstieg führt zuerst auf demselben Weg zurück zum unmarkierten Kammweg am Beginn des Josefica-Seitenkamms. Hier wenden wir uns nun nach links in den unscheinbaren kleinen **Sattel (5)** zwischen der Josifica und der Veneca, von wo der nordöstliche Abstieg ins Tal des Flüsschens **Marinkovica (6)** folgt. Dort halten wir uns weiter an den immer besser sichtbaren unmarkierten Pfad, der meist links vom Wasserlauf verläuft. Das Tal und der Pfad winden sich unterhalb der Hänge der Josifica, Šiškovica und Văzela allmählich nach Westen und führen uns bis zu dem quer verlaufenden rot markierten Verbindungsweg Kobilino Branište – Ribni Ezera (Variante Tour 38). Auf diesem biegen wir nach links ab und gehen auf einer lang gezogenen, leicht abwärtsführenden **Traverse (7)** über dem Tal von Rilska Reka zurück zur **Hütte Ribni Ezera (1)**.

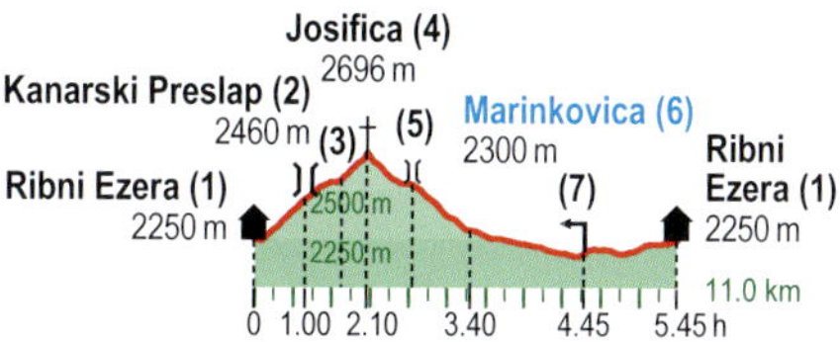

41 Auf dem Kamm des südwestlichen Rila

2 Tage

Durch einen abgelegenen Teil des Rila bis an die Grenze zum Pirin

Das südwestliche Rila ist ein abgelegenes und nur wenig besuchtes Gebiet, was ideale Voraussetzungen für wahrhaft einzigartige Bergerlebnisse bietet. Der Kamm wird zumeist in zwei Tagen mit Übernachtung in der Hütte Makedonija begangen. Vom Pass Predel lassen sich Touren durch das Pirin-Gebirge anschließen.

Ausgangspunkt: Hütte Ribni Ezera, 2250 m. Zugang vom Rila-Kloster (Rilski Manastir), 1147 m, bzw. Kirilova Poljana, 1440 m, durch das Tal des Rila-Flusses (Rilska Reka); Anfahrten und Zugänge siehe Tour 37.

Endpunkt: Predel, 1000 m (Bus).

Anforderungen: Der erste Tag ist der schwerere – große Höhendifferenzen und dazu gegliedertes felsiges Gelände, Geröllfelder, trotz Markierung oft komplizierte Orientierung. Der zweite Tag ist leichter, aber ziemlich lang – verhältnismäßig schneller Marsch auf einem offenen und bei guter Sicht übersichtlichen, beständig an Höhe verlierenden Kamm. Insgesamt eher für erfahrene, belastbare und ausdauernde Bergwanderer. Nur bei gutem Wetter zu unternehmen! Wenn sich am zweiten Tag das Wetter verschlechtert, kann die Variante 3 benutzt werden.

Höchster Punkt: Černa Poljana, 2716 m.

Höhenunterschied: 1. Tag 990 m im Aufstieg, 1070 m im Abstieg; 2. Tag 680 m im Aufstieg, 1800 m im Abstieg.

Übernachtung/Einkehr: Hütte Ribni Ezera, Hütte Makedonija, Einkehr und Unterkunft am Pass Predel.

Varianten: 1. Am ersten Tag Aufstieg vom Rila-Kloster direkt zur Hütte Makedonija mit der grünen Markierung – zuerst etwa 4 km bergab durch das Tal des Rila-Flusses zu der Stelle Kulata, dann links hinauf durch das Tal des Ilijna Reka, später rechts durch das Tal des Flusses Radovička Reka, schließlich über den Sattel zwischen dem Markov Kamăk und dem Goljam Meči Vrăh in den Abschluss des Tals des Flusses Blagoevgradska Bistrica und zur Hütte; ca. 7.00–8.00 Std., Höhendifferenz ca. 1100 m, geeignet für weniger erfahrene Wanderer.
2. Am ersten Tag Aufstieg aus der Stadt Blagoevgrad zur Hütte Makedonija durch das Tal des Flusses Blagoevgradska Bistrica: in das Dorf Bistrica (8 km) Busverbindung, weiter mit der blauen Markierung bergan auf einer schmalen Straße vorbei am Forsthaus Slavova und am Ferienzentrum Bodrost bis zu der Stelle Černata Skala (mögliche Fahrt mit Privatauto) und dann auf einem Fahrweg, der nur noch mit einem Geländewagen befahrbar ist, bis zur Hütte; zu Fuß ca. 8.00–10.00 Std., Höhendifferenz ca. 1700 m. Wir empfehlen, wenigstens bis zum Forsthaus zu fahren.
3. Am zweiten Tag von der Hütte Makedonija etwa 30 Min. auf der rot markierten Hauptroute bergan entlang des Kamms in den Sattel zwischen Malăk Meči Vrăh und German, Abstieg mit der blauen Markierung in südöstlicher Richtung zur Hütte Dobărsko, 1660 m, und in die gleichnamige Ortschaft, 1070 m, von wo Busse nach Razlog (18 km) oder Bansko (20 km) fahren. Ca. 4.00–5.00 Std., Höhendifferenz beim Aufstieg ca. 250 m, beim Abstieg ca. 1300 m, geeignet als Ersatzweg, zum Beispiel wenn sich das Wetter verschlechtert.
4. Man kann direkt von der Hütte Makedonija mit der blauen Markierung auch nach Osten absteigen, in 3.00 Std. zur Hütte Semkovo, 1700 m; mögliche Kombination mit Tour 42.

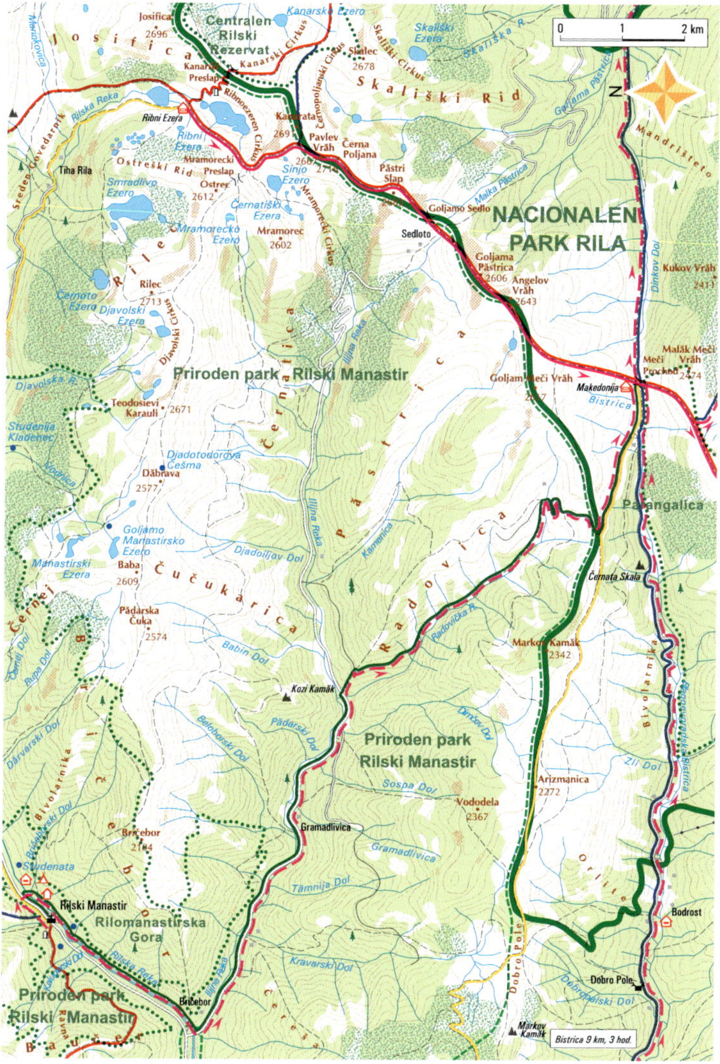

Centralen Rilski Rezervat
Josifica
2696
Josifica
Kanarsko Ezero
Kanarski Cirkus
Kanarski Preslap
Skalec
2678
Skališki Ezera
Skališka R.
Skališki Cirkus
Skališki Rid
Černopoljanski Cirkus
Ribnoezeren Cirkus
Kanarata
2691
Pavlev Vrăh
Černa Poljana
Pǎstri Slap
Garjama Pǎstrica
Mandrišteto
Rilska Reka
Ribni Ezera
Ribni Ezera
Sreden Govedarnik
Tiha Rila
Ostreški Rid
Mramorecki Preslap
Ostrec
2612
Smradlivo Ezero
Sinjo Ezero
Černatiški Ezera
Mramorecki Cirkus
Mramorecko Ezero
Mramorec
2602
Malka Pǎstrica
Goljamo Sedlo
Sedloto
NACIONALEN PARK RILA
Goljama Pǎstrica
2606
Angelov Vrăh
2643
Kukov Vrăh
2411
Dinkov Dol
Rilec
Rilec
2713
Černoto Ezero
Djavolski Ezera
Djavolski Cirkus
Černatica
Iliina Reka
Pǎstrica
Malăk Meči Vrăh
Meči Prohod
2474
Priroden park Rilski Manastir
Goljam Meči Vrăh
Makedonija
Bistrica
Djavolska R.
Teodosievi Karauli
2671
Studenija Kladenec
Djadotodorova Češma
Dăbrava
2577
Vodnica
Parangalica
Goljamo Manastirsko Ezero
Djadoiljov Dol
Kamenica
Radovica
Manastirski Ezera
Baba
2609
Čučukarica
Černata Skala
Černej
Pădarska Čuka
2574
Babin Dol
Radovička R.
Markov Kamăk
2342
Černej Dol
Rupa Dol
Kozi Kamăk
Bivolarnika
Pădarski Dol
Beloborski Dol
Dămčov Dol
Priroden park Rilski Manastir
Dărvarski Dol
Bivolarnika
Zli Dol
Sospa Dol
Arizmanica
2272
Vododela
2367
Gramadlivica
Gramadlivica
Bričebor
2164
Studenata
Orlite
Tămnija Dol
Rilski Manastir
Rilomanastirska Gora
Bodrost
Kravarski Dol
Rilska Reka
Dobro Pole
Dobro Pole
Dobropolski Dol
Priroden park Rilski Manastir
Bričebor
Markov Kamăk
Bistrica 9 km, 3 hod.
0
1
2 km
N

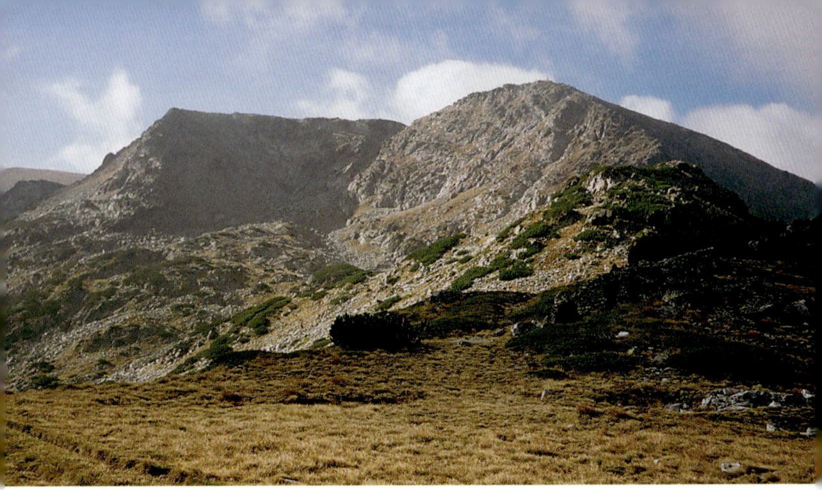

Der Knotenpunktberg Kanarata.

Von der **Hütte Ribni Ezera (1)** steigen wir auf einem rot markierten Weg zuerst in den Sattel **Mramorecki Preslap (2)** auf, auf dessen anderer Seite sich uns ein eindrucksvoller Blick zum nahen Gipfel Mramorec, 2602 m, und in den Kessel Mramorecki Cirkus mit mehreren Seen eröffnet. Auf dem Kamm in Richtung Südosten erreichen wir den Westscheitel des Bergs **Kanarata (3)**, 2691 m (möglicher Abstecher auf den Gipfel mit der blauen Markierung).
Der rot markierte Kammweg geht weiter nach Süden bis Südwesten. Über den **Pavlev Vrăh (4)**, 2667 m, steigen wir auf den Gipfel **Černa Poljana (5)**, 2716 m, hinter dem ein steiler Abstieg in einen tiefen Sattel und der Aufstieg

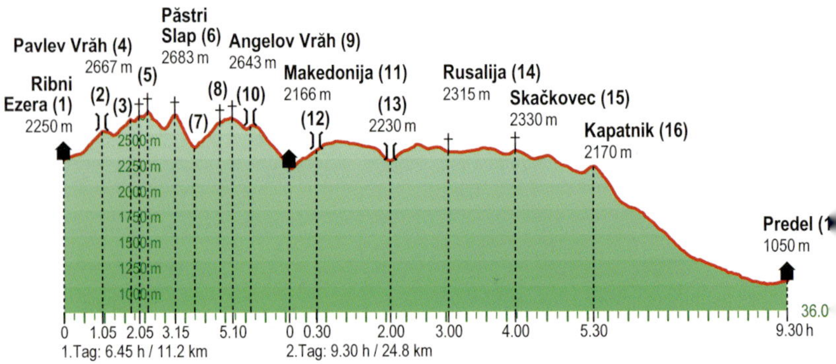

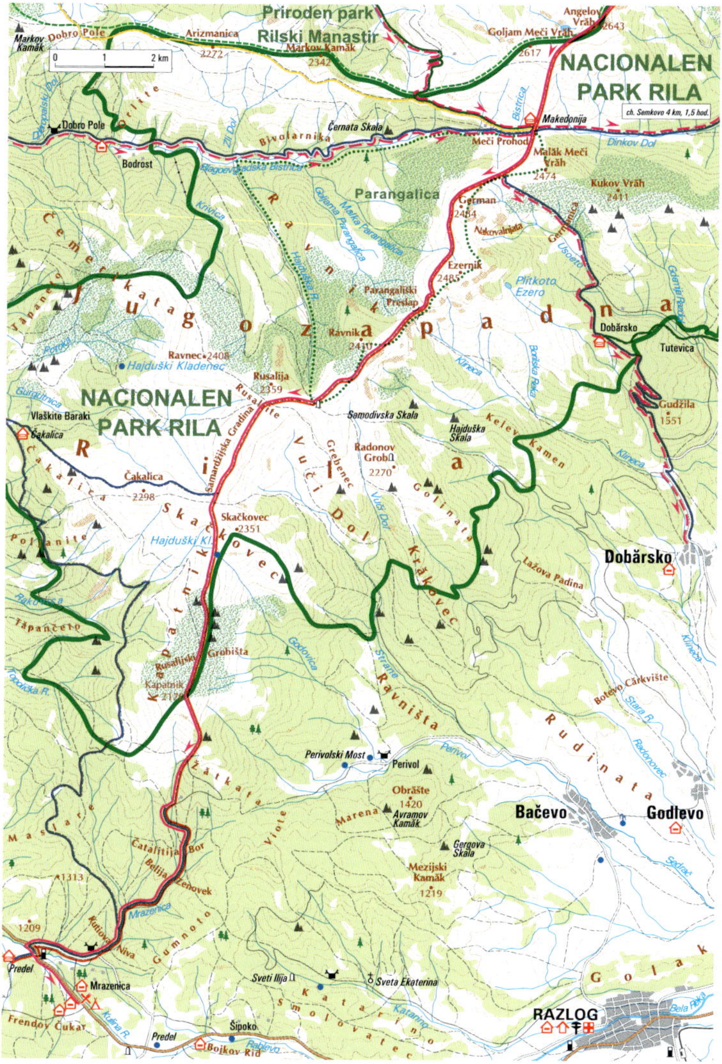
Priroden park
Rilski Manastir
NACIONALEN
PARK RILA
ch. Semkovo 4 km, 1,5 hod.
Markov Kamăk
Dobro Pole
Arizmanica
2272
Markov Kamăk
2342
Angelov Vrăh
2643
Goljam Meči Vrăh
2617
0
1
2 km
Makedonija
Bistrica
Dinkov Dol
Černata Skala
Bivolarnika
Meči Prohod
Malăk Meči Vrăh
2474
Kukov Vrăh
2411
Bodrost
Zli Dol
Blagoevgradska Bistrica
Parangalica
German
2484
Nakovalnjata
Germanica
Usoeto
Krivica
Ezernik
2485
Pititoto Ezero
Golemia Pazar
Parangališki Preslap
Ravnik
2410
Dobărsko
Tutevica
Ravnec 2408
Hajduški Kladenec
Rusalija
2359
Rusalite
Samodivska Skala
Hajduška Skala
Gudžila
1551
Borička Reka
Kelev Kamen
Klineca
NACIONALEN
PARK RILA
Vlaškite Baraki
Čakalica
Samardžijska Gradina
Grebenec
Radonov Grob
2270
Golinata
Čakalica
2298
Čakalica
Vučí Dol
Skačkovec
2351
Hajduški Kl.
Skačkovec
Poljanite
Krăkovec
Lažova Padina
Dobărsko
Rakovica
Tăpančeto
Rusaljiski Grobišta
Kapatnik
2126
Kapatnik
Godovica
Strane
Ravništa
Klineca
Botevo
Cărkvište
Stara R.
Rudinata
Radonovec
Perivolski Most
Perivol
Žătkata
Obrăšte
1420
Avramov Kamăk
Marena
Bačevo
Godlevo
Viote
Maslare
Čatalitija Bor
Belija Ženovek
Gergova Skala
Mezijski Kamăk
1219
Sodrac
1313
Mrazenica
1209
Kutiova Niva
Gumnoto
Predel
Mrazenica
Sveti Ilija
Sveta Ekaterina
Golak
Katarino
Smolovatec
Frendov Čukar
Kulina R.
Predel
Šipoko
Bojkov Rid
Rablevo
RAZLOG
Bela Reka

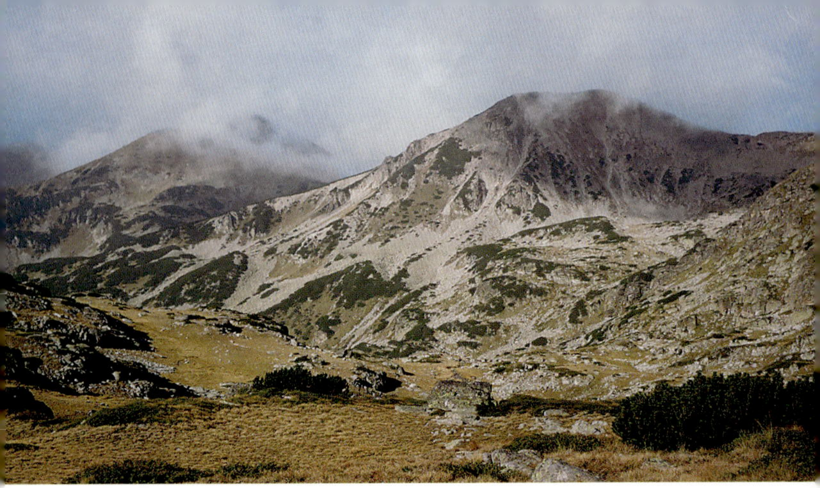

Die steilen felsigen Gipfel Černa Poljana (rechts) und Pästri Slap (links) bilden eine der anstrengendsten Passagen der Wanderung.

auf den **Păstri Slap (6)**, 2683 m, folgt. Von hier gehen wir bergab über Felsen und Geröll in den Pass **Sedloto (7)**, 2360 m, auch Goljamo Sedlo genannt, von dem aus geomorphologisch erst das südwestliche Rila beginnt. Auf dem gegliederten felsigen Kamm erreichen wir den Gipfel **Goljama Păstrica (8)**, 2606 m, und über einen flachen **Sattel (10)** zwischen dem **Angelov Vrăh (9)**, 2643 m, und dem Goljam Meči Vrăh, 2617 m, steigen wir ca. 500 m hinunter zur **Hütte Makedonija (11)**, die sich im Sattel Meči Prochod, »Bärenpass«, auf einer Höhe von 2166 m befindet. Es ist am besten, hier den ersten Tag der Wanderung zu beenden und Kräfte für den nächsten Tag zu sammeln.
Der zweite Tag beginnt mit dem Aufstieg in den **Sattel (12)**, ca. 2340 m, zwischen dem Malăk Meči Vrăh, 2474 m, und dem German, 2484 m, wo nach links die Variante 3 abgeht. Der weitere Verlauf der rot markierten Hauptroute verfolgt im Wesentlichen die Linie des Hauptkamms über den Rand des kleinflächigen Reservats Parangalica vorbei am Gipfel Ezernik, 2485 m, in den Sattel **Parangališki Preslap (13)** auf 2230 m und links von den unauffälligen Höhenpunkten Ravnik, 2410 m, und **Rusalija (14)**, 2359 m, auf den Bergrücken Samardžijska Gradina und den ausladenden Gipfel **Skačkovec (15)**, 2351 m. Hinter diesem folgt das lange Felsmassiv **Kapatnik (16)**, 2170 m, und dann schon nur noch der steile Abstieg ins Mrazenica-Tal, das uns in südlicher bis südwestlicher Richtung – am Ende noch gemeinsam mit der blauen Markierung – zum Ziel, dem Pass **Predel (17)** führt (Bushaltestelle; südlich von hier schließt das Pirin-Gebirge an, s. Tour 25).

Von der Hütte Ribni Ezera zur Hütte Grănčar

Großartiger Gebirgsbogen über dem Quellgebiet des Flusses Beli Iskăr

Der Übergang zwischen den Hütten Ribni Ezera und Grănčar (früher auch Boris Chadžisotirov – nach dem bedeutenden Organisator der Arbeiterbewegung, der 1910 in Samokov die genossenschaftliche »rote Kommune« gründete) gehört zu den klassischen Rila-Touren und wird in beiden Richtungen oft begangen. Von dem sich bogenförmig windenden Kamm über dem Quellgebiet des Flusses Beli Iskăr sind viele Gipfel des mittleren und östlichen Rila sowie auch ein Teil des Kamms des südwestlichen Rila schön zu sehen. Landschaftlich außerordentlich eindrucksvoll ist der Blick auf den Stausee Beli Iskăr – die älteste Talsperre in Bulgarien aus dem Jahre 1944. Über ihm erhebt sich majestätisch der höchste Balkanberg, der Musala, 2925 m (Näheres siehe Touren 43, 44, 45). Praktisch die gesamte Route folgt der roten Markierung, ergänzt durch Markierungsstangen mit Azimutangaben.

Ausgangspunkt: Hütte Ribni Ezera, 2250 m. Zugang vom Rila-Kloster (Rilski Manastir), 1147 m, bzw. Kirilova Poljana, 1440 m, durch das Tal des Rila-Flusses; ausführliche Beschreibung siehe Tour 37. **Endpunkt:** Hütte Grănčar, 2187 m. In

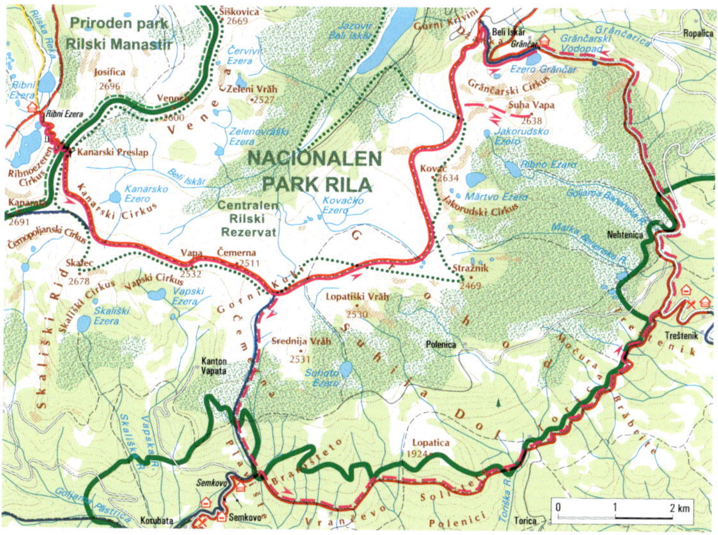

umgekehrter Richtung braucht der Übergang etwa die gleiche Zeit.

Anforderungen: Klassische Hüttenwanderung ohne außerordentliche Höhendifferenzen; nur am Anfang steiler Anstieg in den Sattel Kanarski Preslap und später auch lang gezogene Steigung auf den Gipfel Kovač. Die Streifenmarkierung ergänzen Stangen mit Azimutangaben, trotzdem können bei verschlechterter Sicht stellenweise Orientierungsprobleme auftreten. Im Falle einer deutlichen Wetterverschlechterung bietet sich die Variante 1 an, man teilt die Tour dann auf zwei Tage auf und übernachtet in der Hütte Semkovo.

Höchster Punkt: Kovač, 2634 m.

Höhenunterschied: 700 m im Aufstieg, 760 m im Abstieg.

Übernachtung/Einkehr: Hütte Ribni Ezera, Hütte Grănčar, ggf. auch Hütte Semkovo.

Varianten: 1. Vom Sattel Gorni Kuki Abstieg mit der blauen Markierung auf die Südseite des Kamms zur Hütte Semkovo, 1700 m (Übernachtung möglich). Mit der roten Markierung dann südlich unter dem Kamm weiter nach Osten zur schmalen Straße Jakoruda–Treštenik–Grănčar und diese hinauf (nördlich) zur Hütte Grănčar. Insgesamt ca. 3.00 Std. länger und größere Höhendifferenz, geeignet bei Wetterverschlechterung.
2. Etwa 30 Min. nach dem Gipfel Kovač möglicher Abstecher nach rechts auf unmarkiertem Weg (stellenweise Steinmänner) auf den sehr dankbaren Aussichtsgipfel Suha Vapa, 2638 m, der die Seenkessel Jakorudski Cirkus und Grănčarski Cirkus voneinander trennt. Abstecher hin und zurück ca. 1.30 Std., Höhendifferenz knapp 200 m; kurz unter dem Gipfel einige leicht exponierte Felspartien – gute Sicht notwendig. Rückkehr auf die Hauptroute auf demselben Weg.

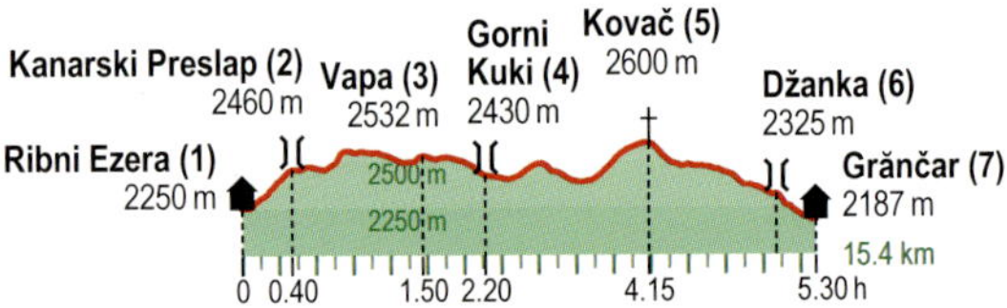

Von der **Hütte Ribni Ezera (1)** begeben wir uns in südöstlicher Richtung (rote Markierung) auf den Weg. Wir überschreiten den Ablauf des Sees Gornoto Ribno Ezero, und wenn wir an einem Denkmal für drei Bergsteiger vorbeikommen, die hier im Jahre 1954 beim Abgang einer Lawine umgekommen sind, steigen wir steil an der Ostflanke über dem Abschluss des Kessels Ribnoezerni Cirkus auf den Kamm in den Sattel **Kanarski Preslap (2)**, 2460 m. Hier wenden wir uns nach rechts und traversieren an den nordöstlichen Hängen der Kanarata, 2691 m, oberhalb des Kessels Kanarski Cirkus bis zum nördlichen Fuß der Gipfelpyramide des Berges Skalec, 2678 m.
Südwestlich von hier (rechts blau markierte Verbindung über die Kanarata) eröffnet sich ein schöner Blick zu den Gipfeln Černa Poljana, 2716 m, Pästri Slap, 2683 m, und Goljama Pästrica, 2606 m, die den Anfang des Hauptkamms des südwestlichen Rila bilden. Wir wenden uns jedoch nach links und setzen den Marsch in Richtung zu dem abgerundeten Gipfel **Vapa (3)**, 2532 m, fort. Zur Linken haben wir den ganzen ausgedehnten Abschluss

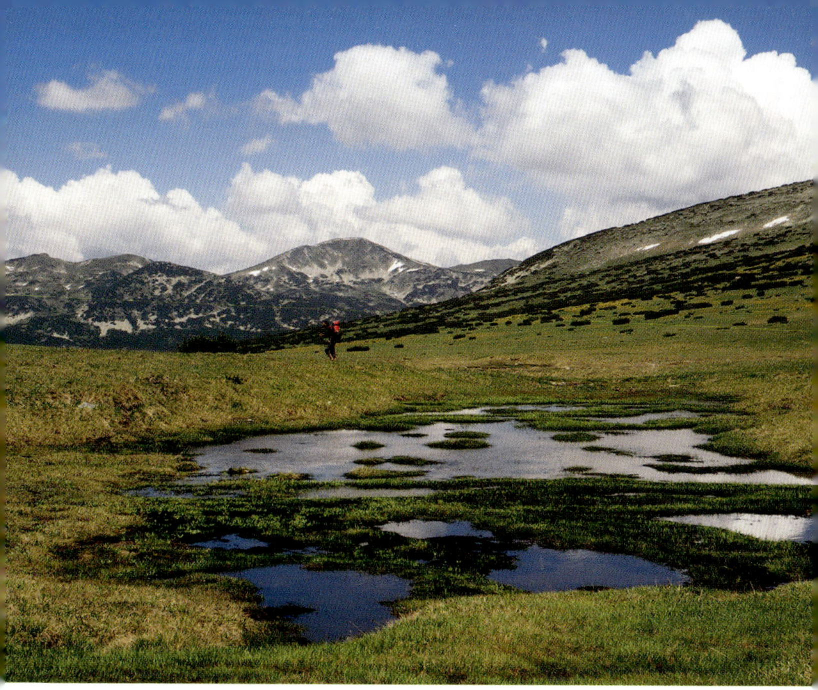

Auf dem Hochplateau über dem Beli-Iskăr-Talabschluss.

des Tals des Beli Iskăr, rechts unter uns liegt der Kessel Vapski Cirkus mit zwei Seen. Hinter dem unauffälligen Höhenpunkt Čemerna, 2511 m, folgt der Abstieg in den breiten flachen Sattel **Gorni Kuki (4)**, ca. 2430 m, wo geomorphologisch das mittlere Rila endet und das östliche Rila beginnt (rechts Variante 1). Mit weitem Ausblick, insbesondere nach Süden, schreiten wir über ausgedehnte grasige Ebenen auf dem Kamm voran und nach rund 45 Min. beginnen wir eine lang gezogene Steigung in nördlicher Richtung zum breit ausladenden Gipfel **Kovač (5)**, 2634 m, dessen höchster Punkt von dem markierten Weg etwa 15 Min. weit nach rechts liegt.
Sobald der Horizont vor uns endgültig »zerbricht«, erwartet uns nur noch der Abstieg – zuerst zu einem Knotenpunkt des Kamms, von dem rechts der Seitenkamm des auffälligen kegelförmigen Bergs Suha Vapa, 2638 m, abgeht (Variante 2), dann in den Sattel **Džanka (6)**, 2325 m, auch Dolni Kuki genannt, mit der kreuzenden Fahrstraße Jakoruda – Beli Iskăr, und schließlich mit der blauen Markierung rechts hinunter in den Kessel Grănčarski Cirkus zum See Grănčar mit der gleichnamige **Hütte Grănčar (7)**, 2187 m.

43 Von Borovec zur Hütte Musala

4.30 Std.

Ein klassischer Aufstieg ins Rila-Gebirge von Norden

Die im Folgenden beschriebene Route absolvieren fast alle Wanderer, die von der Nordseite her ins Rila-Gebirge kommen und gleich zur Einstimmung den hiesigen höchsten Gipfel des Musala sehen wollen. Zur Hütte Musala und zu den herrlichen Seen Musalenski Ezera, die im Rahmen des Nationalparks Rila zum kleinflächigen Schutzgebiet Centralen Rilski Rezervat unter Aufsicht der UNESCO gehören, kann man zum Teil auch mit der Kabinenseilbahn und dann zu Fuß gelangen.

Ausgangspunkt: Die Brücke über den Fluss Musalenska Bistrica, 1400 m, am Ferienheim Bistrica, ca. 1,5 km südwestlich von Borovec, an der Straße in Richtung Beli Iskăr und Govedarci. Wanderweggabelung, Beginn der rot markierten Route durch das Tal der Musalenska Bistrica; Parkmöglichkeit, am besten direkt am Ferienheim. Zugang von Borovec, 1300 m; ein bedeutendes Touristenzentrum auf der Nordseite des Rila und Ausgangspunkt zur Musala-Berggruppe. Busverbindung von Sofia (71 km) über Samokov (9 km, Shuttlebus) sowie auch von Kostenec (Bahnstation an der Strecke Sofia – Plovdiv, 28 km). Von Samokov auch Anmarsch zu Fuß möglich, auf einem unmarkierten Weg entlang des Flusses Musalenska Bistrica (ca. 2.30 Std., Höhendifferenz ca. 400 m).
Endpunkt: Hütte Musala, 2389 m. Evtl. Rückweg auf derselben Route (nach Übernachtung). Anschlusstouren: 44, 45.
Anforderungen: Stetiger Anstieg durch das Tal ohne Orientierungsprobleme. Je nach den Umständen kann die Seilbahn benutzt werden (siehe Varianten).
Höchster Punkt: Hütte Musala, 2389 m.
Höhenunterschied: 990 m.
Übernachtung/Einkehr: Borovec, Ferienheim Bistrica, Hütte Musala; ggf. Hütte Jastrebec oder Imbissbüfett in Sitňakovo.
Varianten: 1. Von Borovec mit der Kabinenseilbahn auf den Jastrebec, 2369 m (erste Bergfahrt 8.30 Uhr, letzte Talfahrt 18.00 Uhr). Von hier zu Fuß zunächst 5 Min. zur Hütte Jastrebec, 2350 m, und weiter ca. 1.00 Std. auf einem bequemen Traversenweg am Westhang des Tals der

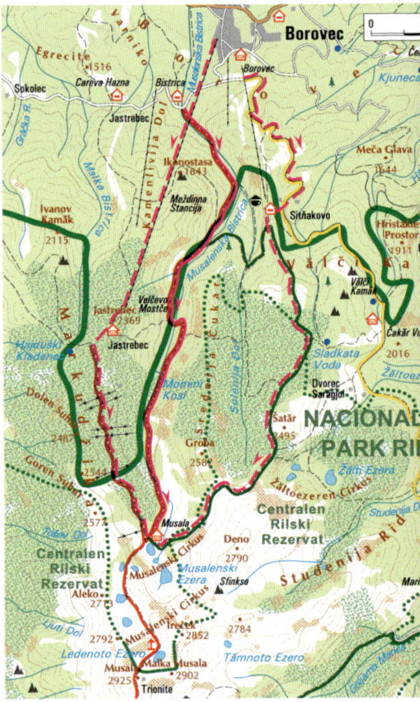

Musalenska Bistrica unterhalb des Kamms Markudžika zur Hütte Musala – minimale Höhendifferenz, Schwierigkeitsgrad »blau«.
2. Vom Südrand von Borovec von der Hütte Borovec Aufstieg auf einer gelb markierten schmalen Straße oder Fahrt mit dem Sessellift auf den Sitňakovo, 1780 m, von wo ein grün markierter Aufstiegsweg über das Massiv des Šatăr, 2495 m, und den Sattel zwischen der Groba, 2532 m, und dem Deno, 2790 m, im Kamm Srednija Čukar in den Kessel Musalenski Cirkus zur Hütte Musala führt – ca. 7.00–8.00 Std. (ohne Benutzung der Seilbahn), Schwierigkeitsgrad »rot«, aber nur Sommerweg (an den steilen westlichen Abhängen des Berges Deno bleiben manchmal bis Mitte Juni gefährliche Firnfelder!).

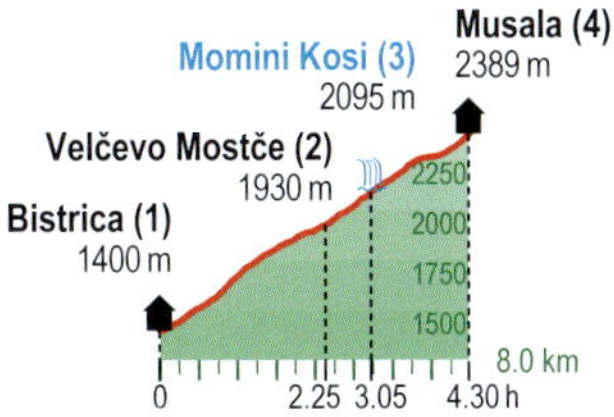

Von der Brücke am Ferienheim **Bistrica (1)** am Südwestrand des Gebirgsortes Borovec wandern wir der roten Markierung folgend durch das Tal der Flusses Musalenska Bistrica aufwärts und gehen unmittelbar danach unter der Strecke der Kabinenseilbahn hindurch. Am Hang auf der rechten Seite ist der Aussichtsfelsen Ikonostasa zu sehen, unter dem die Zwischenstation der Seilbahn liegt. Der Weg durch das Tal steigt, umgeben von einer angenehmen waldigen Umgebung, beständig an. Jenseits der Grenze des Nationalparks mündet auf unsere Route von links die grün markierte Traverse vom Sitňakovo (siehe Variante 2).
Nach etwa 2.00 Std. kommen wir zur sogenannten **Velčevo-Brücke (2)** (Velčevo Mostče) auf 1930 m, vor der nach rechts der unmarkierte Aufstiegsweg zur Hütte Jastrebec, 2350 m (Anschlussmöglichkeit an Variante 1) abzweigt. Wir überschreiten jedoch die Brücke auf die rechte Seite des Flusses und setzen den Aufstieg durch das Tal fort. Nach 15–20 Min. erscheint im steilen Flusslauf der schöne Wasserfall **Momini Kosi (3)**, »Mädchenhaare«. Bald danach verlassen wir endgültig den Bergwald und betreten den Knieholzgürtel, aus dem sich zum ersten Mal der Blick in den monumentalen Abschluss des Tals eröffnet. Die Szenerie wird immer eindrucksvoller, bis wir schließlich zur **Hütte Musala (4)**, 2389 m, gelangen.

Der Musala über dem Stausee Beli Iskar.

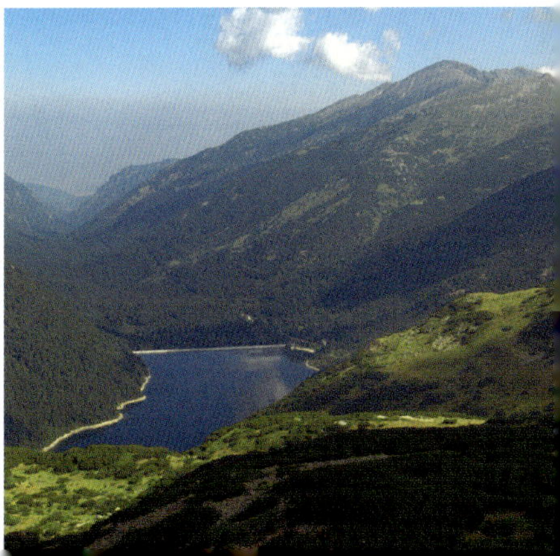

44 Ireček, 2852 m

4.30 Std.

Aufstieg auf den dritthöchsten Berg des Rila

Der Ireček ist ein mächtiger Felsgipfel in der Musala-Gruppe, dessen Wildheit am besten von Norden von den unteren Musala-Seen hervorsticht. Seinen Namen bekam er von Konstantin Jireček (1854–1918), tschechischer Historiker und Slawist. Vom Ireček bieten sich schöne Ausblicke auf die Gipfel des Musala-Massivs und zu den Bergen des mittleren und östlichen Rila.

Ausgangspunkt: Hütte Musala, 2389 m. Zugang per Seilbahn und 1 Std. zu Fuß. Anfahrt und Zugang von Borovec, 1300 m, aus (siehe Tour 43).
Anforderungen: Schwierige Gipfeltour, meistens ohne Markierung, guter Orientierungssinn notwendig. Aufbruch früh am Morgen und nur bei gutem Wetter!
Höchster Punkt: Ireček, 2852 m.
Höhenunterschied: 490 m.
Übernachtung/Einkehr: Hütte Musala bzw. Hütte Everest anstelle der ehemaligen Schutzhütte am See Ledenoto Ezero (in der Saison).
Varianten: 1. Von der Felsengruppe Sfinksa Aufstieg ohne Markierung nach Norden auf den Deno, 2790 m, und von dort Abstieg auf dem Nordwestkamm zum Verbindungsweg vom Sitňakovo und der Hütte Čakăr Vojvoda (grüne Markierung), auf diesem nach links zur Hütte Musala; insgesamt ca. 1.30 Std. mehr.
2. Vom See Ledenoto Ezero weiter auf der rot markierten Route der Tour 45 auf den Musala, 2925 m, und von ihrem Gipfel ohne Markierung (nur stellenweise Steinmänner) entweder: a) nach Osten auf dem exponierten Kamm Trionite (schwer, Schwindelfreiheit notwendig; Umgehung der Felstürmchen meistens von der Südseite, einige Stellen Bergsteiger-Schwierigkeitsgrad I, II, zwei Passagen künstlich durch dünnes Stahlseil gesichert) auf den Gipfel Malka Musala, 2902 m, früher auch Dimitrov – zweithöchster Gipfel des Rila) und von ihm dann steil (stellenweise I) in den Sattel unter dem Ireček, von wo man weiter auf der Hauptroute der Tour gehen kann (ca. 2.30 Std. mehr) oder b) nach Nordnordwesten – Abstecher vom markierten Weg noch vor dem Musala-Gipfel am Ende der Traverse von der Südostrippe durch die sog. Teufelsrinne (Djavolskija ulej) zum Nordkamm – auf den Bezimennija Vrăh, 2792 m (labile Felsblöcke, Vorsicht) und weiter auf dem schon etwas leichteren Kamm auf den Aleko, 2713 m, und zur Bergstation des Skilifts westlich oberhalb der Hütte Musala, von der Station nach rechts und auf der Strecke der Skipiste hinunter zur Hütte (ca. 4.00–5.00 Std., Höhendifferenz ca. 650 m; geeignet für erfahrenere Bergwanderer, aber doch wesentlich leichter als Variante 1).

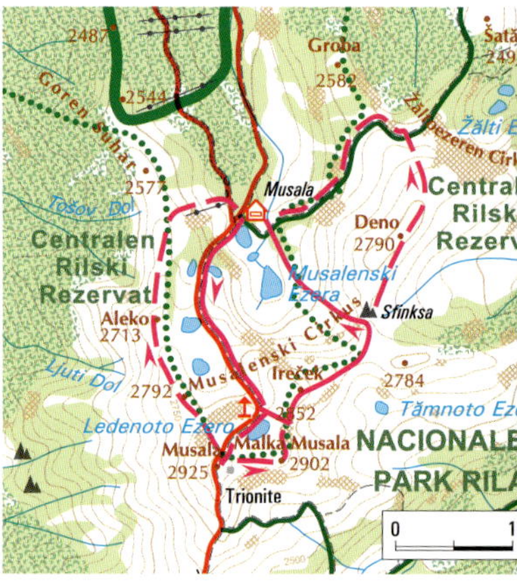

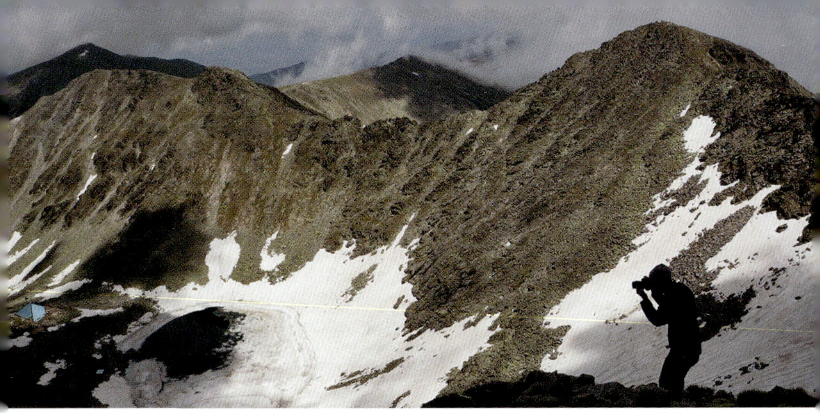

Musala-Gipfelblick zum Nordosten – Ireček (links) und Malka Musala (rechts), unten der See Ledenoto Ezero.

Von der **Hütte Musala (1)** steigen wir zuerst auf einem rot markierten Weg gleichlaufend mit der Route von Tour 45 bergan, u.a. vorbei am See **Alekovoto Ezero (2)** und unterhalb des nordwestlichen Ausläufers des Ireček mit dem Namen Paleca, 2603 m, bis zur **Hütte Everest (3)** am See **Ledenoto Ezero (4)**. Hier verlassen wir den markierten Weg und gehen nach Osten (stellenweise Steinmänner) steil bergan durch eine **Geröllrinne (5)**, die in den **Sattel (6)** zwischen dem Ireček und dem Malka Musala führt. Beim Aufstieg durch die Rinne ist erhöhte Vorsicht geboten. Für einen Abstieg empfehlen wir dieses Couloir nicht unbedingt, höchstens als Notvariante.

Vom Sattel folgt der ziemlich leichte Aufstieg auf dem steinig-grasigen Südwestkamm auf den Gipfel des **Ireček (7)**, 2852 m, selbst, den zwei selbstständige Höhenpunkte bilden: Der höchste Punkt ist der südwestliche, während der nordöstliche ein wenig niedriger ist. Den ganzen Gipfelraum bedecken ziemlich labile Felsblöcke. Wir steigen auf dem Nordostkamm zu dessen zentralem Fußpunkt ab, von dem rechts der Bergrücken Studenija Rid mit dem Studenija Čal, 2784 m, abgeht.

Wir jedoch gehen nach Norden (es kann auch links unter dem Kamm traversiert werden) in einen grasigen Sattel vor dem ausladenden Berg Deno, 2790 m, in dem die schon von Weitem gut sichtbaren Felsen **Sfinksa (8)** aufragen, die in ihrer Form an die ägyptische Sphinx erinnern. An diesen Felsen wenden wir uns nach Nordwesten und steigen auf einem verhältnismäßig guten, unmarkierten Weg wieder ab, zurück ins Hochtal und zur **Hütte Musala (1)**.

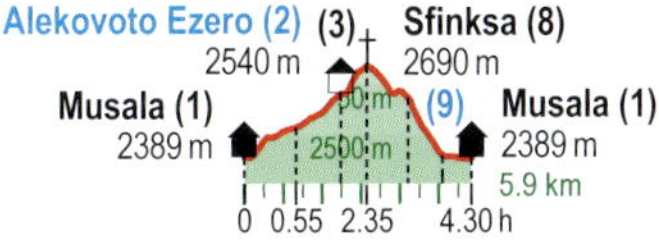

TOP **45** ***Musala, 2925 m*** **7.45 Std.**

Auf den höchsten Berg des Balkan

Der Musala, 2925 m, ist der höchste Berg auf der ganzen Balkanhalbinsel, wobei er auch den berühmten griechischen Olymp, 2917 m, und den höchsten Gipfel des Pirin, den Vichren, 2914 m (siehe Tour 23), der bei günstigen Witterungsbedingungen vom Musala aus in südwestlicher Richtung zu sehen ist, übertrifft. Der Name »Musala« ist aus der ursprünglichen Bezeichnung Mus Allah, »Allahs-Berg«, hervorgegangen. Er stammt aus der Zeit, als Bulgarien noch Bestandteil des Osmanischen Reiches war. Ansonsten lautet der altbulgarische Name des Berges Tangra. 1949–1962 war der Berg nach Stalin benannt. Auf dem Gipfel steht eine 1932 erbaute und seit 1960 auch als Observatorium zur Beobachtung des Weltalls genutzte Wetterstation. Die Rundumsicht erfasst praktisch das gesamte Rila sowie auch das benachbarte Pirin und die Rhodopen.

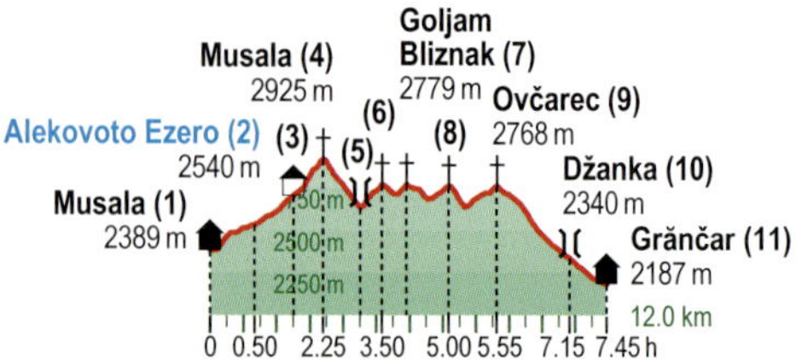

Ausgangspunkt: Hütte Musala, 2389 m. Zugang per Seilbahn und 1 Std. zu Fuß. Anfahrt und Zugang von Borovec, 1300 m, aus (siehe Tour 43).
Endpunkt: Hütte Grănčar, 2187 m. In umgekehrter Richtung ist der Übergang etwas anstrengender (ca. 9.00 Std.). Anschlusstour: 47.
Anforderungen: Verhältnismäßig lange, aber sehr gut markierte und beliebte »klassische« Tour. Technisch ohne größere Probleme. Wiederholte Auf- und Abstiege, erhebliche Höhendifferenz. Aufbruch früh und nur bei gutem Wetter!
Höchster Punkt: Musala, 2925 m.
Höhenunterschied: 930 m im Aufstieg, 1130 m im Abstieg.
Übernachtung/Einkehr: Hütte Musala, Hütte Grănčar. Anstelle der früheren Schutzhütte am See Ledenoto Ezero ist in der Saison schon die Hütte Everest in Betrieb. In außerordentlichen Fällen kann zum Übernachten auch eine kleine Biwakhütte oder direkt die Wetterstation auf dem Musala-Gipfel (Wasser nur auf Zuteilung) benutzt werden.
Varianten: 1. Vom Südkamm des Musala auf einem grün markierten Pfad links (nach Osten) in das Tal des Flüsschens Goljama Marica und zu deren Zusammenfluss mit der Prava Marica, von hier aus entweder a) mit der gelben Markierung nach links zur Hütte Marica, 1900 m (insgesamt ca. 6.00 Std.), oder b) mit der grünen Markierung nach rechts zur Hütte Zavračica, 2178 m (ca. 7.00 Std., Anschlussmöglichkeit an die Touren 46, 47).
2. Vom Mariški Vrăh, 2765 m, links in Richtung Osten auf dem Kamm mit der roten und grünen Markierung über den Gipfel Mančo, 2771 m, und vorbei an der Quelle Ustivkata in den Sattel Zavračica auf 2450 m, von diesem dann wieder links nach Nordosten zur Hütte Zavračica, 2178 m (ca. 7.00 Std., Anschlussmöglichkeit an die Touren 46, 47).

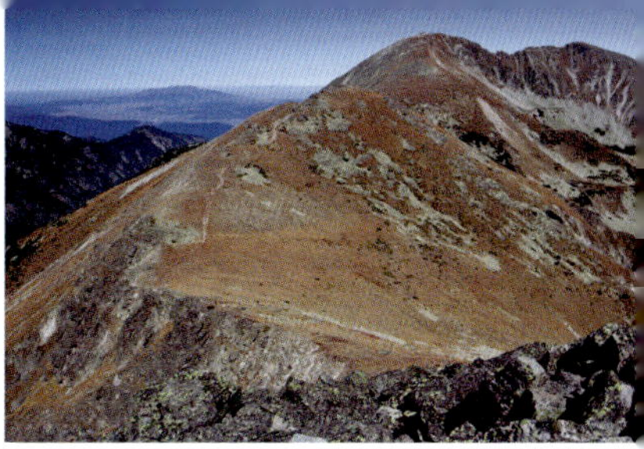

Der Musala vom Süden aus gesehen.

Von der **Hütte Musala (1)** bis in den Sattel Džanka begleiten uns rote Markierungsstreifen, durch Stangen ergänzt. Gleich hinter der Hütte umgehen wir am Nordufer den am niedrigsten gelegenen See aus der Gruppe der Musala-Seen (Musalenski Ezera). Es folgt der Aufstieg in Serpentinen auf eine Terrasse mit zwei kleineren Seen. Über eine Schwelle gelangen wir zum See **Alekovoto Ezero (2)**, der unter den Osthängen des Aleko, 2713 m, liegt und der tiefste aller Musala-Seen ist. Von hier steigen wir hinauf unter die Südwesthänge des Irеček, 2852 m, zur kleinen **Hütte Everest (3)** und zum am höchsten gelegenen See im Kessel Musalenski Cirkus, dem Ledenoto Ezero auf 2710 m. Nun beginnt der abschließende Aufstieg auf den Musala über die steile felsige Nordostrippe. An einer Stelle ist ein Stahlseil angebracht, aber bei trockenem Wetter bleibt es eher ein symbolisches Hilfsmittel. Oben traversieren wir noch durch die sogenannte Teufelsrinne oder Djavolskija ulej und erreichen über den Nordhang den Gipfel des **Musala (4)**, 2925 m. Dann steigen wir auf dem breiten Südkamm (links, Variante 1) hinab in den Sattel **Preslapa (5)**, 2640 m, hinter dem die zwei Gipfel »Bliznacite« – **Malăk Bliznak (6)**, 2777 m, und **Goljam Bliznak (7)**, 2779 m – überschritten werden. Auf der linken Seite des Kamms sind der Kessel Maričin Cirkus mit drei Seen, auf der rechten das tiefe Tal des Beli Iskăr mit der gleichnamigen Talsperre zu sehen. Vom **Mariški Vrăh (8)**, 2765 m, biegt nach links die Variante 2 ab. Auf der Hauptroute verbleibt uns noch der letzte Aufstieg, und zwar auf den ausladenden **Ovčarec (9)**, 2768 m. Dann geht es bergab, zuerst in den Sattel **Džanka (10)**, auch Dolni Kuki genannt, von ihm mit blauer Markierung (Tour 42) links zur **Hütte Grănčar (11)**, 2187 m (früher Hütte Boris Chadžisotirov genannt), wo Tour 47 anschließt.

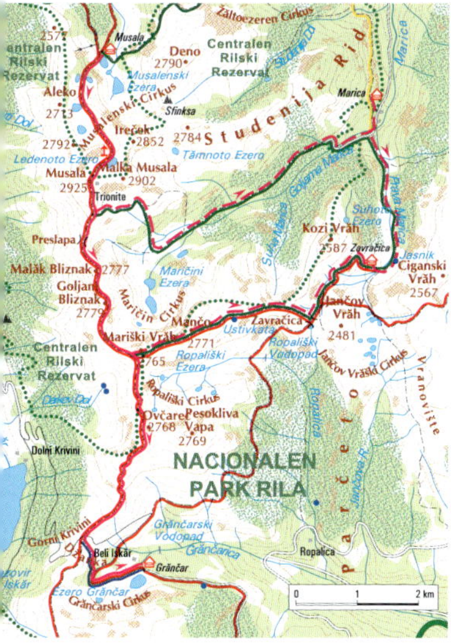

46 Zavračica, 2633 m

3.00 Std.

Gipfeltour von der Hütte Zavračica aus

Die Zavračica, auch Mustačal genannt, ist der bedeutendste Aussichtsgipfel im mittleren Teil des östlichen Rila. Das Panorama vom höchsten Punkt erfasst im Westen die Musala-Gruppe, den Bliznacite, Mančo und Ovčarec, im Osten den mächtigen Ibăr und den flachen Hochgebirgskessel Kazana mit dem Pass Musanovčalskata Sedlovina (Touren 47 und 48). Der leichteste Aufstiegsweg führt vom Ciganski Vrăh über den Südwestkamm.

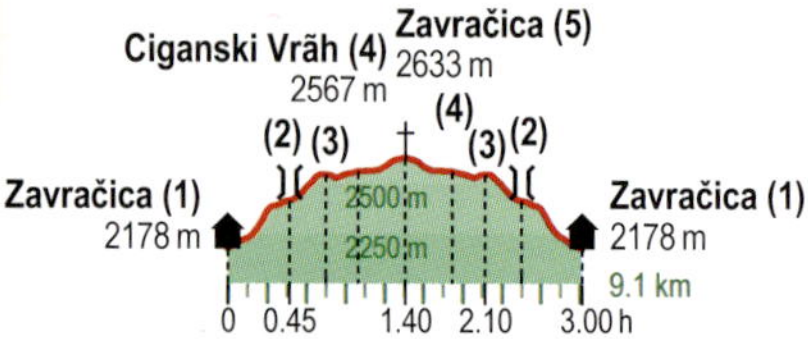

Ausgangspunkt: Hütte Zavračica, 2178 m. Zugang von Borovec, 1300 m (siehe Tour 43), mit der gelben Markierung über den Sitňakovo, 1780 m (Fahrt mit dem Sessellift möglich), Vlči Kamăk, die Hütte Čakăr Vojvoda, 1990 m, durch das Tal des Baches Žltoezerni Potok, das Tal Studenija Dol und über die Hütte Marica, 1900 m, zum Zusammenfluss der Flüsse Goljama Marica und Prava Marica. Von hier mit der grünen Markierung bis zur Hütte (ca. 7.00 Std.). Anfahrt auch auf einer Bergstraße von Borovec über Černata Skala und vorbei am Forsthaus Marica zur Hütte Marica möglich; weiter nur noch mit einem Geländefahrzeug (insgesamt ca. 20 km).
Anforderungen: Leichte Gipfeltour, größtenteils ohne Markierung. Auf den Kammhochebenen können bei schlechter Sicht erhebliche Orientierungsprobleme auftreten; Aufbruch früh am Morgen und nur bei gutem Wetter. Zur Sicherheit eine Bussole oder ein GPS-Gerät mitnehmen.
Höchster Punkt: Zavračica, 2633 m.
Höhenunterschied: 500 m.
Übernachtung/Einkehr: Hütte Zavračica.
Variante: Auf den Gipfel der Zavračica kann man auch im Rahmen einer zweitägigen Tour durch das östliche Rila (Tour 47) abbiegen: vom rot markierten Fernweg am Nordwesthang des Sredni Vrăh hin/zurück ca. 2.00 Std.

An der **Hütte Zavračica (1)** verlassen wir die grün und rot markierte Hauptwanderroute, die in westlicher bis südwestlicher Richtung in den Sattel Zavračica führt. Stattdessen überschreiten wir den Flusslauf der Prava Marica und steigen an deren rechtem Quellfluss entlang auf einem unmarkierten Weg nach Süden zwar auch auf den Hauptkamm, aber in den östlicher liegenden **Sattel (2)** auf 2420 m zwischen dem Jančovi Vrăh, 2481 m, rechts, und dem

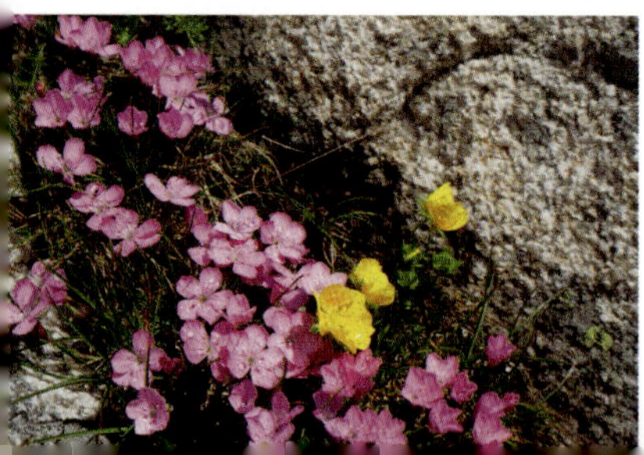

Flora im Rila-Gebirge.

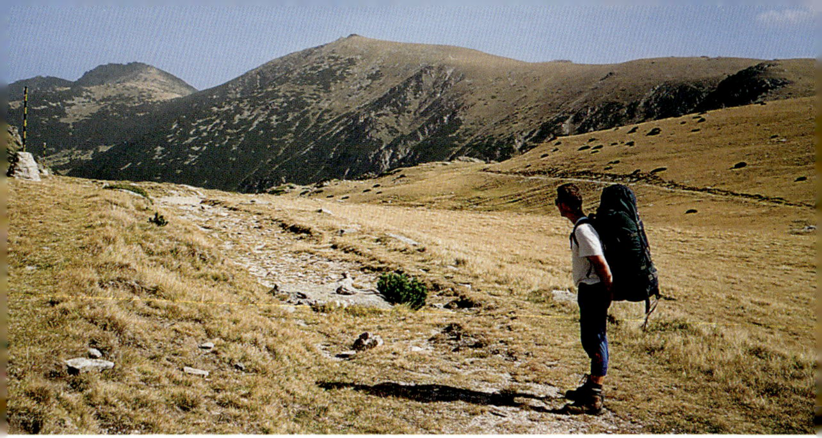

Blick vom Hauptkamm des östlichen Rila zur Zavračica, links im Hintergrund der Jasnik.

Sredni Vrăh (auch Ortačal genannt), 2570 m, links. Aus dem Sattel biegen wir bereits mit der roten Markierung und den Stangen mit Azimutangaben (Tour 47) nach Südosten/Osten und beginnen in die nordwestliche **Flanke des Sredni Vrăh (3)** aufzusteigen. Im offenen grasigen Gelände biegen wir später nach Nordosten und folgen ohne Markierung der unauffälligen Linie des Seitenkamms Richtung **Ciganski Vrăh (4)**, 2567 m (auch Djavolski Vrăh oder Čengenečal). Hinter diesem Höhenpunkt steigen wir mäßig bergab in einen flachen Sattel. An einigen kleineren Felsen vorbei – wir halten uns nach wie vor an der Westseite des Kamms über dem Tal der Prava Marica – setzen wir den Aufstieg auf den **Zavračica (5)**, 2633 m, fort. Der Abstieg erfolgt auf demselben Weg zurück zur **Hütte Zavračica (1)**.

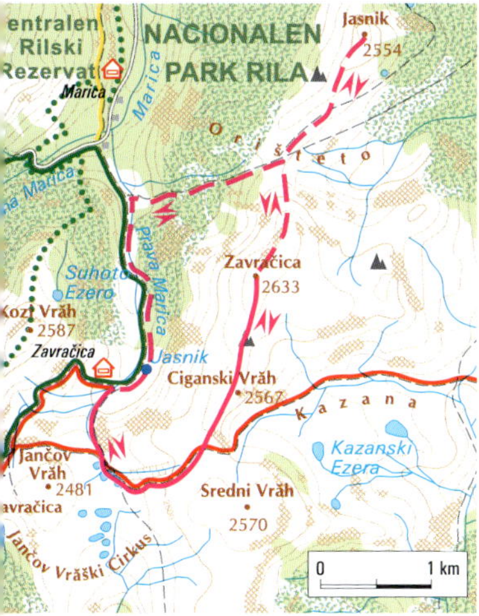

(Hinweis: Der in der 1. Auflage dieses Wanderführers beschriebene Abstiegsweg nach Nordosten in den tiefen Sattel Orišteto zwischen den Gipfelmassiven Zavračica und Jasnik und dann links abwärts ins Tal Prava Marica ist mittlerweile besonders in der unteren Latschenzone stellenweise kaum noch begehbar!)

47 Übergang über das östliche Rila

12.30 Std.

Der Zauber der unendlichen Hochplateaus

Der Hauptkamm des östlichen Rila ist landschaftlich sehr einrucksvoll – fast unendliche grasbewachsene Hochplateaus wie in der weiten Steppe. Unter den leicht gewellten Rundungen der Gipfel liegen flache Kessel mit mäandernden Bächen, Sümpfen und kleinen Regenwasserseen. Zu zuverlässigen Trinkwasservorkommen muss man – wenn man keine Desinfektionsmittel bei sich hat – in niedrigere Lagen absteigen. Die weiter beschriebene, relativ sehr wenig begangene Tour werden sicher alle Liebhaber der ruhigen, reinen und ungestörten Natur genießen – wenn wir von den in massiven Betonsockeln eingesetzten Stangen mit Azimutangaben absehen. Doch gerade diese Stangenmarkierung hat bei schlechtem Wetter und verschlechterter Sicht vielen Leuten das Leben gerettet. Bei Lufttemperaturen unter ca. 10 °C ist in dem offenen Gelände der Hochplateaus darüber hinaus starker bis stürmischer Wind, vor dem man hier einfach nirgends Schutz findet, ein bedeutender Risikofaktor. Im Falle irgendwelcher Schwierigkeiten ist es daher das Beste, lieber rechtzeitig in niedrigere geschützte Lagen abzusteigen.

Ausgangspunkt: Hütte Grănčar (früher auch Hütte Boris Chadžisotirov), 2187 m. Zugang von der Hütte Ribni Ezera siehe Tour 42, von der Hütte Musala siehe Tour 45. Zugang auch möglich von Norden auf einer nicht markierten schmalen Straße und später einem Fahrweg durch das Tal des Beli Iskăr vorbei an der gleichnamigen Talsperre und über den Sattel Džanka (von der Ortschaft Beli Iskăr ca. 20 km, zum Schluss nur mit einem Geländefahrzeug befahrbar) oder von Süden aus dem Tal der Mesta von der Ortschaft Jakoruda (Bahnstation) auf einer Bergstraße zuerst mit der blauen Markierung zur Hütte Treštenik, 1700 m, und von dort weiter bergauf mit roter Markierung bis zur Hütte Grănčar (gesamt ebenfalls ca. 20 km, zu Fuß ca. 6.00 Std.).

Endpunkt: Hütte Jundola, 1380 m (Bus). In umgekehrter Richtung ist der Übergang noch anspruchsvoller. Anschlusstour: 50.

Anforderungen: Fernwanderung, die überwiegend durch offenes Gelände von Hochplateaus führt; trotz Stangenmarkierung können hier bei schlechter Sicht beträchtliche Orientierungsprobleme auftreten, deshalb Aufbruch lieber früh am Morgen und nur bei gutem Wetter. Eine Bussole bzw. ein GPS-Gerät ist empfehlenswert.

Höchster Punkt: Die Flanke des Sredni Vrăh, ca. 2530 m.

Höhenunterschied: 910 m im Aufstieg, 1720 m im Abstieg.

Übernachtung/Einkehr: Hütte Grănčar, Hütte Christo Smirnenski, Hütte Jundola; in begrenztem Umfang auch der Sportkomplex HMSC Belmeken.

Hinweis: Empfehlenswert ist die Aufteilung in zwei Tagesetappen: am 1. Tag bis zum Pass Musanovčalskata Sedlovina (ca. 5.00–5.30 Std. inkl. kurzem Abstieg zur Trinkwasserquelle, Möglichkeit der Übernachtung in einer alten Almhütte oder im Zelt), am 2. Tag bis zur Hütte Christo Smirnenski ca. 5.00–5.30 Std. oder bis nach Jundola noch 2.30–3.00 Std. mehr.

Varianten: 1. Von der Nordwestflanke des Sredni Vrăh möglicher unmarkierter Abstecher nach Nordosten auf den Ciganski Vrăh, 2567 m, und die Zavračica, 2633 m

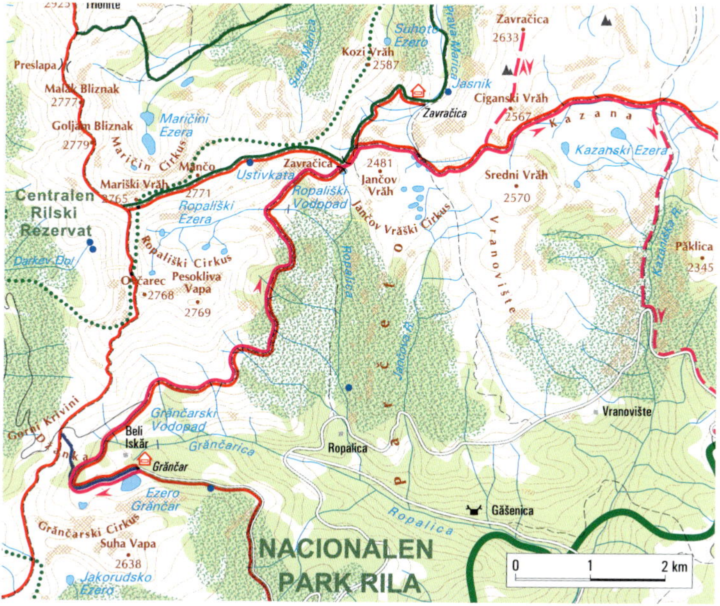

(Näheres siehe Tour 46); hin und zurück ca. 2.00 Std.

2. Aus dem Kessel Močurišteto mit der roten Markierung und Stangen mit Azimutangaben nach Norden in den Sattel Ušite auf 2410 m (nach links möglicher Abstecher auf den Ibăr, 2666 m – Aufstieg ohne Markierung auf dem Südostkamm, siehe Tour 48) und von dort weiter nach rechts nach der Markierung auf dem Kamm über die Flanken der Berge Kameniti Vrăh (auch Kamenisti genannt), 2591 m, Ostrec, 2641 m, und Ravni Vrăh, 2637 m, in den Sattel Premkata auf 2380 m, von dem die gelbe Markierung in östlicher Richtung auf den Belmeken, 2626 m (siehe auch Tour 49), weitergeht; sonst vom Sattel Premkata Abstieg mit der roten Markierung und Stangen mit Azimutangaben in südöstlicher Richtung zum Stausee Belmeken (Anschluss an die Hauptroute der Tour; insgesamt ca. 2.30–4.00 Std. und 300–650/450–800 m Höhendifferenz im Aufstieg/Abstieg mehr).

3. Bei verschlechtertem Wetter am zweiten Tag Möglichkeit des Notabstiegs vom Kamm nach Süden: vom Pass Musanovčalskata Sedlovina ohne Markierung durch das Tal des Flusses Kazaniška Reka zu der traversierenden Bergstraße und auf dieser ständig nach links (auch an den folgenden zwei größeren Gabelungen), bis zur Talsperre Belmeken (Anschluss an die Hauptroute der Tour); zeitlich etwa gleich lang, aber was die Witterungsbedingungen betrifft, viel weniger exponiert. Auf den genannten zwei Abstechern von der traversierenden Straße nach rechts kann man in ca. 4.00 Std. bis ins Tal der Černa Mesta in die gleichnamige Ortschaft mit Bahnstation der Schmalspurbahn Septemvri – Velingrad – Dobrinište absteigen.

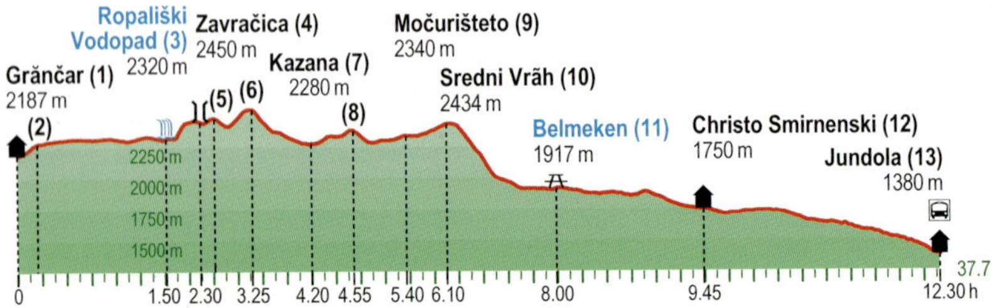

Von der **Hütte Grănčar (1)** folgen wir zuerst etwa 10 Min. der blauen und roten Markierung aufwärts entgegen der Richtung der Touren 42 und 45. Später halten wir uns nur noch an die rote Markierung. In einer scharfen Linkskurve verlassen wir den in den Sattel Džanka (Dolni Kuki) führenden Fahrweg und gehen geradeaus weiter auf einem gut unterhaltenen Bergpfad, der in einer lang gezogenen **Traverse (2)** unterhalb des Gipfels Pesokliva Vapa, 2769 m, in Richtung zum Hauptkamm allmählich an Höhe gewinnt. Steiniges Gelände wechselt sich mit Knieholz ab. Rechts unter uns ist das Ropalica-Tal zu sehen, in das von unserem Hang eine Menge kleinerer Bäche hinunterfließt. In der Höhe von rund 2320 m überschreiten wir den Hauptlauf des Wildbachs Ropalica, wo sich für lange Zeit die letzte Gelegenheit zur Auffüllung der Trinkwasservorräte bietet. Links über uns liegt der Kessel Ropališki Cirkus, rechts unterhalb des Weges rauscht der Wasserfall **Ropališki Vodopad (3)**. Noch 20–25 Min. Aufstieg, und wir sind auf dem Hauptkamm des östlichen Rila im Sattel **Zavračica (4)**, 2450 m. Jetzt Obacht auf die Orientierung: Wir gehen nicht in nördlicher Richtung ins Tal Prava Marica und zur Hütte Zavračica weiter, sondern biegen mehr nach rechts ab in die Nordwestflanke des **Jančov Vrăh (5)**. Die Stangen mit Azimutangaben und die rote Markierung führen uns nach rund 20 Min. in einen flachen Sattel, 2420 m, mit einigen Regenwasserseen und Tümpeln (von links schließt sich Tour 46 an). Von hier aus folgt ein lang gezogener Aufstieg über die Nordwestflanke des **Sredni Vrăh (6)**, von der nach links der Seitenkamm des Ciganski Vrăh und der Zavračica (Variante 1) abgeht. Hinter dem Horizont führt die

Rast im Unendlichen.

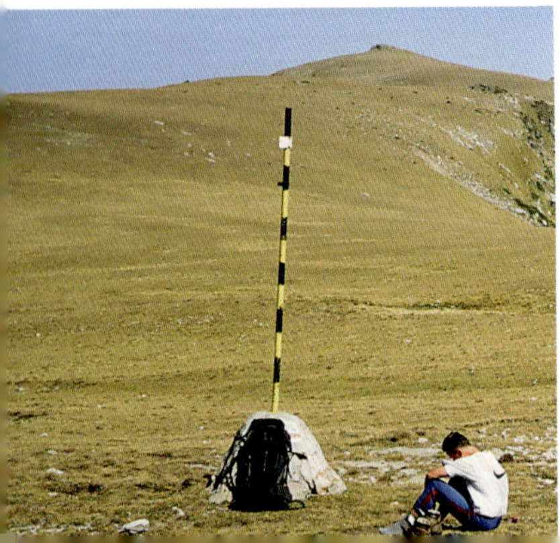

Markierung verhältnismäßig steil bergab in den ausgedehnten Hochgebirgskessel **Kazana (7)** mit zwei größeren Regenwasserseen und einer Menge Sümpfe. Am Pass Musanovčalskata Sedlovina steht nahe an einem Bach eine alte hölzerne Almhütte, wo man übernachten kann. Am zweiten Tag (Notabstieg s. Variante 3) gehen wir weiter mit der roten Markierung und den Stangen mit Azimutangaben in südöstlicher Richtung hinauf in einen unauffälligen Sattel, der rechts vom Höhenpunkt Djavolski Vrăh, 2417 m, im Querkamm **Paklica (8)** liegt. Auf der anderen Seite des Kamms steigen wir dann in das große sumpfige Becken **Močurišteto (9)** ab, das sich unter den Südhängen des mächtigen Bergs Ibăr, 2666 m (Variante 2 oder Tour 48), erstreckt. Auch hier beleben einige Regenwasserseen die flachen grasigen Hochplateaus. Von der Weggabelung unterhalb des Sattels Ušite (nach links Variante 2) halten wir die Südostrichtung ein (rechts vom Hauptkamm) und steigen nach der Stangenmarkierung auf den unauffälligen Höhenpunkt **Sredni Vrăh (10)**, 2434 m, von wo wir noch zum letzten Mal das ganze östliche Rila betrachten können. In der Ferne ist u.a. auch die Musala-Gruppe gut zu sehen. Im Osten eröffnet sich vor uns jedoch schon ein ganz neuer

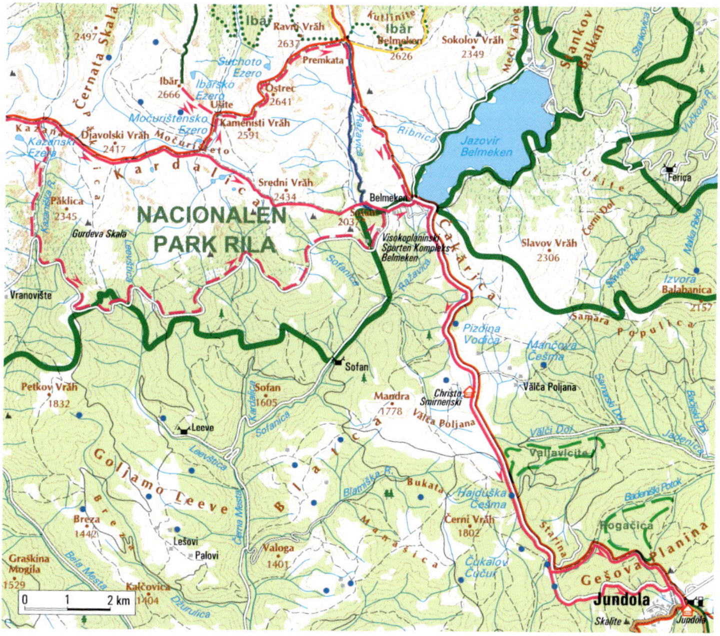

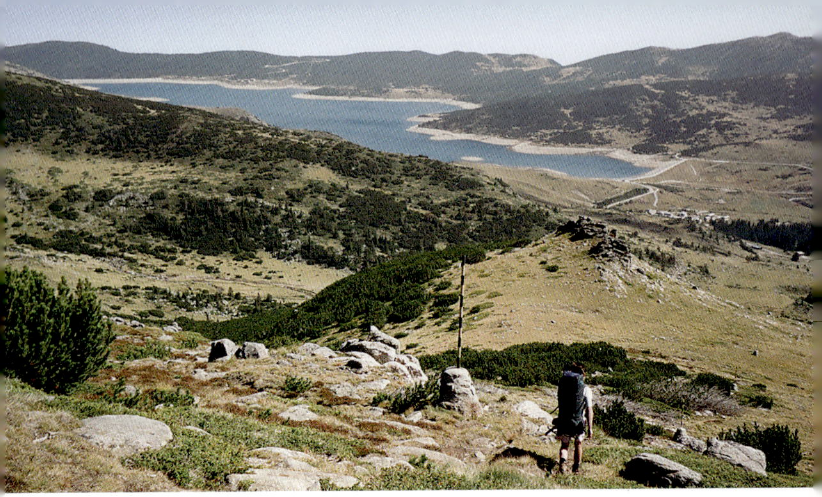

Abstieg zum Stausee Belmeken.

Blick: auf den Hochgebirgsstausee **Belmeken (11)**, zu dem wir jetzt etwa eine Stunde lang absteigen werden. Die Talsperre liegt auf 1917 m unter den Südosthängen des gleichnamigen Berges, 2626 m (Variante 2 oder Tour 49), auf der Wasserscheide zwischen dem Schwarzen Meer (nordöstlich fließt der Fluss Kriva Reka ab, der später in die Marica mündet) und dem Ägäischen Meer (südwestlich fließt der Fluss Ražavica ab, der später in die Černa Mesta mündet). Auf der Südwestseite des Stausees, der zusammen mit der nordöstlich anschließenden Sestrimo-Kaskade das größte hydroenergetische System Bulgariens bildet, ist der moderne Sportkomplex HMSC (High Mountain Sports Complex, früher Družba) errichtet worden.
Der restliche Teil der Tour führt schon auf der Straße, ständig mit der roten Markierung, zuerst in einer gewellten Traverse am West- bis Südwesthang des Slavov Vrăh, 2306 m, und ab dem Brunnen Pizdina Vodica hinunter auf die Wiesen Vălča Poljana und zur **Hütte Christo Smirnenski (12)**, 1750 m, die eigentlich mehr ein Berghotel ist, massiv gebaut und ziemlich geräumig, mit einer Kapazität von gut 100 Plätzen in komfortablen Zimmern. Der Name des Objekts erinnert an den bedeutenden bulgarischen revolutionären Dichter Christo Smirnenski (1898–1923), der in der Zeit nach dem Ersten Weltkrieg in seinen Werken vor allem die Ideen einer gerechten Ordnung der menschlichen Gesellschaft und des Widerstands gegen den »ausbeuterischen parasitären Kapitalismus« betonte. Wenn genug Zeit bleibt, kann man noch am selben Tag in die Ortschaft **Jundola (13)**, 1380 m, absteigen oder fahren, wo sich eine kleinere Wanderhütte befindet und von wo die Tour 50 anschließt. Von Jundola nach Velingrad kann man auch mit dem Bus fahren.

10.15 Std.

Ibăr, 2666 m **48**

Audienz beim »König« des östlichen Rila

Der mächtige und ausladende Ibăr wird angesichts seiner zentralen, relativ isolierten Lage unter den Bergwanderern als »König« der Berge des östlichen Rila betrachtet. Die Aussicht vom Gipfel gehört bei schönem Wetter zu den wirklich starken Erlebnissen. Die im Folgenden beschriebene Wanderung ist eher erfahreneren und ausdauernden Bergwanderern zu empfehlen. Die unten beschriebenen Varianten sind leichter.

Ausgangspunkt: Hütte Venetica, 1400 m. Zugang von der Ortschaft Dolna Baňa, 630 m, ein 8 km westlich von Kostenec liegender Kurort (Busverbindung). Zuerst ohne Markierung auf der Straße in südwestlicher Richtung bis zu einem Ferienheim und Almhütten in der Lokalität Sveti Spas/Gerginica am Waldrand direkt unterhalb der Nordhänge des östlichen Rila (ca. 4 km, bis hierher auch beschränkte Busverbindung); weiter mit der gelben Markierung, die anfangs noch der schmalen Straße im Tal des Flusses Dolnobanska Bistrica folgt, um später in einer steilen Steigung deren Serpentinen abzukürzen, hinauf zur Hütte (zu Fuß vom Waldrand aus ca. 1.30 Std., Höhendifferenz ca. 600 m). Der Zugang ist auch aus dem Kurort Kostenec der roten Markierung folgend über Jurukova Poljana und Mandra möglich (ca. 3.00 Std., Höhendifferenz ca. 550 m).

Endpunkt: Hütte Christo Smirnenski, 1750 m. Evt. Rückweg über die Hütte Belmeken (nach Übernachtung).

Anforderungen: Lange und anstrengende, größtenteils markierte Gipfeltour, die im Wesentlichen den Nord-Süd-Übergang des Hauptkamms des östlichen Rila darstellt. Aufbruch früh und nur bei gutem Wetter! Bei verschlechterter Sicht können auf den offenen Hochplateaus auch trotz der Stangenmarkierung erhebliche Orientierungsprobleme auftreten. Bussole/GPS sind empfehlenswert.

Höchster Punkt: Ibăr, 2666 m.

Höhenunterschied: 1550 m im Aufstieg, 1200 m im Abstieg.

Übernachtung/Einkehr: Hütte Venetica, Hütte Christo Smirnenski; in begrenztem Umfang auch der modernisierte Sportkomplex HMSC Belmeken.

Varianten: Anstelle des Aufstiegs auf den Ibăr kann auch nur der Hauptkamm absolviert werden:

1. Direkt über den Sattel Ušite, 2410 m: Von der Stelle Ečemicite mit der gelben Markierung ins Čavča-Tal und durch dieses dann ohne Markierung – zuerst auf der Straße und ab der Almhütte Kazana auf einem breiten Weg östlich vom Massiv des Ibăr – hinauf in den Sattel Ušite, wo wir uns der Hauptroute der Tour anschließen.

2. Über den Sattel Premkata, 2380 m: Der erste Abschnitt ins Tal Čavča gleichlaufend mit der Variante 1, aber diesmal gehen wir durch das Tal nur etwa 5 Min. und anschließend biegen wir aus ihm schon ab – ständig mit der gelben Markierung – auf einer schmalen Straße nach links in einen bewaldeten Hang; später durch das Tal des Flusses Ravnivraška Reka zusammen mit der grünen Markierung hinauf zur Hütte Belmeken, 2224 m, von hier mit der roten Markierung (siehe Tour 49) in den Sattel Premkata, von dort hinunter zur Talsperre Belmeken und weiter nach der Beschreibung der Tour 47.

3. Auf den Ibăr kann man auch beim Übergang des Hauptkamms in Richtung West-Ost abbiegen (s. Variante 2 bei Tour 47).

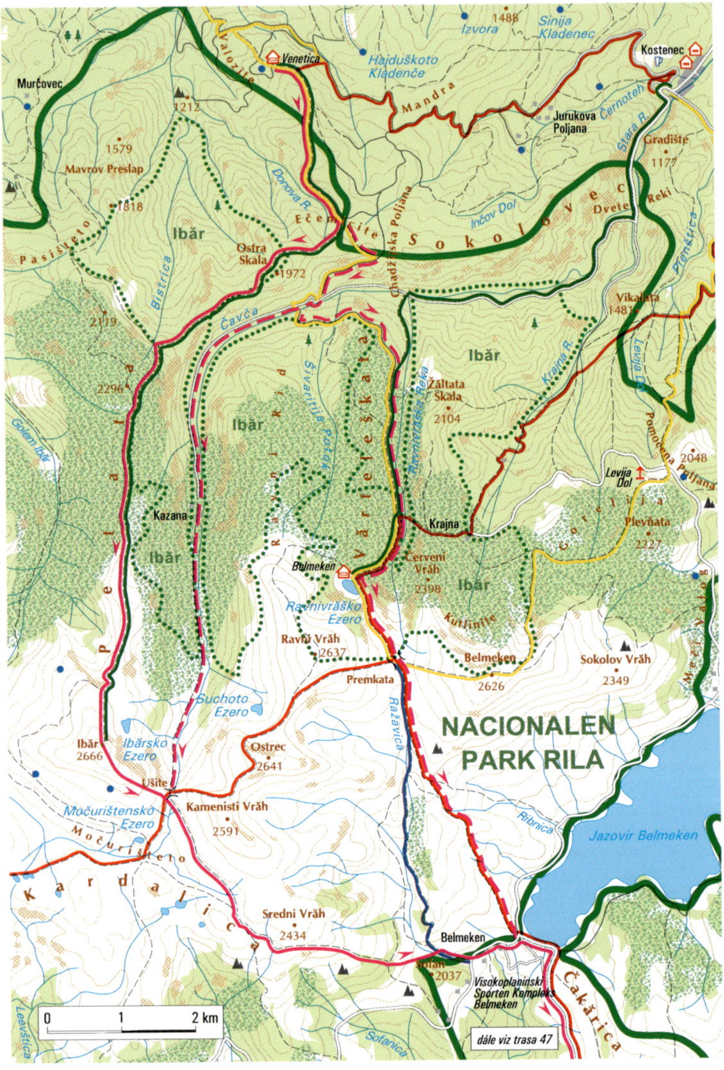

Venetica
Valozite
Izvora
1488
Sinija Kladenec
Hajduškoto Kladenče
Kostenec
Murčovec
1212
Mandra
Jurukova Poljana
Černoteh
Stara R.
Gradište
1177
1579
Mavrov Preslap
Donova R.
1818
Ečemišite
Chadžijska Poljana
Sokolovec
Inčov Dol
Dvete Reki
Pasišteto
Ibăr
Ostra Skala
1972
Bistrica
Prenetica
Vikalita
1481
Čavča
2119
Ibăr
Krajna R.
Levija Dol
Šivaritija Potok
Žăltata Skala
2104
2296
Golem Ibăr
Ibăr
Ravni Rid
Vărteleškata
Ravnivraška Reka
Pomocena Poljana
2048
Levija Dol
Corelija
Plevňata
2227
Kazana
Krajna
Ibăr
Belmeken
Červeni Vrăh
2398
Ibăr
Ravnivrăško Ezero
Kulinite
Petrata
Ravni Vrăh
2637
Belmeken
2626
Sokolov Vrăh
2349
Mečiavalog
Premkata
Suchoto Ezero
Ražavica
NACIONALEN PARK RILA
Ibăr
2666
Ibărsko Ezero
Ostrec
2641
Ušite
Kamenisti Vrăh
2591
Močurištensko Ezero
Močurišteto
Ribnica
Jazovir Belmeken
Kardalica
Sredni Vrăh
2434
Belmeken
Sofan
2037
Visokoplaninski Sporten Kompleks Belmeken
Čakărica
0
1
2 km
dále viz trasa 47
Leevštica
Sofanica

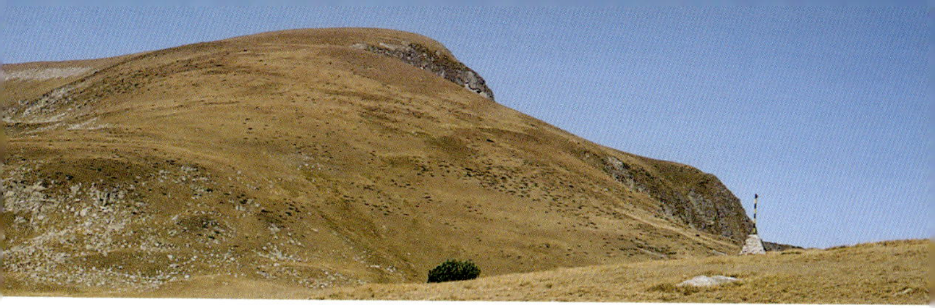

Der Ibăr von Südosten, rechts der Sattel Ušite.

Von der **Hütte Venetica (1)** steigen wir zuerst durch Wald der grünen und gelben Markierung folgend zum Sattel **Ečemicite (2)** auf. Die gelbe Markierung führt von hier aus bergab ins Tal Čavča (Varianten 1, 2); wir gehen jedoch mit der grünen Markierung auf dem Kamm nach Südwesten zum Gipfel **Ostra Skala (3)**, 1972 m, den unser Pfad an der Nordwestseite traversiert. Der lang gezogene Kamm Petata windet sich allmählich nach Süden und gewinnt über einige weniger bedeutende kleine **Gipfel (4, 5)** und Sättel an Höhe. Rechts unter uns zieht sich das Tal des Flüsschens Goljam Ibăr, links das Tal Čavča. Hinter dem höchsten Punkt des Kamms Petata mit dem Namen **Gorna Topoklija (6)**, 2481 m, steigen wir hinunter in den tiefen Sattel **Preslapa (7)**, von wo auf dem breiten Nordwestkamm der abschließende Aufstieg auf den **Ibăr (8)**, 2666 m, erfolgt. Herausragend im Gipfelpanorama sind besonders die Nord- und Nordostseite des Ibăr mit steilen Felswänden, die manchmal das Ziel von Sportkletterern sind. Unter dem Fuß der Felsen liegt der idyllische See Ibărsko Ezero.

Der Abstieg führt ohne Markierung auf dem grasbewachsenen Kamm anfangs nach Süden, später Südosten in den Sattel **Ušite (9)** (Variante 1) und weiter entlang der Stangen mit Azimutangaben in einer Traverse über die Südwesthänge des Kameniti Vrăh, 2591 m (auch Kamenisti Vrăh genannt), und **Sredni Vrăh (10)**, 2434 m. Für den verbleibenden Abschnitt zum **Stausee Belmeken (11)** und zur **Hütte Christo Smirnenski (12)** siehe Tour 47.

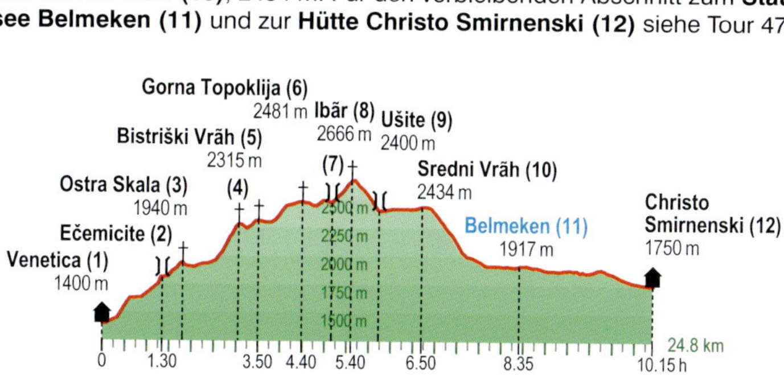

49 Belmeken, 2626 m

4.00 Std.

Aufstieg auf den östlichsten Gipfel des Rila-Massivs

Der Belmeken ist der letzte markante Gipfel am Ostrand des Rila-Gebirges, der am leichtesten von Westen aus dem Sattel Premkata zugänglich ist. Die Süd- und Südosthänge dieses ausladenden Berges fallen zum Stausee Belmeken ab. Im Osten schließt der 2349 m hohe felsige, auch Sungurličal genannte Sokolov Vrăh dessen Massiv ab. Am wildesten ist die Nordseite, die durch den tiefen Kessel Kutlinite gebildet wird. Dort entspringt der Fluss Krajna Reka. Der Aufstieg auf den Belmeken kann auch im Rahmen eines zusammenhängenden West-Ost-Übergangs des östlichen Rila absolviert werden (Tour 47).

Ausgangspunkt: Hütte Belmeken, 2224 m. Zugang vom Kurort Kostenec, 850 m, Heil- und Erholungszentrum (früher auch Georgi Dimitrov genannt), das 9 km südwestlich von der Stadt Kostenec (Bahnstation an der Strecke Sofia – Plovdiv) und 3 km südwestlich von der Gemeinde Kostenec (Busverbindung) liegt. Von dort mit der grünen Markierung zuerst auf der Straße durch die Klamm des Flusses Stara Reka zur Stelle Dvete Reki und von dort rechts durch das Tal des Flusses Čavča unterhalb der Felsen Sokolec bis auf die Wiese in der Lokalität Chadžijska Poljana; nach links, auf einem im Seitental des Bachs Ravnivraška Reka (auch Ravničalska Reka genannt) zwischen den Kämmen Vrteleškata a Žăltata Skala, 2104 m, aufsteigender Pfad – später auch mit der gelben (von der Hütte Venetica – Tour 48 – kommend) und der roten Markierung (von der Hütte Gurgulica kommend, die südöstlich oberhalb von Kostenec liegt) – hinauf bis zur Hütte Belmeken. Ca. 5.00–6.00 Std., Höhendifferenz rund 1400 m; auf die Alm Chadžijska Poljana Anfahrt mit Auto möglich.

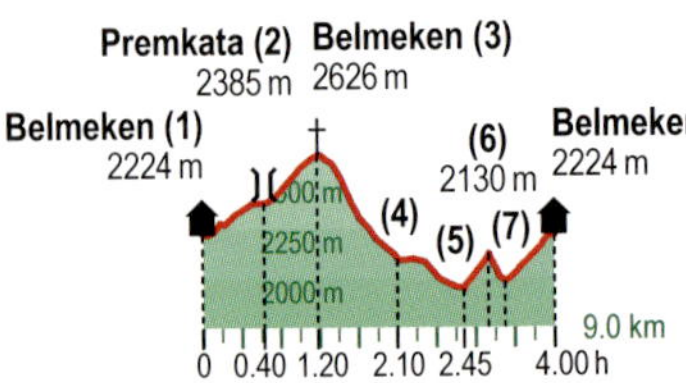

Anforderungen: Eine verhältnismäßig kurze Gipfeltour; ein Abschnitt ohne Markierung, aber orientierungsmäßig einfach. Der Aufstieg auf den Gipfel ist nur bei gutem Wetter zu empfehlen!
Höchster Punkt: Belmeken, 2626 m.
Höhenunterschied: 850 m.
Übernachtung/Einkehr: Hütte Belmeken am See Ravnivraško Ezero. In niedrigeren Lagen der Kurort Kostenec sowie die Hütten Venetica und Gurgulica.
Varianten: 1. Vom Gipfel des Belmeken Abstieg auf demselben Weg zurück in den Sattel Premkata und von dort dann Fortsetzung der Wanderung mit der roten und blauen Markierung weiter nach Süden zur Talsperre Belmeken, zur Hütte Christo Smirnenski und nach Jundola (siehe auch Touren 47 und 48). Der Abschnitt Premkata – Talsperre Belmeken dauert ca. 2.30–3.00 Std., Höhendifferenz ca. 450 m.
2. Von der Stelle Gorelija mögliche Fortsetzung mit der gelben Markierung über die Plevňata, 2227 m, durch das Tal Levija Dol, 2250 m, Schutzhütte) und die Wiese Pomočena Poljana, 2048 m, zur Hütte Gurgulica auf 1150 m; insgesamt ca. 6.00–7.00 Std., Höhendifferenz ca. 400 m beim Aufstieg und 1500 m beim Abstieg.

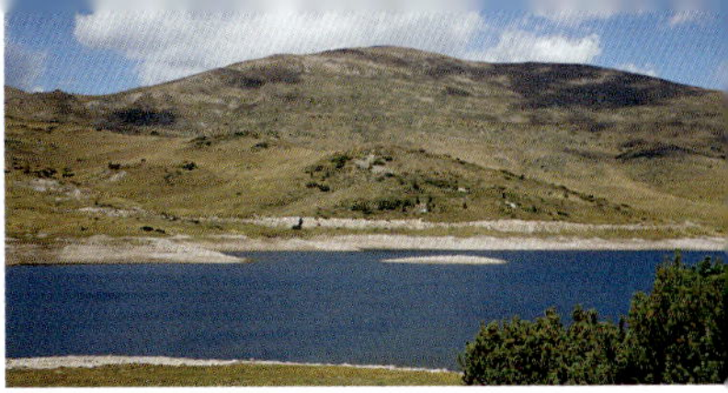

Berg und Stausee Belmeken.

Von der **Hütte Belmeken (1)** mit der gelben und roten Markierung vorbei am Ravnivraško Ezero durch Knieholz, über Gras und Geröll hinauf in den Sattel **Premkata (2)**, 2385 m, der im Hauptkamm des östlichen Rila zwischen den Gipfeln Ravni Vrăh, 2637 m (Aufstieg ca. 1.00 Std.), und Belmeken liegt. Der Anstieg in östlicher Richtung auf den **Belmeken (3)**, 2626 m, führt mit der gelben Markierung über Gras- und Geröllhänge. Vom Gipfel sind Richtung Westen Ibăr, 2666 m, Ostrec, 2641 m, und Ravni Vrăh, 2637 m, zu sehen, im Südosten spiegelt sich der Stausee Belmeken. Wir steigen, ständig der gelben Markierung folgend, durch einen deutlichen Taleinschnitt nach Nordnordost links unter den Seitenkamm **Gorelija (4)** ab. Hier biegen wir an einer Weggabelung (Variante 2) wieder auf einem unmarkierten Traversenweg links, der uns durch das Tal des Flusses Krajna Reka zur Almhütte **Krajna (5)**, 1950 m, bringt. Ab hier folgen wir der roten Markierung durch einen Knieholzsattel unterhalb des **Červeni Vrăh (6)** und kehren durch das Tal des Flusses **Ravnivraška Reka (7)** zurück zur **Hütte Belmeken (1)**.

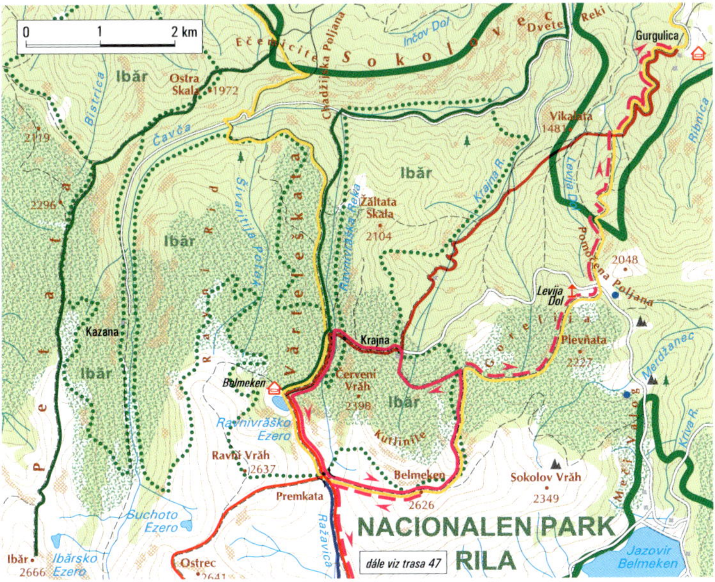

50 Von Jundola nach Velingrad

6.30 Std.

Durch das bewaldete Vorgebirge des Rila vorbei an einer Moschee zu heißen Thermalquellen

Die beschriebene Route schließt kontinuierlich an den Übergang über das östliche Rila (Tour 47) an, der am günstigsten in dem netten Kurort Velingrad mit Bademöglichkeit im Thermalwasserbecken abgeschlossen werden kann.

Ausgangspunkt: Hütte Jundola; sie befindet sich an der Hauptstraße am Südostrand von Jundola, 1380 m, einer Vorgebirgsgemeinde am Hauptstraßenzug Razlog – Jakoruda – Velingrad (Busverbindung).
Endpunkt: Velingrad, 750 m. Rückweg ist mit dem Bus möglich.
Anforderungen: Verhältnismäßig leicht, überwiegend Abstieg durch Wälder des Rila-Vorgebirges; stellenweise spärliche Markierung, Obacht auf die Orientierung!
Höchster Punkt: Jundola, 1380 m.
Höhenunterschied: 480 m im Aufstieg, und 1110 m beim Abstieg.
Übernachtung/Einkehr: Jundola, Sveta Petka, Velingrad.
Varianten: 1. Vom Höhenpunkt Mangov Len Abstieg weiter mit der grünen Markierung in nordöstlicher Richtung ins Zentrum von Velingrad (um ca. 45 Min. kürzer als die Hauptroute der Tour).
2. Der Abschnitt Jundola – Sveta Petka kann mit dem Auto (per Anhalter) oder mit dem Bus absolviert werden.
3. Am Ende von Jundola (Beginn der Hauptroute) von der Straße links mit roter Markierung östlich zur Schutzhütte Lokvata (1.00 Std.) und weiter ins Gebiet der Weißen Felsen (Belite Skali), entweder a) auf dem Kamm mit der roten Markierung Richtung Nordosten über den Černovec, 1834 m, das Reservat Arapčal und die Felsen Belite Skali, 1824 m, zur Hütte Kladova, 1620 m, von wo ein unmarkierter Weg südöstlich ins Tal des Flüsschens Elenka und nach Velingrad (Stadtviertel Kamenica) führt (ca. 4.00–5.00 Std.); oder b) auf einem unmarkierten Weg nach Südosten durch die Felsenstadt Lokvata, über den Felsen Slavejeva Skala und den Höhenpunkt Stoilovoto, 999 m, rechts über dem Tal der Elenka ins Zentrum von Velingrad (ca. 3.00–4.00 Std.).

Von der **Hütte Jundola (1)** gehen wir der grünen Markierung folgend zuerst auf einer lang gezogenen leicht abfallenden Traverse entlang der Hauptstraße, und später auf einer Nebenstraße nach rechts in die Ortschaft **Sveta Petka (2)**, mit einer der schönsten bulgarischen Moscheen. Die Kuppeln und das schlanke Minarett sind schon von Weitem gut sichtbar. Hinter dem Dorf geht die grüne Markierung eine Weile auf einem be-

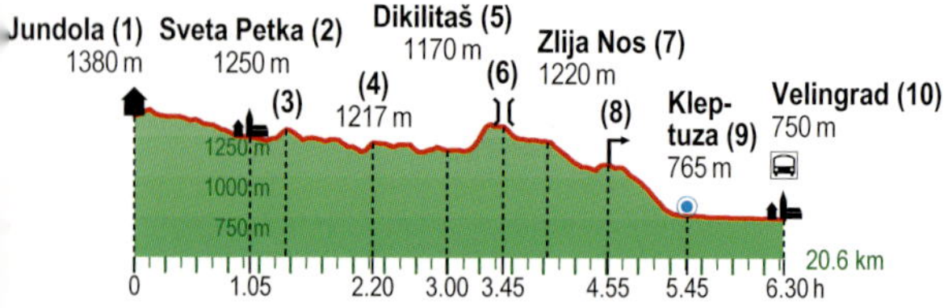

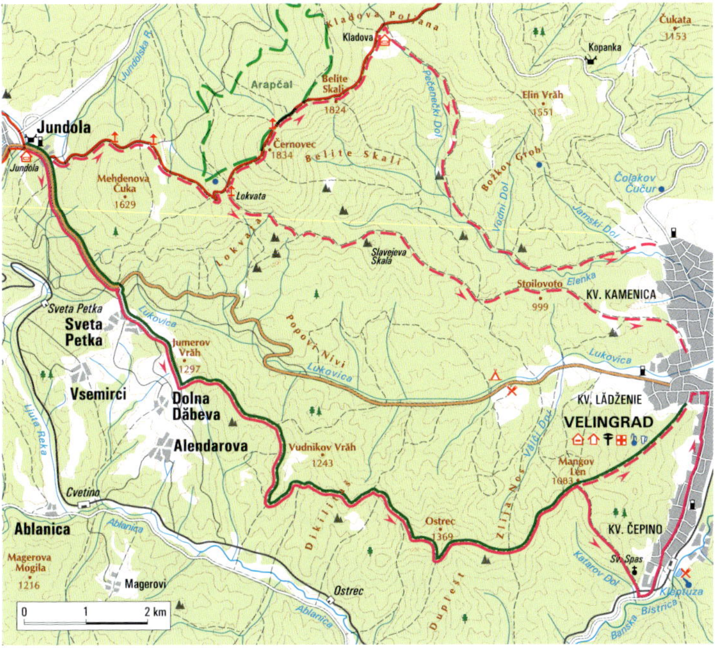

festigten Fahrweg am Westhang des **Jumerov Vrăh (3)**, 1297 m, weiter, biegt dann nach links auf einen Waldweg. Dieser folgt in etwa dem Kamm, der sich südlich vom Tal des Flüsschens Lukovica entlangzieht, durch das die Straße nach Velingrad führt. Im Wald kommen wir hier und da an Felsformationen vorbei. Wir umgehen den **Vudnikov Vrăh (4)** von Süden und gelangen durch die kleine Felsenstadt **Dikilitaš (5)** in einen breiten **Sattel (6)** vor dem Gipfel Ostrec. Es folgt ein steiler Anstieg auf die Gipfelkuppe (höchster Punkt links vom Weg), dann wieder ein Stück bergab auf den kleinen Kamm **Zlija Nos (7)**. Der bewaldete Kamm windet sich nach Nordosten und verliert dann schnell an Höhe. Am Höhenpunkt **Mangov Len (8)**, 1083 m (Variante 1), biegen wir auf einen unmarkierten Weg rechts und steigen auf einem deutlichen seitlichen Rücken ins Tal des Flüsschens Banska Bistrica zum südlichen Rand von Velingrad ab. Etwas über dem Tal geht der Weg an der Kapelle Sveti Spas vorbei. Wir gehen weiter zur gegenüberliegenden Seite, wo **Kleptuza (9)** mit Thermalspringquelle und einem schönen Erholungsareal liegt. Bis ins Zentrum von **Velingrad (10)** sind es ca. 45 Min.

Stichwortverzeichnis

Umschlagbild: Blick von Nordosten über Georgijski Ezera
auf Georgijca und Sini Vrah (Tour 21).
Bild im Innentitel: Rila – die Almhütte beim Trilistnika-See,
im Hintergrund der Gipfel von Chajduta (Tour 27).

Alle Fotos stammen vom Autor, ausgenommen die Fotos vom Umschlag [Dido3 (https://commons.wikimedia.org/wiki/File:Pirin_-_Gergiyski_ezera_-_IMG_4439.jpg), https://creativecommons.org/licenses/by-sa/4.0/legalcode] sowie von den Seiten 2, 12, 22, 88, 89, 94, 133, 143, 147, 150 (Alena Ilčíková); 9 (Thanasis Sallas); 10, 13, 16, 23, 100, 107, 119, 145, 156 (Pixabay); 21 [Kiril Kapustin (https://commons.wikimedia.org/wiki/File:Golyam-Rezen-east.jpg), „Golyam-Rezen-east", https://creativecommons.org/licenses/by/2.5/legalcode]; 24, 103 (Karin Sheil); 51 [Deyan Vasilev (Dido3) (https://commons.wikimedia.org/wiki/File:Sinanitsa_hiza_IMG_9830.jpg), https://creativecommons.org/licenses/by-sa/4.0/legalcode], 69 [Deyan Vasilev (Dido3) (https://commons.wikimedia.org/wiki/File:Bunderishki_chukar_IMG_2823.jpg), „Bunderishki chukar IMG 2823", https://creativecommons.org/licenses/by-sa/3.0/legalcode], 149 [Deyan Vasilev (Dido3) (https://commons.wikimedia.org/wiki/File:Musala_IMG_1447.jpg), „Musala IMG 1447", https://creativecommons.org/licenses/by-sa/3.0/legalcode]; 60 (Ivan Stefanov Kolev); 85 oben, 123 unten (Zbyšek Hoffman); 131 (Paul Ion).

Übersetzung aus dem Tschechischen: Jürgen Dressel

Kartografie: 50 Wanderkärtchen im Maßstab 1:70.000 bis 1:175.000
sowie zwei Übersichtskarten im Maßstab 1:600.000 und 1:1.800.000,

Werk-Nr.: 4414

3., aktualisierte Auflage 2023

ISBN 978-3-7633-4672-1

Wir freuen uns über jeden Korrekturhinweis zu diesem Wanderführer!
Bitte per E-Mail an: leserzuschrift@rother.de

ROTHER BERGVERLAG · München
D-82041 Oberhaching · Keltenring 17 · Tel. +49 89 608669-0 · rother.de